教育部人文社科基金规划项目"乡村振兴战略下城乡资本流动与国民福利转移机制研究"（18YJA790108）

城乡资本流动与国民福利转移机制研究

张 萍 著

中国财经出版传媒集团
中国财政经济出版社

图书在版编目（CIP）数据

城乡资本流动与国民福利转移机制研究/张萍著
.--北京：中国财政经济出版社，2023.1
ISBN 978-7-5223-1822-6

Ⅰ.①城… Ⅱ.①张… Ⅲ.①城乡一体化-资本流动
-影响-社会福利-研究-中国 Ⅳ.①D632.1

中国版本图书馆 CIP 数据核字（2022）第 247702 号

责任编辑：刘孺泾　　　责任校对：徐艳丽
策划编辑：刘孺泾　　　责任印制：张　健

城乡资本流动与国民福利转移机制研究
CHENGXIANG ZIBEN LIUDONG YU GUOMIN FULI ZHUANYI JIZHI YANJIU

中国财政经济出版社 出版

URL：http://www.cfeph.cn
E-mail：cfeph@cfeph.cn
（版权所有　翻印必究）
社址：北京市海淀区阜成路甲28号　邮政编码：100142
营销中心电话：010-88191537
天猫网店：中国财政经济出版社旗舰店
网址：https://zgczjjcbs.tmall.com
北京中兴印刷有限公司印刷　各地新华书店经销
成品尺寸：170mm×240mm　16开　18.5印张　216 000字
2023年1月第1版　2023年1月北京第1次印刷
定价：72.50元
ISBN 978-7-5223-1822-6
（图书出现印装问题，本社负责调换）
本社质量投诉电话：010-88190744
打击盗版举报热线：010-88191661　QQ：2242791300

目 录

第一章 绪 论 ………………………………………… 1
  第一节 选题背景与意义 ……………………………… 2
  第二节 研究的主要内容与研究方法 ………………… 8
  第三节 研究思路与创新 ……………………………… 12
  第四节 实地调研的主要过程与主要方式 …………… 15

第二章 文献综述与理论基础 ………………………… 25
  第一节 基础理论 ……………………………………… 26
  第二节 文献综述 ……………………………………… 31
  第三节 研究模型 ……………………………………… 42
  第四节 相关概念与界定 ……………………………… 47

第三章 我国农村金融供给与金融制度变迁 ………… 51
  第一节 国内外农村发展比较研究：基于中美农村的
        比较 …………………………………………… 52
  第二节 我国农村金融制度的变迁与制约因素 ……… 67
  第三节 我国财政支农与金融支农的供给效应与边界 …… 76
  第四节 我国东部农村融资与信用体系的初步建立：
        基于浙江象山的典型案例 …………………… 116
  第五节 我国中西部农村融资与支农贷款的初步改革：
        基于湖南东安的典型案例 …………………… 143

第四章 我国城乡资本流动的微观调查：农户贷款模式与信贷风险控制 ………… 165
第一节 东中西部典型农村调研的基本情况分析 …… 166
第二节 农户贷款可得性影响因素研究 ………… 184
第三节 信用风险评价模型构建 ……………… 198
第四节 农户信用评价模型的实证分析 ………… 211

第五章 信用贷款体系下农户还款意愿风险的动态演化模拟 ……………………… 221
第一节 农户还贷意愿风险的心理影响因素分析 …… 222
第二节 农户还款履约意愿模型构建与演化：基于修正的前景动态模拟仿真模型 ………… 226
第三节 周边农户履约程度对农户履约意愿的影响分析 ……………………… 236
第四节 激励力度对农户履约意愿的影响分析 …… 243
第五节 本章小结 ……………………… 247

第六章 结论与建议 ……………………… 249
第一节 结　论 ……………………… 250
第二节 建　议 ……………………… 254
第三节 不足与展望 ……………………… 258

参考文献 ……………………… 259

附录 ……………………… 279
附录一 调查问卷 ……………………… 280
附录二 地方发展的主要指标体系与指标明细 …… 284

后记 ……………………… 287

第一章
绪 论

第一节 选题背景与意义

一、研究背景

我国的社会主义所有制决定了农村土地的村集体所有制形式,农户对土地、山林只有使用权,没有所有权。这一现象与西方契约理论以及赖以发展起来银行信贷依据存在本质上的不同,直接影响了长期以来我国商业银行缺乏向农户发放财产抵押贷款的理论依据,促使"贷款难"成为制约农村经济发展的瓶颈。"先城市后农村"的经济发展策略使我国农村地区成为城市发展资金的——供给池,"虹吸效应"恶化了农村金融储备状况。尤其是在21世纪初进入了工业发展中期我国基本建成新兴市场国家后,我国的工业未能及时反哺农业,农村获得的发展资金进一步萎缩。这一现象直接影响了城乡发展水平分化,显示了农村发展问题成为阻碍国家整体发展的因素。

我国农村经历了近60年的强制性金融制度变迁,这一制度虽然保证了工业发展优先的发展战略,但却直接导致了农用资金外溢、金融机构缺失、金融环境抑制等城乡二元化问题,阻碍了农村经济的发展。农业、农村和农民的"三农"问题自1983年以来的23年里被列为中央一号文件关注的内容,表明了"三农"问题已经成为我国经济发展关注的焦点。但连续20多年中央一号文件关注"三农"问题的导向没有发生改变,说明

"三农"问题有待得到根本改善。近年来的中央一号文件开始转向对农村发展资金需求多样化的转变，开始主要由财政供转向财政和社会共同供给，表明"三农"发展中的资金供给的结构开始发生关键性的转变，但资金供给仍是农村发展须待解决问题之一，并已经成为影响我国经济均衡发展的问题。尤其是在2018年中共中央、国务院印发的《乡村振兴战略规划（2018—2022年）》明确提出"发展乡村普惠金融""建立健全农村信用体系"，在全国范围内通过政策导向、脱贫攻坚、乡村振兴、资本下乡、第三次分配等方式，通过集中地方财政、信贷资金和社会资金等不同渠道向农村实现资本转移，其根本目的就是解决制约农村发展的融资"瓶颈"问题，并通过不同的途径最大化这部分资金供给效率，达到促使农户增收、农业结构改善、农村经济发展的目标，进一步缩小城乡差距，为实现城乡一体化提供解决途径。

随着历年的中央一号文件精神持续落实，新农村建设、新型城镇化和乡村振兴等政策的相继出台，尤其是通过扶贫攻坚措施后在全国范围内消除现行标准的巨额对贫困后，城市资本在政策引导和倾斜下，通过投资、参股、第三次分配等方式，形成了全国范围内的城市资金向农村流动的热潮。随之相对应措施出台和实施，如各地农村金融机构准入门槛不断降低、贷款抵押制度不断创新等地方性农村信用体系建设取得了长足发展等，促使农村信用环境得到显著改善，为农业增产、农民增收提供了信贷支持与资金保障。但是大量文献表明，在大部分农村地区，尤其在中西部农村地区，受到传统契约理论基础影响的金融机构为了控制信贷风险往往要求农户贷款时要提供具有所有权性质的抵押物，或具备一定还款能力担保人进行担保。这一隐性要求剔除了农户仅仅拥有使用权的土地、山林、宅基地及地上建筑等固定物品充当抵押物获取贷款的可能性，收窄了农户获取贷款范围，此外，在政府担保的扶贫贷款中，"精英俘获"现象非常普遍，大量文献（贺雪峰，2003；Dutta，2009；吴新叶，2010；刘升，2015；等）证实了这一现象的普遍存在，并将之引入扶贫开发中去，发现了在扶贫开发资源的分配上也存在着不同程度的"精英俘获"。这不仅会降低扶贫的效率，甚至会使村民对于治理失去信心。从本质上来说，农村金融资源的匮乏是"精英俘获"产生的根本性原因，尤其在中西部农村尤为突出（张萍、李辰，2022）。

如何通过金融创新降低契约理论在农村融资中的影响，尽可能降低"精英俘获"对农户融资产生的障碍，通过缓解融资问题，提高农户融资获得率，达到促进农村经济发展的目的就显得极为重要。本课题组为了进一步研究融资问题产生的根源，对我国的东中西部典型农村进行了为期三年的调研，从制度供给、金融供给、受教育水平、农户收支、等五大方面进行了实地调研，获取了大量第一手数据。在调研中，我们发现：在经济发达的东部农村，由于经济相对发达，一是这些地区经济相对发达，农户融资渠道多，产品销路灵活，因而收入相应提高；二是乡村镇各级领导的思维相对活跃，各类政策和经营手段相对先进，保障了当地经济的发展速度；三是地方金融机构通过创新各类融资工具，在契约理论范围内通过创新各类担保方式，为农户提供生产资金，确保了生产增值。例如，隆泰银行以一年内收获农作产出估值为依据，为农户发放相应金额的信用贷款。与东部地区比较，中西部地区在金融抵押创新程度和方式上相对保守，贫困山区存在"精英俘获"现象，尤其是通过借用贫困户身份获取政策性扶贫贷款的共谋现象时有发生。

在调研中我们发现，东中西部农村贷款发放标准不一。中西部农村的贷款主要发放机构是中国农业银行、农村合作信用社以及当地一些中小型村镇银行,这些银行的商业性贷款发放标准相对统一,主要是以有效抵押物的市价估值为主要衡量标准。但在东部农村,贷款发放机构比较多,除中国农业银行、农村信用合作社之外,众多数量的地方性商业银行在政策鼓励下积极向农户发放贷款。但是各家商业银行发放贷款的标准不一样,尤其是大型银行对农户的贷款发放标准存在差异一,根源是对标的物价值评价标准不一,直接结果就是贷款授信额度不一。这就促使农户"货比三家,价惠者得",加剧了信贷市场标准不一的局面。尽管本书认为信用贷款是值得推广并效仿的经验,但是统一的地域性信贷标准能够在一定程度上有效解决信贷市场授信额度局面。因此,本书通过对比分析东中西部的典型农村贷款形成的差异性原因,并从中提炼出个性和共性因素,不仅能够寻找我国农村贷款的共性问题,也能通过对比分析东部授信不一的根源,构建东部农村标准化信用体系,为中西部的发展提供参考和典范。

二、研究意义

(一)理论意义

建立统一等级制信用担保贷款体系,拓展了贷款理论的内涵。农村土地集体所有制和传统小农经济制度都对我国农户产生了制约,难以满足现代契约中的需要的所有权抵押物,这从根本上限制了农户获得目标额度的贷款。在现代契约理论视角下,以家庭为生产单位的小农经济缺乏有效外部担保物,加上农村土地集体所有制的特质,农户难以获得贷款。因此,根据对农户贷款可得情况的现状分析，本书认为通过建立农户信用评价体系，以信用作为担保发放贷款，可以从根本上解决农户融资约束中的抵押与担保问题。

构建信用担保体系下农户还款心理动态模拟模型，为推广担保体系下的信用风险控制提供了思路。在现代契约理论视角下，以家庭为生产单位的小农经济缺乏有效外部担保物，加上农村土地集体所有制的特质，农户难以获得贷款。因此，根据对农户贷款可得情况的现状分析，本书认为通过建立农户信用评价体系以信用为担保发放贷款，可以从根本上解决农户融资约束中的抵押与担保问题。但是，由于农作物生长与收获具有一定风险性和滞后性，农户收入天然就具有一定的风险，致使农户信用风险相对较大。这加剧了农村信贷归还的风险。而这些因素不仅对相关机构发放贷款产生了强烈的抑制作用，还对农村信用体系的建立起到了一定的阻碍。因此，建立以政府为"背书"的信用担保体系，构建完善的等级信用评价模型，向农户发放标准化等级信用贷款，对释放农村信贷风险、推动农村信用体系建设有着积极的作用，最终能加快农业农村现代化建设的步伐、有效促进乡村振兴。

（二）现实意义

建立等级信用评价体系，有利于甄别风险，便于操作。改变抵押物形式，以信用为抵押物发放贷款，能够有效解决所有权抵押物的问题，但现实中不同金融机构对同一目标物有着不同的信用风险评估标准，形成了不同的风险等级评价与授信额度。这不仅让农户对信贷标准产生模糊认识还产生了投机心理，对建立统一规范的农村金融市场形成了一定的阻碍。因此，本书将从实际情况出发结合实地调研以及目前农户获得贷款情况，建立农户等级信用评价模型,以农户信用为抵押,避免各种制度创新、抵押物创新带来的缺陷,规范农户信用风险评价标准,提高农户贷款的可得性,促进农村经济金融发展。

构建统一等级制信用担保贷款体系,为中西部信贷发展提供借鉴和样本。随着我国在 2020 年 12 月消除现阶段标准的绝对贫困,通过乡村振兴普遍提高农村发展水平,农村经济状况发生本质性变化,传统抵押贷款的发放数量和条件已经难以满足农户的贷款需求,但中西部农村仍然侧重所有权抵押。因而,通过分析东部农村信贷担保体系,为中西部的信贷抵押放款提供了样本和风险控制的典范。

第二节 研究的主要内容与研究方法

一、研究内容

针对研究背景中所指出的问题，本书将依据发现问题、分析问题、解决问题的路径，通过文献整理、实地调研、模型构建、验证模型、模拟结论等5个内容对农户贷款难问题进行了系统研究。第一，对前人的文献进行综述，了解与农户信贷相关的文献；之后，依据实地调研中的情况，对东中西部典型农村发展现状进行分析。第二，对农户贷款可得性的影响因素进行分析，并探讨农村贷款问题的解决路径。第三，建立统一的农户信用风险评价模型。第四，根据前面的结论对农户信用贷款还款意愿建立动态模拟模型，得出结论。

本书具体内容如下。

第一章为引言。这一章主要介绍本书的研究背景和研究意义、研究方法、调研内容及微观数据采集方式，并对农户、信用风险以及农户信用评价的相关概念进行界定，提出本书可能的创新点。

第二章为文献综述和相关理论基础。首先，对农户贷款可得性、农村信用贷款、农户信用风险以及农村信贷风险防控及管理对信贷4个方面的相关研究进行了回顾，并对现有研究的不足进行总结。其次，对金融约束论、契约理论和农村信贷补贴理论进行分析与梳理。最后，介绍信用风险度量模型和风险聚合模型的基本概念。本章根据本书的研究思路与文章逻辑对研究所使用的一些理论方法进行适用性分析，可以为后续研究奠定理论基础。

第三章对东中西部的 3 个典型地区农村的实地调研结果以及发展现状进行分析。通过对 3 个地区的实地调研、专家访谈以及问卷数据的描述性统计的分析，对三地的发展现状进行对比，提炼归纳出它们的共同特征和不同之处，得出农户贷款问题突出。

第四章基于 Logistic 回归模型和实地调研数据，对农户贷款可得性的影响因素进行研究，详细分析农户贷款难问题的形成原因及解决方案。根据调研结果并结合前人的相关文献，本书从农户基本特征、家庭偿债能力、农村生产环境、社会经济环境这 4 个角度出发，构建二元 Logistic 回归模型，分别对东中西部的样本农村进行回归，具体分析了各个层面中的指标对农户贷款获得情况的影响，并将结果进行对比，得出发放信用贷款可以很好地解决农户贷款问题。

第五章制定一个简单灵活、标准化的农户信用评价模型来确定农户的信用风险，对于金融机构向农户发放信用贷款，确保资金安全具有重要的意义，因此本章建立了农户信用评级模型并对东中西部地区的农户信用风险进行实证研究。本章采用模糊聚类和模糊综合相结合的补偿竞争风险聚合算法，建立了无权值的新型农户信用评价模型。指标的选取依据全面性、综合性、可操作性、可比性这 4 个核心原则，考虑了实地调研结果、农户贷款发放的影响因素、文献综述等多方面的因素。最后，对浙江省象山县、湖南省东安县、云南省维西县的 1132 户农户的信用风险进行实证研究，考察 3 个代表性地区农户信用等级的情况，并从外部特征和内部特征两个角度进行对比，分析影响农户信用风险的原因，验证了模型的适用性和可操作性，并证明标准化等级信用贷款是破解农户"贷款难"的有效路径，为改善信用环境、构建更完善的农户信用风险评价体系提供新的思路，也为本书的建议提供基础。

第六章构建一个修正前景理论模型，从心理学的角度模拟信用担保体系下农户的还款意愿。在信息不对称的农村金融市场里，理性和非理性的农户还贷行为并存，"羊群效应"和逆向选择行为在农村金融市场中具有不同程度的存在。通过分析农户还贷的心理影响因素，进一步探讨论证第五章内容的可行性和全文假设的适用性。

第七章为结论与展望。本章归纳总结了前文所得出的研究结论并依据结论提出一些政策建议，最后讨论研究中存在的不足，并展望未来可以深入研究的方向与可能性。

二、主要研究方法

1. 文献分析法

利用现有数据库的资源，结合相关书籍和杂志，查阅国内和国外有关农村信贷的相关研究以及农户信用风险研究的相关文献。对相关文献进行深入的分析和总结，借此提出本书的研究问题和研究内容，同时借鉴现有的文献，加入具有创新性和较好应用性的理论知识。

2. 比较研究法

我国仍属于发展中国家，因而在农村发展历程中与西方发达国家存在相似和不同的发展过程。本书运用静态比较分析法对中外农村地区相同发展水平阶段,尤其是从生存保障向生活保障转变过程中的制度、金融供给、企业和农民等方面是否存在差异性、这种差异性有多大以及这种差异性在多大程度上影响着下一阶段的政府行为和社会经济主体行为等展开比较分析。此外,通过横向比较的方法对我国东中西部农村的地方性制度、金融供给、企业发展和农民收入进行比较,重点考察地方性政策对金融供给、企业发展和农民收入的影响程度。

3. 田野调查法

在对东西部农村发展现状以及农户贷款可得性的研究中,设计调查问卷,对农户基本特征、家庭偿债能力、农村生产环境以及社会经济环境等方面进行调查研究。经过问卷的发放和实地调研,共得到浙江省象山县九村、湖南省东安县七村、云南省维西县三村共计1207份,通过剔除关键遗漏项、明显逻辑错误和无效问卷后,最终有效问卷1132份,有效率93.79%。此外,调查小组还就有代表性的合作社、正规金融机构进行面谈,主要了解机构信用担保情况,并获得了相关资料。通过对调查问卷的研究分析以及当地农户的谈话调研,获取本书所需的实证数据。

4. 实证研究法

本书使用 Logistic 回归模型对农户贷款可得性的影响因素进行研究,实证分析各因素的影响程度,还使用了补偿竞争风险聚合算法并结合模糊综合评价方法,建立了一个新型的信用评价模型,对农户信用风险进行评价和等级的判定,实证对比各地区农户的信用风险情况。本书通过文献、调研结果以及影响因素分析结论对评价体系进行指标选取,并将具有典型代表性的东中西部三个地区的农村数据对建立的模型进行实证分析,体现出模型的适用性和可操作性。

第三节　研究思路与创新

一、研究思路

本书沿着发现问题、分析问题和解决问题的研究范式展开探索。首先通过文献查阅和比较研究，提取地域性研究特质，结合当前中国农村从小农经济向产业经济转变的过程中的特点提炼出当前农村信贷机制中存在的问题并提出相应的假设。其次运用宏观数据和微观数据通过实证假设成立，并得出相应的结论。最后采用动态模拟的办法检验在全国范围推广结论的可行性。具体思路见图1-1。

二、本书研究的可能创新

国外关于农户信用贷款的研究成果已经较为丰富，但对比国外起步早、研究较成熟，国内相关研究仍存在一些欠缺，该领域还有进一步研究发展的空间。基于前人研究基础，本书尝试从以下几个方面进行了创新。

（1）角度创新。目前，大多数学者都是从宏观层面去分析研究农户的贷款可得性（如从财政、GDP等因素进行研究），而从微观层面出发研究农户贷款可得性的很少。此外，从微观层

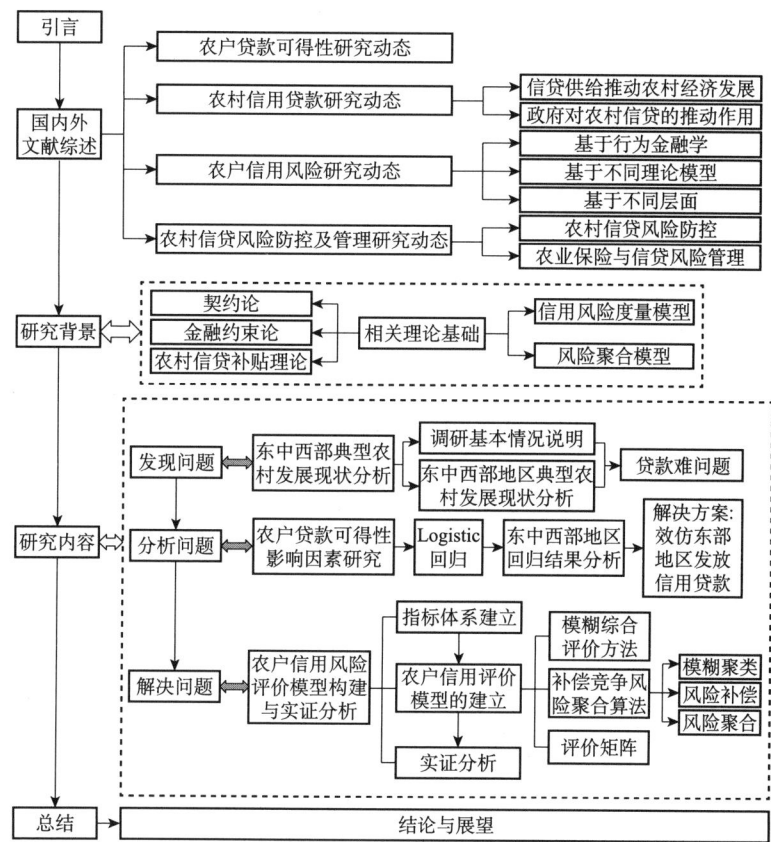

图 1-1 本书研究思路

面去研究农户贷款行为的研究方向大多只基于经济发达地区或贫困地区，并且通常只选择其中一个地区进行研究分析。因此，本书将从微观层面出发，研究3个不同地区中不同经济发展水平农村的农户贷款可得性及其影响因素，丰富这一领域的研究成果。

（2）数据来源创新。本书所有的数据来自2个方面：①宏观数据主要来自万得信息网（wind）、同花顺数据库和地方统计年鉴，②微观数据全部来自实地调研获取的数据，即来自浙江省象山县、湖南省东安县、云南省维西傈僳族自治县等3个地区的第一手数据。根据各地经济的高、中、低三级水平及特点，选取了3个地区中共计19个具有代表性的村庄，权衡问卷发放成本以及样本量的有效性。经过数据清洗，获得1132份有效的调查问卷。在样本的选取上保证了科学性和代表性，同时保证了数据的真实性与可靠性。

（3）内容创新。①"精英俘获"现象很难在短时间内消失。通过实地调研的数据分析和宏观数据分析对比，我们发现尽管国家大力提倡实施农田山林使用权抵押等金融创新。但在实际落实中，中西部地区的落实力度不够，并且存在着"精英俘获"现象。②信用抵押贷款的适用性需要因地制宜。信用贷款能够在一定程度上能够解决抵押物缺失的问题，但是如何评价每个农户的信用是一个工作量巨大的工程。但浙江省的丽水银行和鄞州银行、泰隆银行给出了典范性答案，支付宝和微信等互联网金融公司根据社交行为从另一角度给出了信用额度，这些都值得借鉴和效仿。③构建新型信用评价贷款模型。根据农户的信用风险等级发放不同标准的信用贷款可以有效促进农户贷款获得，也证明了设立标准化等级信用贷款可以很好地适用于我国农村发展情况，是解决农户贷款问题的有效途径。④构建了基于信用背景下的还款动力模拟模型。为了检验我们给出建议的统一信用信贷评价模型的有效性，本书通过信用抵押贷款背景下农户还款心理行为模型，发现效果显著。

第一章 绪　论

第四节　实地调研的主要过程与主要方式

本书的微观数据全部来自实地调研数据，调研对象分别为按东中西部的典型农村行政区，并根据经济发展水平的高、中、低三个层次一次选择。调研行政村包括：东部的浙江省象山县下辖的三镇（墙头镇、新桥镇、定塘镇）七村（墙头村、方家岙、溪里方、井头村、山根村、高湾村、花港村）、中部的湖南省东安县下辖的三镇（卢洪市镇、紫溪市镇、大庙口镇）九村（赵家井村、永兴村、大枧塘村、荷叶塘村、五一村、渌埠头村、袁家村、高枧村和韭菜村）和西部的云南省维西县下辖的永春乡三村（庆福村、永春村、菊香村）。本次调研共发放1207份调查问卷，举办3场小范围的座谈会，走访地方市、县、镇/乡、村的相关部门136个/人，获取大量一手资料和许多无妨在问卷中反映出来的潜在问题。通过剔除关键遗漏项、明显逻辑错误和无效问卷后，调查问卷最终的有效问卷为1132份，有效率为93.79%，证明本次调研有效。

调查以农业农村相关政府部门座谈会和对地方村落进行田野调查，采用点面结合的方式展开，课题组分别对象山县、东安县、维西县的农业局、金融办、财政局、中央银行当地办事处、民政局等相关部门进行了深入会谈①，从宏观上了解国家和地方对农村发展的扶持政策和补贴力度。

田野调查主要采用随机抽样调查的方式，调研方式为入户

---

① 具体了解的指标体系见附件二。

问卷调查，采用集中调查和分散调查相结合的方式。由于近年来家庭农场、小微型涉农私营企业数量在农村迅速增加，因此本次调研将他们以"一户"的形式纳入调研对象，信息采集对象为公司负责人，数量比例按"公司数/当地农户数"进行采集。调查问卷的信息包括农户的性别、年龄等基础信息、农民家庭经济情况、农民土地使用情况、农民家庭贷款情况、农村基础设施建设等①。本次调查的样本总量的确定权衡了问卷发放成本、数据的可获得性以及样本量的有效性3个方面的因素，并将各村发放问卷的数量分别按照各村人口的比例来决定。最终，调研发放问卷共1207份，通过剔除关键遗漏项、明显逻辑错误和无效问卷后，最终有效问卷1132份，有效率93.79%。

一、对湖南省东安县实地调研

对湖南省东安县的调研时间是2018年9月初。针对湖南省是一个农业大省，享有"湖广熟天下足"的美誉，选择了在湖南省生产总值排名后1/3，以农业为主业，在2021年获得全国"国家农产品质量安全县"的东安县作为调研对象。东安县的地理位置十分优越，交通便利。湘桂铁路和洛湛铁路穿过境内，二广高速公路、衡昆高速公路、207国道和217省道都经过该县，同时湘江也流经该县，永州机场离该县不到20公里。由此可见，东安县地处亚热带地区，具有交通便利、水资源丰富等特点，是非常典型的农业县，但其经济发展水平偏低。是什么原因导致传统的农业大县经济总量在作为农业大省的湖南省排

---

① 调查问卷见附件一。

名靠后？在从小农经济向产业经济转变的过程中，东安县发展滞后的原因是什么？这些原因是否在中部农村的发展中是否具有典型性？基于上述的考虑，课题组采用点面结合、集中调研与分散调研相结合的方式，选择了湖南省东安县作为中部农业县的调研对象。

（1）通过走访政府有关部门，从宏观上掌握农业政策和全县农业发展规划和扶持政策。我们事先联系了东安县农业农村局和东安县财政局，通过座谈了解到全县的农业发展基本情况和地方财政扶持政策。在东安县农业局的协助下，与中国人民银行东安支行、农业银行东安支行和东安县农村信用社开展了小范围的座谈会，了解到国家、省、县三级金融扶贫贷款政策和地方性金融扶持政策。随后，逐个走访东安县的交通局、教育局、民政局和社保局，获取有关地方基础设施建设、教育和医疗保障情况。

（2）我们按经济水高中低三级标准，选取了东安县下辖的三镇：卢洪市镇（经济水平高）、紫溪市镇（经济水平中）、大庙口镇（贫困乡）中的九村（赵家井村、永兴村、大枧塘村、荷叶塘村、五一村、渌埠头村、袁家村、高枧村和韭菜村）。其中，截至2018年9月调研时，袁家村和高枧村刚刚脱贫，韭菜村仍是贫困村。

在整个调研中，我们共用14天的时间完成这次具体调研工作。其中，用3天的时间与县、镇/村的相关部分交谈从宏观上了解政策与基本情况，用11天的时间前往三镇九村进行深入交谈。在具体的田野调研中，我们采取了集中调研与分散调研相结合的方式，共采集411份问卷，与17位村支书/主任、4位扶贫干部进行了深入交谈，获得了大量的第一手资料和数据（见图1-2至图1-5）。

城乡资本流动与国民福利转移机制研究

图1-2 课题组在五一村进行
集中调研说明

图1-3 课题组在有关部门的
陪同下与荷叶塘村村委交谈

图1-4 课题组在大枧塘村调研

图1-5 课题组在韭菜村村委会
调研

二、对浙江省象山县实地调研

浙江省象山县隶属宁波市下辖的县级市，位于宁波市东部，三面环海，背部靠山，海岸线占浙江省的1/10。该县境内拥有

第一章 绪 论

象山港①、2条国道公路（象山港大桥、G527）、3条省道公路（茅石线、盛宁线、象西线），距离宁波栎社国际机场约70千米，水陆空交通极为便利。象山县的经济发展水平居浙江省中游位置。该县内同时拥有农家乐、影视城、国家级文化礼堂和种植业、养殖业等传统农业，同时具备了发达的农业和发达的渔业这两点。当地的乡村旅游在全省也具有代表性，如象山影视城、溪里方村文化礼堂，都为当地建设美丽乡村、发展农村经济起到释放作用。此外，象山县下辖的十镇五乡的经济发展水平具有很大差异，既有发达的村也有落后的村。在全县范围内既有国家级项目又有传统农村山林渔业。因此，象山县农村具有中国东部农村的典型特质。借助优越的地理环境、便利的交通和周边经济发达的城市，象山县获得比较好的发展，尤其是在从小农经济向产业经济转变的过程中发展得好。象山县发展相对超前、平稳的原因是什么？这些原因在东部农村的发展中是否具有典型性？能否通过一定程度的改进在全国范围进行经验推广？基于这样的考虑，我们选择了象山县作为中部农业县的调研对象。

我们首先与宁波市农业农村局对接，并由他们举办了一个由宁波市农业农村局、宁波市财政局、中国人民银行宁波市支行、宁波市金融办、宁波市民政局、宁波市社保局、宁波市教育局等共11个部门参与的小型座谈会。在座谈会上，我们充分了解了作为经济发达地区的农业政策、农业补贴和金融扶持政策；同时了解了地方基础设施建设、教育和医疗保障情况。

随后，我们选择了象山县作为调研对象，按经济水平高中

---

① 象山港：位于穿山半岛与象山半岛之间，东临太平洋，北面紧邻杭州湾，南邻三门湾，东侧为舟山群岛，通过青龙门、双屿门和牛鼻山水道与外海相连，是一个由东北向西南深入内陆的狭长型半封闭型海湾，是理想的深水避风港。由于天然的地理环境，因而该港内发展了大量的围塘养殖、滩涂养殖和网箱养殖海洋养殖。另外，周围的各种配套设施、独特的海洋风光，给地方政府规划成长三角地区高端休闲度假港湾。

低三级标准,选取了墙头镇(经济水平高)、新桥镇(经济水平中)、定塘镇(经济水平低)七村(墙头村、方家岙、溪里方、井头村、山根村、高湾村、花港村)。

在这次调研中,我们共用11天的时间。其中,用1天的时间完成了市相关部门的座谈,用10天的时间前往3镇7村进行"面对面"深入交谈。在具体的田野调研中,我们采取了集中调研与分散调研相结合的方式,共采集453份问卷,与10位村支书/主任进行交谈,获得了大量的第一手资料和数据(见图1-6至1-9)。

图1-6 本课题组与宁波市11个职能部门举办座谈会

图1-7 本课题组在墙头村进行分散调查

图1-8 本课题组在井头村进行集中调研说明

图1-9 村民在认真作答

第一章 绪 论

三、对云南省维西傈僳族自治县实地调研

云南省维西傈僳族自治县（以下简称"维西县"）地属迪庆藏族自治州，地处金沙江、澜沧江、怒江三江并流的世界自然遗产腹心地，是全国唯一的傈僳族自治县。该县地处滇西北疆防要塞，通往印、缅、康藏的驿运孔道滇西北"茶马互市"汇集点区位优势。维西县在2020年5月正式退出贫困县序列，在2021年8月入列国家级乡村振兴重点帮扶县，是脱贫攻坚的典范。该县有高山、河谷、山间小盆地和高山褶断，凹陷枯湖沉积地或草甸，地貌多样地形复杂，经济主要源于矿业和第三产业的旅游业。维西县地形复杂，以公路交通为主，距离香格里拉机场约200千米，但行程需要4个小时左右。由此可见，基础交通在一定程度上限制了该地发展。因而，该县经济发展水平居于云南省后1/5的位置。多民族、旅游业、地广人稀和相对滞后的交通是云南的主要特点，这些特点基本上与维西县的特点基本吻合，这也是我们选择了维西县作为西部调研典型的主要原因。尽管维西县具有重要的战略地位，也是"茶马互市"主要集散地，拥有丰富的水力资源和旅游资源。那么，除显而易见的交通不便和经济不发达的因素外，还有什么其他因素影响着维西县的发展？这些因素与中部农村和东部农村有哪些区别？通过对比研究，在哪些方面值得借鉴和改进？

按照规划，我们先走访地方政府职能部门了解整体政策规划和导向，随后进行具体调研。我们先联系到维西县农业农村局，通过座谈了解到了全县的农业发展基本情况和地方财政扶持政策。在农业局的协助下，与中国农业银行维西支行、维西

县农村信用社和维西县金融办举办了小范围的座谈会，了解到国家、省、县三级金融扶贫贷款政策和地方性金融扶持政策，尤其是在2020年全县贫困县摘帽前后相关政策的变化。随后，逐个走访维西县的交通局、教育局、民政局和社保局，获取有关地方基础设施建设、教育和医疗保障情况。

由于维西县位于横断山脉地区、山路崎岖，交通极为不便，很多地方没有公路。例如，巴迪乡的真朴村和阿尺打嘎村，只能通过畜力运输。另外，维西县地广人稀，我们选取经济水平差距明显的永春乡的3个村进行调研。在调研的永春乡的3个村中，菊香村的经济水平最高，永春村的经济水平属于中等，庆福村经济水平最差。此次调研共发放302份问卷，有效率95.36%。

在这次调研中，我们共用了10天的时间，其中用了3天的时间完成了市相关部门的座谈，用了7天的时间前往三村进行深入交谈。在具体的田野调研中，我们采取了集中调研与分散调研相结合的方式，共采集453份问卷，与5位村支书（或主任）进行了交谈，获得了大量的第一手资料和数据（见图1-10至图1-13）。

图1-10 课题组在永春村进行调研

图1-11 菊香村村民在认真填写调查问卷

第一章 绪 论

图1-12 在扶贫干部的带领下走访庆福村村民

图1-13 课题组与农业农村局工作人员进行座谈

第二章
文献综述与理论基础

第一节 基础理论

一、契约论

契约理论源起于 18 世纪亚当·斯密（Adam Smith）关于分成制合约的研究。哈特和霍尔姆斯特伦从 20 世纪 70 年代开始的相关研究，帮助解释了如何设计合约从而避免信任以及利益冲突问题，也就是俗称的"敲竹杠"。在 20 个世纪 70 年代后期，委托—代理理论兴起，并在经济学家中引发对于如何设计一份最优激励契约的探索。其最初研究成果发现，在雇佣合同中，规避风险的代理人一方（雇员）行为不能被委托方（雇主）直接观察到，而委托方最多只能不完美地观测到体现代理人表现的一些指标。契约理论把所有的交易和制度都看成是一种契约，即双方后者多方当事人之间的一种协议、约定，通俗地说它就是合同，但是比合同的意义更广泛。

现代经济是由一系列契约构成的。契约理论是现代社会诚信原则的另一种体现。在现代契约理论视角下，以家庭为生产单位的小农经济缺乏有效外部担保物，加上农村土地集体所有制的特质，尽管通过各种金融创新为农户融资提供便利，但不能从根本上解决现代契约问题。因此，需要通过建立农户信用体系，从根本上解决农户的融资约束中的担保问题。

二、金融约束论

金融约束是指政府通过一系列金融政策在民间部门创造租金机会，以达到既能防止金融压抑的危害又能促使银行主动规避风险的目的。金融政策包括对存贷款利率的控制、市场准入的限制，甚至对直接竞争加以管制以影响租金在生产部门和金融部门之间的分配，并通过租金机会的创造调动金融企业、生产企业和居民等各个部门的生产、投资和储蓄的积极性。政府在此可以发挥积极作用，采取一定的政策为银行体系创造条件鼓励其积极开拓新的市场进行储蓄动员，从而促进金融深化。

金融约束理论对于我国农村信用体系建设具有重要的意义。一方面，我国小微企业、农村及偏远山区的低收入人群的金融需求经常得不到满足。因此，要深化农村金融改革，就要对农村金融市场参与主体进行引导，以商业性金融为主，民间金融等其他金融形式为辅，完善农村信用体系。另一方面，农户相互之间是存在差异，如其收入来源不同、收入多少不同、家庭资产不同、农户需要的融资需求也存在差异。正规金融机构在向资金需求者提供资金时，会综合考虑资金需求者的收入水平、资金状况及其他相关情况来确定发放资金的标准。这些考虑因素也是影响农户信用风险的关键因素。

将金融约束理论运用到本书中，适当保护金融机构，推进农村金融市场的自由化：一方面能拓宽农村金融支持的规模，另一方面能完善农村金融市场体系。

三、农村信贷补贴理论

农业信贷补贴理论最早出现于 20 世纪 60 年代。在当时的主流经济学派凯恩斯学派的不懈研究下,农业信贷补贴理论应运而生,并一度成为当年农村经济发展的主流理论。该理论同样延续了凯恩斯学派的政策主张,肯定了在农村经济发展过程中政府干预的重要性。20 世纪 60 年代,由于农业发展的高风险性、农业技术水平的落后、农业的生产需要较长的周期,进而导致农民收入的不确定性以及低收益性,农村经济发展势态较弱。凯恩斯学派认为农民(尤其是贫困户),没有储蓄的需求,农业也无法成为以营利为目的的银行融资对象。该理论提出要开辟农村资金流入的渠道,并且要建设非营利性的金融机构对资金进行掌控与调配,进而提高农业生产量、提高农村经济水平。

农业信贷补贴理论最初应用于实践时,为不少发展中国家的农村地区带来了巨大的收益。但随着该理论的深度运用,本书也发现了该理论存在一些弊端。

(1)大部分农民的理财意识薄弱,如果存在一条持续性的廉价的资金供给链,那么会进一步削弱他们本就不强的储蓄意识,最终造成农村信贷机构没有稳定的资金来源渠道,从而使农村信贷成为纯粹的压力。

(2)由于交易成本的高昂,农业信贷机构在借贷时更偏向于较为富有的农民进行大额交易,最终导致贫民和普通农民借贷困难,富农成为农村信贷补贴的最终受益者,进一步加剧了当地的贫富差距,并不利于农村经济的发展。

(3) 政府的大力支持会导致本身不具有多少经营责任的农村信贷机构缺乏经营压力，导致一部分借贷者还款意愿不高，进而故意拖欠借贷款。并且，由于农业带来的收入不确定性，进一步降低农村信贷机构本就不高的资金回收率，由此不良贷款率大幅上升。

四、农村金融市场理论

农村金融市场理论最早出现于1970年。当时，农村信贷补贴理论涌现大量弊端，无法到达该理论预期的目标，也在一定程度上影响了金融市场秩序，降低了农村信贷机构的活力，因此农村信贷理论逐渐退出，农村金融市场理论应运而生。然而，农村金融市场理论的诞生却沾染着对前者批判的色彩。农村金融市场理论前提与农村信贷理论完全相反。它指出农村居民以及贫困户是存在储蓄能力的，也拥有储蓄的需求。对于各国的农村居民和贫困户，即使他们收入不高，只要他们拥有存款的机会，他们也一定会拿出一部分资金去存款。即使是小农户和贫困户、积少成多，也能拥有相当大数量的存款。所以，不需要对农村农民进行特殊的资金补贴，而且降低利率政策无法从根源上解决农村资金不足的情况。同时，低息政策会大幅降低农民到金融机构存款、办理金融业务的意愿，进而抑制金融市场的发展。此外，农业具有天然的弱性质。这导致农业融资风险较大。因此，金融机构的高利率也是理所当然的。尽管如此，该理论完全依赖于市场机制，极力强调利率的市场化，主张要求发挥金融市场的积极作用，减少政府的干预，实现农村储蓄资金供需平衡。它强调政府应间接调控农村金融市场的监管，设立一定的原则与标准,着重解决农村金融市场的信息不对称问题。也就是农村金融市场作为一个不完全竞争的市场,金融机构无法完全掌控借款人的情况,再加上农业的高风险性,金融机构很难把握农村系统风险,有必要加强政府的监管和调控。

对于中国农村金融市场,尽管农村金融市场理论未能将其作用完全理想化地发挥,但仍推动着中国农村经济大力前行。相对自由化的利率为农户资金状况带来了一定的缓解,但农业的天然弱性质造成的高成本、高风险,仍可能导致农民借不到他们所期望的资金总量,甚至农民无法顺利进行借贷,所以此时政府依旧显得尤为重要。政府需要介入其中,以此保障农民的借贷,尤其是小农户和贫困户的借贷。同时,政府需要有完整的体制结构,拥有完善的监管体系来监管信贷体系的执行,以此保障金融机构的利益和农民的利益,保障农村经济长期、高效发展。

第二节 文献综述

贷款的发放有助于完善农村金融供给体系，大力发展普惠金融，进而提高农村金融服务水平，是加快乡村振兴进程的重要内容。为了更好地分析农村贷款问题，本书将从农户贷款可得性、农村信用贷款、农户信用风险以及农村信贷风险防控管理四个方面的研究动态对现有文献进行回顾和评价。

一、农户贷款可得性研究动态

影响农民借贷的因素是多方面的，农户能否获得贷款主要取决于放贷方对其还款风险大小的评价。张雪峰[4]从资金需求和供给两个角度出发，从资金需求角度看，农户的主观性因素（如文化程度、年龄、经济条件等）是影响借贷的主要因素。从资金供给角度看，农户的抵押物、收入来源等是影响借贷的主要因素。秦建国等[5]通过分析西部地区农户获得贷款的主要因素，认为农户的个体特征、家庭特征对贷款可获得性的影响尤为显著，包括农户的年龄、家庭年均收入、家庭收入来源、生产经营的规模等。从农户的社会资本来看，社会资本的增加将会提高农户获得贷款的可能，因此在低收入农户的贷款合约中引入社会资本将在一定程度上解决农户贷款难的问题[6]。此外，刘荣茂等[7]以江苏省农户为例进行实证研究，得出农户年龄、家庭收入、抵押担保情况会影响农户的贷款可获得性，而农户的个体特征对贷款可获得性的影响并不显著。徐璋勇等[8]对我国西部地区1664户农户的调研数据进行实证分析得出，具有高非农经营性收入、为信用社社员、其家中有人担任村干部的、其他因素的农户获得正规贷款的可能性最大。从新的角度发现是否为村干部对农户贷款获得有较大的影响作用，可以体现农村的"精英俘获"现象。温涛等[9]以全国10省区的农村贷款情况为调研对象，也发现农贷市场"精英俘获"现象，影响了农村信贷的发放。

综上所述，农户的个体特征、实物资产、地理位置、社会资本、"精英俘获"现象等众多因素均对农户贷款可得性存在一定程度的影响。

二、农村信用贷款研究动态

（一）信贷供给推动农村经济发展研究

金融机构加大创新力度对增发信贷有重要的作用，而信贷的发放对农村经济的发展具有较强的推动力。Goldsmith[10]对金融发展与经济增长两者间关系进行分析，得出的结论为金融发展与经济增长之间呈正向发展，即相互促进或相互抑制。Iqbal[11]通过建立农村信贷评价模型，研究得到农村信贷与经济发展间并不是呈现直接关系，而是间接关系，农民的借贷行为通过影响农户初期预算和消费，从而影响之后的收入支出，最后才影响到对农业经济增长。Otero等[12]认为农村小额贷款是一种可靠的资金来源，可以支持农户进行农业生产生活，提高农户的收入水平，并且有效促进农村经济的发展。Morduch[13]从实证分析中得出与没有获得小额贷款的农户相比，拥有贷款的农户的收入更高，经济状况也明显更好。孔祖根等[14]构建多层次的农村担保体系，为当前农村普遍存在的"三农"问题、大额融资需求问题、城乡差距等问题提供解决方案。王周伟等[15]为研究区域经济、农业信贷余额与财政支出三者间的相关关系，使用面板向量自回归模型实证得出，区域经济与农业信贷波动存在明显的顺周期效应。钟润涛等[16]通过对农村金融发展、农业劳动力转移和农民增收之间关系的研究，发现农村信贷发放会提高农民的收入，因此提出提高农业财政补贴效率、创造当地就业机会以提高农民收入的建议。马顺娥[17]基于对陇南市240户农户的调查提出，只有有效缓解农村信贷资金供需矛盾、降低信贷门槛、减小农村金融服务供给与需求在量上的差距会是有效的解决方式。丁丹[18]采用VAR模型对辽宁省的时间序列数据进行研究，分析农业信贷与农村经济发展间关系，研究得出农业信贷资金配置效率对农村经济发展质量有着直接的影响，农业信贷配给越缓和，农村经济发展水平相对越好。崔长彬[19]根据广西田东农村金融综合改革的经验提出了新型农村信用体系的核心想法。他认为需要在对原先的农户信息采集、评分和信用村评定上有所突破，需要进一步扩大农户信息采集范围，给不同指标赋予不同的权重并设置否决项。中国人民银行宁德市中心支行课题组[20]从社会中介机构市场化运作和政府信用网平台等方面对农村信用建设提出了新的研究思路。吴旭升[21]认为，小额贷款改善了农村生产条件，激发了贫困户的创新意识，促进了农村精神文明的建设，对农村经济有明显的促进作用。高维新等[22]通过对广东省农村信贷发展与经济增长间关系的研究，得出农村金融信贷的规模、效率对农村经济的增长影响显著；从长期来看，农村信贷规模、效率和结构这三个维度都会对农村经济产生一定程度影响。李阳等[23]运用三阶段DEA模型对不同区域在不同金融扶贫模式下的扶贫效率进行测度,得出结论:"农村信贷""农业保险""农村信贷+农业保险"模式分别适用于西部地区、东部地区、中部地区,因此不同区域只有发展不同扶贫的模式,才能促进农村经济发展。李标等[24]认为,城乡收入差距能很好地衡量乡村振兴成效,反映出农村经济发展情况,最终通过实证得出,增加农村信贷供给能直接、有效地改善城乡收入差距,但在东中西部地区呈现出明显的异质性。

(二) 政府对农村信贷的推动作用研究

信贷政策是央行根据国家宏观调控和产业政策要求,为调控金融机构信贷资金投向,实现信贷资金优化配置,促进经济结构调整而制定的宏观经济政策[25]。政府行为推动着农村经济发展,在信贷发展的各个方面起到主导作用。Vega[26]认为,农村信用贷款难以获得是由于正规金融机构的信贷供给不足,政府需要提出相应政策提高信贷供给。陈婧[27]分析了农业信贷投入存在的种种障碍,并认为政府及有关部门的思维方式、综合素质和政策措施直接影响着农业的信贷投入,国家需加大对农业的支持和保护力度,完善建立我国农业投资保障体系和农民收入保险体系等体系,为农业信贷投入建立良好的外部环境。朱战威[28]基于SCP范式分析了我国农村信贷市场,并认为我国农村信贷供给不足的主要原因是市场结构的不合理,因此政府应加强金融机构信贷发放的激励力度,增加信贷资金的供给,建立有序竞争的农村信贷市场体系。张康松等[29]从门槛效应的视角切入,实证研究得出:在欠发达地区提供在政策背景下的公共服务可以很好地促进金融供需的有效匹配,通过提供政策上的支持以及利率的控制等相关措施,增加农户获得贷款的概率,并提高金融市场的参与效率。阮小平等[30]认为,信贷在我国农业现代化的进程中非常重要,政府应以恰当的方式提供援助,完善信贷相关政策,增加农村信贷的投入,建设信用体系。朱广其等[31]在研究农村信贷供给的作用机制时认为合适的政府介入对农村信贷交易结构起到优化作用,还能够明显地促进农村信贷供给扩张。杨效林等[32]在博弈视角下研究得出,政府应加大财政投入建立完善的农业信贷担保体系,还可以对机构施行定向贴息、财税优惠政策等方法,鼓励他们出资来组建信用担保机构,增加其运作透明度,从而加强农村信用环境建设,各方机构共同发展来推动实施信贷精准扶贫。黄惠春等[33]通过研究山东济南和安徽宿州的"政银担"农业信用担保贷款模式,从政府视角总结归纳了其运行机制。结果显示:政府参与缓解了农户与银行以及担保公司之间的信息不对称问题,使贷款成本有所下降,贷款可得性也有所提升。王芳媛等[34]在探讨我国县域农村信贷资金供求失衡问题时认为政府是促使农村金融机构与企业和农户等市场各方形成良好的信贷合作关系的重要因素之一,因此政府在工作中需要完善相关配套机制,降低信贷交易成本;重视金融生态环境建设,多部门联动,破解农村信贷"囚徒困境"问题;并且不断改善政策实施环境,增加农业项目的收益,这样才能更好地推动农村信贷的发放。何姝[35]认为,在优化农村信贷运行环境时政府既要加大财政帮助农户和中小企业对接农村金融机构,还要合理把握支持力度、减少信贷资源浪费,这需要政府与农村金融机构的共同努力。王荪蓓[36]提出要想解决协同发展农业保险与信贷问题需要政府提供财政贴息等支持政策并对当地农村金融机构推出金融产品的进行鼓励。政府出台合理的政策可以更好地促进农村信贷实施、推动农村经济发展。

三、农户信用风险研究动态

(一) 基于行为金融学对农户信用风险的影响研究

国内外众多学者都从行为金融学出发,对农户信用风险进行研究。第一,有关农户特征的有限理性,随着农村经济结构的转变,农户行为逐渐转向经济行为理性且农户与金融机构信息不对称,导致农户的道德风险和逆向选择。第二,农村"抱团跟风"现象严重,观望心态使贷款的归还意愿存在显著的"羊群效应"。第三,农业生产是自然生产和经济再生产的结合,天生的脆弱性特征使传统农业贷款具有高风险性。Pinaki[37]认为,当借款人违约可能性不同且贷款人对客户特定风险程度的信息不对称时,对于违约风险程度不一致,通过正规部门提供廉价信贷的政策可能产生不利的"组成影响",从而恶化信贷条件和非正规部门的贷款供应。Berger 等[38]认为在信贷过程中因借款人和金融机构存在"信息逆向不对称",因此容易产生道德风险和逆向选择,从而增加了信贷风险。陈庭强等[39]从博弈论角度研究在信息不对称情况下农村小额信贷风险的作用因素,得出农户投资的成功率和国家出台的政策是影响信贷风险的因素。

(二) 基于不同理论模型对农户信用风险的影响研究

Ladue 和 Novak[40]指出,信用评估模型的建立可以提高信用风险测量、完善贷款定价、进行农业信贷决策、提高农业信贷的安全性。Sartwelle 等[41]分析了市场环境对信用风险大小的影响,得出农户种植区域与市场的距离会影响贷款的可得性。其中，两地间距离越近，农户的盈利能力就越强，获得贷款的机会较大；反之则越少。李正波等[42]通过对农信社贷款数据的研究发现，贷款利率、贷款期限和非农业的收入大小极大地影响了农户的违约概率。Weber 等[43]通过分析农业企业与非农业企业的小额信贷可得性、贷款金额等方面的数据，运用 Probit 模型和 Heckman 模型分析违约情况，认为农业生产虽然有着高风险，但并未导致较高的信贷风险，应考虑到贫困地区农业生产的实际情况。张云燕等[44]通过对陕西农户调研数据的实证研究，分析了农户家庭信贷记录、信贷的认知度对违约风险有不同程度的影响。刘惠敏[45]运用层次分析法对 30 个风险因素的重要程度进行评估和筛选，包括外部风险的系统性风险、政策风险、环境风险、信用风险和内部风险的操作风险、组织风险、制度风险、技术风险，最后对全省农村信用社信贷风险进行总体评价测算得出信贷外部风险的系统性风险和信用风险以及内部风险的操作风险得分相对最高。吕德宏等[46]基于 1173 个贷款样本数据，对农地经营权抵押贷款的信用风险影响因素进行分析和预测，并得出相应的违约概率，再构建了"CreditRisk +"模型，对信用风险进行详细的研究。宁嘉辰[72]基于现有农业企业的信用评价体系，对农业灾害保险、农业灾害应对能力以及可持续发展中存在的定性以及考核因素不全面等问题进行完善，运用云模型量化定性指标，建立 BP 神经网络模型，对农业企业信用能力进行评价。

（三）基于不同层面对农户信用风险的影响研究

在农户信用信息采集与使用方面，最为流行的是"5C"评级法，多数学者选取的指标大多依据于此[47]。Baptiata 等[48]通过对农村小额贷款违约因素研究发现贷款实际用途、借款人经营管理能力、文化素养对违约风险都有重要影响。刘伟平等[49]

对农户特征进行分析后,利用层次分析法从家庭特征、偿债能力、经营状况、信誉状况和其他因素共同构造了农户信用评级指标体系。程鑫等[50]考虑到农户信用格局的转变、农户的特点和数据的特点,使用数据挖掘等方法构建模型,有效提高了农户信用评级的效果并有利于解决信息不对称问题。王吉恒等[51]基于银行、农户、外部环境3个视角分析不良贷款数据,并使用逐步回归法筛选出显著变量。他们建立回归模型进行实证分析得出,拨备覆盖率、农村家庭劳动力文化状况、农村劳动力人口数、银行贷款能力等因素都会影响不良贷款率变化。姚燕燕[52]选取客户年龄、年收入、贷款用途、贷款金额、贷款期限以及还款5级分类等一系列的指标对福建长乐农商行的74户农户信贷数据进行聚类分析。曹诚等[53]结合文献以及甘肃省现行的信息系统、信用评价体系,对农户年龄、受教育程度、家庭收支情况等众多指标使用因子分析法归类各级指标,并使用层次分析法确定指标权重,以构建针对农牧户的信用评价指标体系。王磊玲等[54]构建抵押、担保、信用贷款3种贷款监督机制与农户信贷风险缓释机制的理论模型,实证检验农户个体特征、家庭经济特征、贷款合同变量对农户信贷风险的影响,并分析了担保机制对农户信用风险的影响机理,得出只有抵押贷款能够有效地防范信贷风险。

四、农村信贷风险防控及管理研究动态

对于农村信贷风险防控往往从贷款人和贷款机构两个角度出发,针对农村信贷风险的形成原因来预防和管理风险,包括对农村信贷风险的防控、农业保险与农村信贷管理的互动关系两个方面。

（一）农村信贷风险防控研究

万宇涛等[55]通过检验农民专业合作社作为中介角色的作用，发现其有效降低了金融机构的交易监督成本，也对农村信贷风险起到了减轻的效果，实现了利益共赢。张龙耀等[56]通过构建理论模型研究发现，取消利率管制政策、加强政府监管制度的有效性和监管强度都有助于降低农村信贷市场中金融机构的违规程度。吴常宝[57]从现代农业信贷风险评估和控制角度出发认为，影响农业风险控制的影响因素有资金来源不稳定、固定的还款期和利率、商业银行等级评定制度不完善、后期管理措施不完善，需要监管这些因素才可以更好防控信贷风险。杨胜银[58]研究了欠发达地区农村合作金融机构的信用风险情况，提出对欠发达地区农村小额信贷风险控制的建议：推进内部信用评级体系建立，提升对信用的调研力度，并引入大数据、云计算等先进的信息技术；根据贷款客户需求创新设计差异化产品，对金融产品风险控制手段进行不断创新；不断提升从业人员的职业素养、思想道德品质。王晓敏等[59]对农村信用社信贷风险防控的重要性进行分析，并提出有效防控信贷风险的措施。金伟斌[60]通过实证研究我国所有金融机构以及大中小型银行和农村信用合作社的不良贷款率数据，提出贷款、风险、防范3个阶段的政策建议，认为需要改进风险评级指标、加强贷前调查并且加强贷后管理。何珊等[61]以辽宁省农业经营主体信用评价体系建设实践为例，发现新型农村信用评价体系建设存在诸多问题，包括：较为缺乏相关法律支持和监管，信用信息采集相对困难、诚信意识缺失，政府和金融机构多部门合作机制不健全等问题，并提出以优化评级指标、完善农村信用信息数据库建设、建立健全政府多部门合作联动机制、提高农业经营主体的信用水平等政策建议来防范农村信用风险。燕翔等[62]从农信机构可持续发展角度出发认为产权和治理因素、风险因素等其他因素影响了农信机构的可持续发展，因此控制农村信用风险，从微观、中观及宏观层面提出建议：①农信机构需进行自身的优化管理，完善内部结构，加强金融产品创新，借力融资担保，降低自身信用风险；②推进对农信系统的改革，差异化监管，鼓励农信系统内部横向合并经营；③推行配套改革措施，建立商业、合作和政策性金融三者协作的农村金融组织体系，并加快农村信用体系建设。张雨佳等[63]针对农村信贷风险形成的原因提出如何运用大数据、人工智能、区块链等金融科技方法有效预防信贷风险。毛启忠[64]认为，整体推进的集中式农村信用体系建设路径难有普适性，因此需深化农村信用体系建设格局、发展信用风险财政补偿机制、农牧民增收渠道拓展并重的建设路径。

（二）农业保险与信贷风险管理研究

农村信贷与农业保险相结合的互动机制是目前有效管理农村信用风险的重要方式。谢玉梅等[65]以安徽长丰县推出的银保合作小额信贷产品为典型案例，分析其合作运行机制，调查发现长丰模式有效缓解了保险与金融市场对农户的双重约束并实现了共赢。潘明清等[66]构建多元回归模型来分析农业不良贷款和农业保险间的关系，得出不良贷款是信贷风险的直接结果，而农业保险降低了不良贷款率，因此农业保险有利于分散信用贷款风险。任乐等[67]从借款人和贷款人双方福利最大化角度构建模型，运用农户调查数据实证分析了农业保险与对农户信贷的内在机理，发现农业保险能够有效缓解农户所受信贷配给，有利于农业信贷的发展。刘金霞等[68]通过分析农业保险对农业信贷保障作用机理得出农业保险，能够增强信贷机构的信息甄别能力，克服信息不对称。彭小兵等[69]基于博弈论方法，研究得出若农户与信贷公司、保险公司根据Shapley分配原则进行合作博弈，三方的利益均能得到提高。

五、文献评述

综上所述，农户贷款可得性与多方面因素有关，造成贷款难。为了缓解这种局面，考虑发放信用贷款。信用贷款的发放能够促进农村经济发展，而缓解农村贷款问题需要依靠政府，建立政府背书的农村信用担保体系可以有效促进农户融资。在农村信用贷款研究方面，研究假设和研究方法虽然都有着不同程度的创新，对农户信用风险的研究也更加深入，但是我国农村信用体系建设仍处于初级阶段，先前的研究多数基于国外先前的研究经验，因此仍存在一些不足。具体表现简述如下。

（1）文献缺乏对农户信用评价模型普遍性的研究，多从单一地区视角构建分析指标体系，对整体农村信用环境分析较少。

（2）研究内容多只基于宏观数据，很少有宏微观数据相结合，共同对农户贷款情况进行实证分析的。

（3）在农户信用风险评价方面，多数学者基于银行的农户数据进行研究，鲜少有从微观调研数据出发，建立农村信用风险评价模型。

因此，本书在总结大量学者的研究成果之后，将依据东中西部三地代表性农村的现状分析，结合宏观数据与微观数据对农户贷款可得性进行研究，最后基于东中西部代表性农村的调研数据，建立信用风险评价模型，并对其农村信用环境进行分析，为进一步研究农户信用风险提供新的视角。

第三节 研究模型

一、信用风险度量模型

在信用风险建模中,有不同的方法来评估违约的可能性。它们的主要区别在于实现它们所需的数据、它们的范围及其应用范围。总结国内外研究,信用风险度量理论主要分为传统信用风险度量方法和现代信用风险度量模型,前者以定性研究方法来评估信用风险,后者则侧重于利用计量模型和相关数据,更精准地量化信用风险的大小。

(一)传统信用风险度量方法

传统的信用风险度量方法主要是定性研究方法,主要包括5C分析法、信用评级方法等。5C分析是从借款人的品质、能力等5个方面来定性衡量判断借款人的还款能力。尽管这5个方面的分析通常考虑到广泛的定性因素和定量因素,但它们纯粹是基于信贷分析师的专业知识,而不是理论或经验数据,会依赖分析师自身的经验判断以及认知水平,使评价结果具有较强的主观性,且没有建立起风险评价体系对信用风险的评级仍局限于定性研究。

(二) 现代信用风险度量模型

金融模型大多基于理论，与数据驱动的经验模型不同。因此，与数据驱动模型的描述性和预测性不同，金融模型采用了一种规范的方法。这种方法建立在金融世界基础的基本经济和金融原则之上。在目前所有的研究里，学者们进行信用风险评价较为普遍的研究方法有层次分析法、神经网络法、模糊综合评价法等方法[70-75]。

层次分析法是一种基于定性分析和定量分析的决策方法。层次分析法首先依据经验确定农户信用评级的指标，其次利用专家经验给每个指标权重，最后得到综合得分，按照得分评判该农户是否能够获得信用贷款。该方法主观性强，并且无法对其实际状况进行具体分析。

神经网络算法是一种有监督的学习算法，通过模型的不断修正和自我改进，但是由于该模型训练效率有限，需要足够的数据量来支撑，并且该算法的自我修正过程具有黑箱特性、解释能力较差且对样本数据的依赖性强。

模糊综合评价方法是一种基于模糊数学的综合评价方法。它能够从多个指标对被评价事物隶属等级状况进行综合性评判，对边界不清和存在模糊性质的问题具有良好的解决效果。但是，该方法无法对动态变化的信贷风险进行测量，并且需要给出评价指标的权重。

二、风险聚合模型

在风险评价的过程中，多因素风险评判可以提高可靠性。

如果存在多种风险,就需要风险聚合并使用聚合后的风险值可以对多个风险进行综合的评价。

针对传统风险聚合方法的缺点,有学者提出一种新型的风险聚合方法,补偿竞争风险聚合算法(Compensation Competition Risk Aggregation Algorithm, CCRAA)[77]。补偿竞争风险聚合算法以模糊聚类存在聚类中心为基本思想,对风险集合中各风险值进行补偿,使风险值在补偿后向聚类中心聚集,再进行风险聚集,避免聚合风险出现极值。因此,该算法实施无权值综合评判,也避免了对风险概率的依赖,很好弥补了传统方法的缺点,提升了风险聚合的稳定性[78],并且能够很好地适用于农户信用评价模型[79]。

三、前景理论

前景理论是由 Kahneman 和 Tversky 于 1979 年建立,并在 1992 年进行了进一步的创新[4-5]。该理论在解释个体决策行为上被誉为经典。近年来,我国学者也就前景理论进行了相关研究[6-7]。该理论将心理学研究应用于经济学中,研究在不确定情况下的人为判断和决策机制。该理论建立在有限理性的基础上,展望理论从实证研究出发,从人的心理特质、行为特征揭示了影响选择行为的非理性心理因素。

有限理性是指介于完全理性和非完全理性之间的、在一定限制下的理性。有限理性是为抓住问题的本质而简化决策变量的条件下表现出来的理性行为。目前,针对农户信贷风险问题的研究,大部分都建立在完全理性的假设上。但是,农户信用行为受到生产状况、生产规模和生产类型等客观因素的影响。

由于个人偏好的不同，即使在完全信息的情况下，农户所做出的行为也不尽相同。现实中，有能力还款而不愿意还款的现象时有发生，甚至出现农户集体违约不归还贷款的现象，基于完全理性假设的研究不能对现实问题进行完全解释。

前景理论认为，价值量的变化取决于其相对量的大小而不是绝对量的大小。现实中，决策者站在自身的立场上进行决策，参考标准因人而异，使决策者的预期收益发生变化。在前景理论看来，人们在面对损失状态时，大多数都是风险偏好者，而面对收益时却为风险规避者。农户在进行决策时，决策行为的选择不仅依赖决策者的自身偏好和道德修养，同时受到其他决策者的影响。因此，选用前景理论来对农户信用行为进行剖析和刻画，是比较贴近现实情况且切实可行的一种选择。

四、模拟仿真

唐川[8]认为，金融系统具有大量的自适应主体且主体间交互作用较为纷繁复杂，其内部结构和外部环境不断进行演化可以认为是一种复杂自适应系统。农户信用风险演化系统也同样适用，如果选用传统的建模思想，则将使研究变得异常复杂。计算实验金融学（Agent—based Computational Finance，ACF）将计算机技术与复杂自适应系统相结合构建金融市场模型，以微观视角揭示金融市场的宏观动力特性。随着计算机信息技术的不断提高，基于计算实验的模拟仿真方法对金融复杂系统进行研究的范式开始广泛被学者们接受和认可。张维[9]对计算试验方法进行整体评述后认为，将来的计算实验金融将主要应用在金融经济学和行为金融学中，建模方法也将更具有复杂适应性。

熊熊[10]利用计算模拟仿真方法，对小企业的信贷问题进行了研究。目前，模拟仿真方法也广泛应用于金融市场、投资者的选择策略和羊群效应等方面。因此，本书在农户信用行为演化的研究中将利用模拟仿真方法和主体建模思想，有效克服数据来源不足、不完善和计算建模过于复杂的问题，更有效、更系统地对农户信用风险进行研究。

第四节 相关概念与界定

一、农村财政政策发展

改革开放 40 多年以来，根据不同的经济发展阶段和发展目标，以我国政府为主体制定相应的财政支农政策。从多取少予的财政支农政策到少取多予的财政支农政策，再到只予不取的财政支农政策，直至目前"多予、不取、放活"的财政支农政策，财政支农政策体系逐步完整化、多样化。目前，我国财政支农政策包括财政直接投入、财政补贴、财政贴息、税收优惠和奖补等多种方式，主要体现在以下几个方面。

（1）加大对农业产业和生态环境的投入和补贴力度。鼓励农村新型经营主体的建设，为了提高农业产出率，鼓励农村新型经营主体建设高标准农田。为其提供财政补贴和财政贴息，取消专门针对农民的农业税收，推行扶持农民粮食生产和农民增收等政策，健全土地流转制度，帮助农村解决土地流转问题。加大对保护性耕作、秸秆还田等绿色工程的补贴力度，支持重点生态工程建设等。

（2）形成财政扶贫开发政策体系。通过增加相应的财政扶贫资金，增加农民各项收入和补贴，提高对农村基础教育事业的投入。

（3）健全农村卫生服务体系。坚持发展农村各项基础设施，支持农村公共卫生的建设。中央一号文件强调，要优先保障"三农"资金投入，坚持农村财政资源的投入，保证金融服务的提高，促使解决"三农"问题。

二、农村金融政策发展

我国根据不同的经济发展阶段和发展目标，也在完善相应的农村金融支持政策，补齐农村金融短板。从农村金融制度初创阶段到农村金融制度调整与发展阶段，直至如今的农村金融制度深化改革阶段，农村金融制度逐渐全面、合理。我国目前农村金融政策主要体现在6个方面：①加大贷款投放力度。完善银行贷款体系，保障农村贷款效率，确保贷款早投快投。②降低企业融资成本。对农资和农产品等贷款实行优惠利率。③提高业务办理效率。开辟"绿色通道"，减少贷款审批时间。④加大线上服务力度。充分运用各自网上渠道，提高服务质量。⑤全力做好受困客户帮扶。对暂受疫情影响的农户，实行各项优惠政策，助其渡过难关。⑥政府在农村金融体系中投入大量的资金来进行财政政策补贴，同时提供相应的货币政策支持，提高抗风险能力，增强信用创造的功能，以此改善农村金融资源配置环境、促进农村经济。

三、乡村精英与精英俘获

1. 乡村精英

乡村精英是指在乡村生活中在政治、经济、社会、文化等方面具有突出能力的权威人士或权威团体,他们自身所匹配的优势资源对乡村社会的发展具有重要作用。乡村精英的产生是体制内外双重因素共同作用的结果。李祖佩等[5]根据行政命令与乡土意识的标准将乡村精英划分为"以村干部为代表的体制精英、私营业主和经济大户为代表的经济精英和以乡村混混和家族势力为代表的社会精英"。贺雪峰[6]认为精英在不同性质的村庄里所起的作用不同。在低经济水平、经济未明显分化的农村,经济精英、知识宗教精英是不存在或不起作用的。

实施乡村振兴战略,乡村创业带头人成为引领乡村发展的重要力量,乡村精英自身所拥有的资源以及在信息获取与经营活动等方面的优势,对乡村创业活动的发展起到重要的推动和带头作用。因此,在乡村创业环境中,以村干部为代表的乡村权力精英、以私营企业主和农业大户为代表的农村经济精英成为乡村创业主力。传统的社会精英在城镇化的过程中,随着人才的空间流动和传统乡村居住空间的打破,原有乡村社会亲缘联系被割裂,宗族观念淡化,宗族力量在乡村社会中的作用式微,在地方的话语权也逐渐消解。

2. 精英俘获

不同的学者给出的定义大致是相同的。他们对精英的定义在宏观上都可以理解为一个或多个领域中成绩比较突出的人,也可以是一个区域内比较有话语权的人。贺雪峰(2003)认为,乡村精英是在当地拥有相对的资源优势或者地位优势,导致他们具有较普通村民更大的影响力。Dasgupta 和 Beard(2007)指出,精英是指那些在团体行动中发挥出的能力超过了团体中其他成员的人,并且该精英在这个团队中具有默许的领导权。邢成举(2014)认为,乡村精英总体上是指担任村干部的村民和一些虽然没有在村里担任村干部但是与村干部之间有着密切往来和联系的人。综上可以得出，精英要么是在所在的领域具有突出能力的人，要么是那些在所处的环境中拥有较为丰厚的经济实力的人。

本书中的"精英俘获"是指乡村精英凭借自身的优势，通过各种渠道控制乡村获得的各种所需的公共资源，从而挤压群体利益空间，对农户个体利益、乡村经济发展产生一定影响。

第三章
我国农村金融供给与金融制度变迁

第一节　国内外农村发展比较研究：基于中美农村的比较

一、引言

金融抑制源自政府监管，主要发生在发展中国家，并且直接影响发展中国家的经济发展。尽管我国农村金融通过推进式发展，金融抑制环境已有明显改善，开始逐渐从金融抑制迈向高质量、均衡发展。但是，其中仍存在抑制性金融政策阻碍农村经济的发展，尤其是内生机制产生的拉动型金融需求，致使强制性和歧视性的信贷分配在农村金融市场上尤为普遍，消除金融抑制已经成为城乡一体化的必要条件。

在发展中国家，政府通过地方经济规划、投入资金，带动当地农村金融市场发展，有效推动地方经济发展，从很大程度上消除了农村分配不均的问题。因此，地方经济的发展水平是决定地方金融抑制水平的核心要素。此外，政府重点规划区域往往会投入大量资金以及进行拆迁征地等，有效改善当地农民生活条件，促进经济发展，最后有效降低金融抑制水平。而在发达国家，较高的 GDP 水平保障了地方政府对农业的固定资产有较高的投入程度，尤其农业机械化程度普遍偏高，不仅提高了农业生产效率、降低了农业从业人数，也提高了农民人均可支配收入。加上较为完善的金融体系，政府对金融市场的干预，对农村的金融抑制水平有明显的改进作用。此外，与城市相比，农村的金融环境和农民的受教育程度在一定程度上决定了农村的金融供给的多寡。相对落后的金融意识形成了农民内生需求机制，决定了农民偏好金融风险偏低的金融工具，加大了农村的金融抑制程度。

政府干预和金融配置效率低下是发展中国家产生金融抑制的主要原因（McKinnon，1973）。但对于发达国家，在农村地区是否也存在金融抑制、金融抑制存在的程度有多深、影响因素有哪些就值得研究探讨。本书通过比较以美国为代表的发达国家和以我国为代表的发展中国家的金融抑制水平、分析影响因素，不仅有利于找出我国与发达国家之间农村金融发展的差距的根本原因，进行有针对性的改革与完善，而且有利于我国农村金融市场扬长避短，充分发挥社会主义制度的优越性，促进农村经济发展，最终实现城乡一体化。

二、文献回顾与评述

金融抑制产生的根源。金融抑制源于政府过度干预。因此，该现象在发展中国家尤为普遍。Mc Kinnon（1973）认为金融抑制主要由不合理的体制导致，政府存在的过度监管导致资本配置效率低下，从而产生金融抑制。这一观点成为金融发展理论的基本观点。农业固有的弱质性和金融的二元性，形成了农村金融抑制的外部因素。陈斌开、林毅夫（2012）研究得出在我国重工业低利息的融资环境之下，金融抑制水平会得到持续不断的加深。由于农村的经营主体的信息不对称性以及缺少可担保的资产（叶华靓，2019），使农村金融发展较缓，加深金融抑制，最终影响了农村经济的发展，导致了城乡二元化的长期存在。

金融抑制与经济发展的关系。金融抑制与经济增长相互联系，但两者并非简单的正向或负向的线性关系，而是存在"U型"的非线性关系。麦金农效应（McKinnon，1973）是负向的，强调金融抑制降低了金融市场的配置效率，阻碍了金融深化；斯蒂格利茨效应（Stiglitz，1994）表明在适度的政府干预下，对经济的影响是正向的，金融抑制有助于储蓄转化为投资而且有利于维护金融稳定。显然，斯蒂格利茨（1994）提出的金融约束理论继承和发展了麦金农的金融发展理论，主要通过对政府干预程度的调整，从而使金融抑制可以在一定程度上促进经济的正向发展。

Grilli和Milesi（1995）的研究表明，发展中国家政府对资本的适当管制可以促进经济的发展和金融水平的深化，符合斯蒂格利茨效应。吕冰洋、毛捷（2013）也提出政府投资的增加会减缓金融抑制发展。王小华、温涛、王定祥（2014）发现金融抑制在我国农村存在且跟农村居民收入呈负相关。陈治国等（2016）通过实证研究发现，金融抑制对农民的消费支出、纯收入以及经营收入有显著的负向影响，且金融抑制与农民的人口学特征、收入水平、活动支出有显著相关性。何志雄、曲如晓（2017）则认为应当增加农业金融供给。

金融抑制与金融市场的发展。国内外学者普遍认可两者之间的相互联系，并为此建立了多个模型来衡量国家和地区的金融抑制水平。马春晓（2017）针对我国农村金融存在的供给性和需求性抑制表现出的问题，提出了加速农村金融互联网化进程等一系列建议。宋波（2019）研究发现我国农村存在的金融抑制导致农村经济发展缺少足够的资金，经济发展动力后继不足,而制定改善金融抑制的农村金融供给体系有利于促进我国农村经济的健康发展。周庆妮(2019)经过实证研究得出金融抑制程度的降低会改善资源配置,能够将更多资源留在更需要资源配置的农村地区。虽然效率较低可能会扩大农村内部的收入差距,但是可以满足农民生活和生产需要、增加农民收入、缩小城乡收入差距。

综上所述,金融抑制对经济的各个方面都存在影响。现在我国经济发展进入转型期,农村经济发展会越来越受到金融抑制的负面影响。只有减弱金融抑制水平、找到其决定因素,才能够使金融抑制转变为金融深化,从而促进国家和地区经济的发展。

三、实证分析

(一)研究设计

本书选择使用 fsQCA 方法来检验农村产出、劳动力投入、农业固定资产投资、农业土地、农村居民人均可支配收入、农村居民家庭恩格尔系数以及基尼系数 7 个解释因子如何相互作用从而共同对农村金融抑制水平产生影响。

QCA 方法主要是先通过布尔逻辑和代数来实现对案例的充分定性比较和分析,再找出多个影响因素之间的相互联动过程对于特定经济现象的"联合效应",而这正好非常适合用来回答本书所研究的问题。在具体的技术分析手段上,本书选择了 fsQCA,主要是基于如下 3 个原因。

(1)与传统回归分析方法主要适用于探索单个因素的"净效应"不同,fsQCA 可以发现多种因素之间的组态联系和相互变化关系。

（2）虽然其他一些方法也可以检验组态关系（如聚类分析、因子分析），但是这些方法都存在很大的局限性。对于条件之间的相互依存性、组态等效性以及因果非对称性，它们无法正确有效识别。

（3）fsQCA 相较于其他类型的 QCA 分析技术更具有优势。由于本书的因果影响因素多为连续变量，使用 fsQCA 能够更充分地捕捉到前因条件在不同水平或程度上的变化带来的细微影响。

（二）影响因素的选取处理、数据来源

1. 变量的选取

结果变量 Y：农村金融抑制水平 Fri（用 LFR 表示）。由于"三农"问题的重要性，我国给予农业信贷以特殊支持，因此金融机构也将涉农贷款单独列项进行统计。而在跨国比较中国外许多国家并没有对涉农贷款进行单独统计，因此很难使用涉农贷款余额的相关数据来衡量农村金融抑制状况。在跨国比较中，本书参考 Mosley（1999）的做法，使用信贷余额占 GDP 比重作为农村金融抑制的操作变量，该数值越高说明金融抑制水平越低。

影响因素 X1：农村产出（AGDP），本书选择第一产业生产总值——农业 GDP 来衡量农村的产出状况，通过农业增加值（占 GDP%）×国民 GDP 得出。

影响因素 X2：农村劳动力（REP），使用农业从业人数（占总就业,%）来表示。

影响因素 X3：农业的固定资产投资（RFAI），即对农业投资在国民经济中的比重。

影响因素 X4：农作物播种面积（AL），使用农业用地（即占土地面积）来表示。

影响因素 X5：我国农村居民人均可支配收入（RPCNI），即农村住户获得的两次分配后的收入。计算方法为：农村住户可支配收入＝农村住户总收入－家庭经营费用支出－税费支出－生产性固定资产折旧－财产性支出－转移性支出－调查补贴。

影响因素 X6：农村居民家庭恩格尔系数（REC），是指家庭中对于食品的开支总额占个人总消费支出总额的比重，如果一个家庭收入较少，那么家庭收入中相对而言购买食物的支出就会占越大的比例，而这个比例会随着收入的递增而下降。从国家层面来看，国家恩格尔系数也会随着经济发展呈下降趋势。国际上常常使用恩格尔系数来衡量一个国家和地区人民生活水平的情况。根据联合国粮食及农业组织（FAO）提出的标准，恩格尔系数在 59% 以上为贫困水平，50%～59% 为温饱水平，40%～50% 为小康水平，30%～40% 为富裕水平，低于 30% 为最富裕水平。①

影响因素 X7：基尼系数（GC），基尼系数常用于衡量一个国家或地区居民的收入差距。基尼系数的范围是从"0"到"1"。国际惯例把 0.2 以下视为收入高度平均，0.2～0.3 视为收入比较平均；0.3～0.4 视为收入相对合理；0.4～0.59 视为收入差距较大，当基尼系数达到 0.6 以上时，则表示收入差距非常悬殊。②

2. 数据来源

基于数据的可得性，本书以 2006—2017 年我国农村金融抑

---

① 该标准由联合国提出。
② 该标准有联合国开发计划署等组织规定。

制及农业产出相关数据为基础。使用的我国农业生产总值、农村信贷余额、农业从业人员、我国农村居民人均可支配收入、农业固定资产投资、农村居民家庭恩格尔系数和基尼系数数据均来自 Wind 数据库，而国外的相关数据则来自 EPS 数据库以及世界银行等。

3. 测量和校准

在 fsQCA 中，一个集合对应一个条件和结果，而所谓校准就是指给案例中的影响因素赋予集合隶属分数的过程。RAGIN 提出了 3 种校准方法：直接赋值法、直接校准法和间接校准法。与现有研究一致，本书根据各条件与结果的数据类型，运用直接校准法将数据转换为模糊集隶属分数。直接校准法运用了统计模型，显得更加正式化，是校准中最为常见的方法。直接校准法利用逻辑函数，根据以下 3 个定性锚点：1（完全隶属）、0.5（交叉点）和 0（完全不隶属）对原始数据进行校准。本书在已有研究的基础上，看到多数相关文献更倾向于将 95%、50%、5% 分别作为完全隶属、交叉点、完全不隶属的阈值。因此，本书在校准时也选择上述 3 个锚点来进行校准。

（三）QCA 研究结果分析

1. 必要条件分析

必要条件分析是探讨在多大程度上组态结果集合构成条件集合的子集，即是否为经济现象发生的必要条件。从集合论角度来看，单个条件的必要性分析就是检验结果集合是否为某个条件集合的子集。结果存在时也一定存在的条件就是该结果的必要条件。一致性是衡量必要条件的一个重要指标。通常认为，确定为必要条件的一致性最低值为 0.9，当一致性大于 0.9 时，就可认为该因素是结果产生的必要条件，也说明该因素是结果发生的前提,是不可或缺的。将根据定位点校准的模糊集导入定性比较分析软件中构建出真值表,检测各因素的一致性和覆盖率,结果如表3-1所示。

表3-1　　农村金融抑制水平的必要条件分析　　单位:%

前因条件	农村金融抑制水平(LFR)	
	一致性	覆盖率
农村产出(AGDP)	0.449400	0.461268
农村劳动力(REP)	0.799314	0.861368
农业的固定资产投资(RFAI)	0.802745	0.843243
农作物播种面积(AL)	0.674099	0.660504
中国农村居民人均可支配收入(RPCNI)	0.444254	0.482309
农村居民家庭恩格尔系数(REC)	0.847341	0.853195
基尼系数(GC)	0.857633	0.868056

结果表明,只有可支配收入 RPCNI 的一致性得分大于 0.9 分,满足一致性要求。这说明该变量是造成金融抑制水平增长的必要条件,其中并没有出现必要条件。不过考虑到一个结果不会由一个变量引起,因此有必要对这些条件变量进行构型分析以找出增加金融抑制水平的多种条件组合。

2. 条件组态分析

由于缺少单个必要条件,因此需要分析构成结果充分条件的因素组合方式。将构建的真值表导入软件中选择标准分析。由于本书研究的是一个条件的出现对结果有影响,因此在得出"解"前选择存在(present)。fsQCA 会输出复杂解、中间解和简约解3种解。3种解答反映了各自包含多少逻辑余项以及存在哪些反事实条件组合。其中复杂解包含了所有反事实的组合,精简解则包含了大量的反事实组合,中间解居于两者之间,包含一些反事实的组合，但没有精简解的数量多。事实上，使用定性比较分析的研究者都倾向于采用中间解，因为中间解在研究中既接近理论实际又不至于太过复杂。

条件组态的充分性分析是QCA方法的核心，其主要是分析不同前因条件形成的组态对结果的充分性。从数量上看，条件组态分析关注的是"多个"而非"单个"条件形成的集合。此外，它是基于真值表而非模糊集隶属分数矩阵的分析。同样使用一致性来衡量组态的充分性，但是可接受的最低标准和计算方法与必要条件分析不同。根据已有研究指出认定充分性一致性水平不得低于0.75。而在频数阈值的确定上，则需要根据样本规模而定。对于中小样本，频数阈值为1即可，对于大样本，频数阈值应当大于1。具体到本书来看，一致性水平标准衡量采用已有认定的0.75，由于本书样本容量也比较小，所以频数阈值采用1。因此，本部分也将重点分析中间解（见表3-2）。

表3-2　　　　农村金融抑制水平的所有解　　　　单位：%

	条件组合	原始覆盖率	唯一覆盖率	一致性
复杂解	~AGDPfs * REPfs * RFAIfs * ~ALfs * ~RPCNIfs * RECfs * GCfs	0.571184	0.571184	0.84949
	结果覆盖率		0.571184	
	结果一致性		0.84949	
精简解	RFAI	0.802745	0.0548885	0.843243
	REC	0.847341	0.0994854	0.853195
	结果覆盖率		0.90223	
	结果一致性		0.84949	
中间解	REPfs * RFAIfs * RECfs * GCfs	0.730703	0.730703	0.874743
	结果覆盖率		0.730703	
	结果一致性		0.874743	

根据运行结果,分析中间解可知有一种可以促进农业GDP增长的条件组合,结果表示。组合一(REPfs * RFAIfs * RECfs * GCfs):农村居民家庭恩格尔系数×农业的固定资产投资×农业就业人员×基尼系数。

由于样本量较少,一致性为0.874743,说明以上分析的条件组合对结果变量有一定的说服力。总覆盖率达到0.730703,表明这个组合能够解释73.0703%的案例。

3. 因素归纳组合

不同因素归纳组合:定性比较分析主要是基于因果关系理论,为了更好探究因果过程,本书将原因条件区分为核心条件和辅助条件,在中间解和简约解中均出现的具有本质意义的因素称为"核心条件";而辅助条件则是只有在中间解中出现且具有可替代性的因素。对表3-2中的中间解进行合并分析可以得出核心条件和辅助条件,即农村金融抑制水平提升的前因条件构型。农村金融抑制水平的组态分析如表3-3所示。

表3-3　　　　农村金融抑制水平的组态分析

前因条件	解
	1
农村产出(AGDP)	
农村劳动力(REP)	•
农业的固定资产投资(RFAI)	●
农作物播种面积(AL)	
中国农村居民人均可支配收入(RPCNI)	
农村居民家庭恩格尔系数(REC)	●
基尼系数(GC)	•
一致性	0.874743

续表

前因条件	解
	1
原始覆盖度	0.730703
唯一覆盖度	0.730703
总体解的一致性	0.874743
总体解的覆盖度	0.730703

注：● = 核心条件存在；• = 辅助条件存在；"空格"表示该条件可存在亦可缺席。

表 3-3 中共呈现一种组态，无论单个解（组态）还是总体解的一致性水平均要高于可接受的最低标准（0.75），其中总体解的一致性约为 0.87，总体解的覆盖度约为 0.73，同组织与管理领域 QCA 的基本符合。由此来看，对农村的金融抑制水平来说，农业固定资产投资与农村居民家庭恩格尔系数起到了较为有效的推动作用。两个指标其实都是农民生活水平提高的一种体现，恩格尔系数的变化表明农民的追求从物质需求向精神需求进步，那么对于新生金融事物的接受程度也会提高，从而会增加借贷比例，主要原因就是农民对于钱的观念发生了改变：钱可以不用而一直存着，钱可以用来生钱。

4. 稳健性检验

本书使用调整一致性水平（一致性水平从 0.8 提高至 0.83）进行稳健性检验，并借助 Schneider and Wagemann（2012）提出的 QCA 结果稳健的两个标准（不同组态的集合关系状态和不同组态的拟合参数差异）进行评判。最后发现得到的组态解未发生变化并且其一致性也符合正常水平，因此本书的研究结论依然稳健。

(四) 实证结果对比分析

根据 QCA 结果测算，得出美国组态解：

农业 GDP × 农业就业人员 × $\dfrac{\text{农业的固定}}{\text{资产投资}}$ × 基尼系数 × 人均 GDP

农业 GDP × 农业就业人员 × 农业土地 × 基尼系数 × 人均 GDP

农业就业人员是中美两国实证结果中存在的共同解。而农业就业人员、农业固定资产投资以及基尼系数是中美两国组态解中的共同解。由此可知，在经济体制不同的情况下，对于农村的金融抑制水平的影响因素是存在共性的，农业就业人员可以作为核心变量，就业情况可以反映农村的经济发展水平，就业率高的地区相对而言金融发展程度会更高，高就业带动银行存储与贷款等业务的发展，从而促进农村的金融发展。

四、结论与建议

本书运用 fsQCA 方法，使用 2006—2017 年中国农村以及美国农村的数据研究了农村总产出、农村劳动力、农业的固定资产投资、农作物播种面积、我国农村居民人均可支配收入、农村居民家庭恩格尔系数、基尼系数等影响因素对农村金融抑制水平的影响，探寻其中的"联合效应"，以得到推动农村金融抑制水平提高的系列因素。研究结果表明，农村居民家庭恩格尔系数和农业的固定资产投资是推动农村金融抑制水平发生变化的关键因素。在进行单个条件的必要性分析时，并不存在单个必要条件因素。因此，这说明一个条件并无法显著对农村金融抑制水平产生影响。但是，在分析"联合效应"时，任何单一因素也都不能成为影响农村金融抑制水平变化的充分条件。在进行条件组态的充分性分析时，可以看到农业的固定资产投资、农村居民家庭恩格尔系数在 3 种解中均出现，因此可得出这 2 个变量是核心要素，是最主要的农村金融抑制因子。

（1）对我国的情况进行分析：在唯一一个中间解中，恩格尔系数与固定资产投资是核心条件，说明两者对金融抑制水平的影响较为深远，此外从中间解中也可以得出劳动力因素以及基尼系数也会促进金融抑制水平的变化。基尼系数用来形容贫富差距，劳动力因素主要用于表现农业就业情况。由此可见，如果基尼系数越趋近于 1 则农业就业人数越多，那么农村金融的发展就会越慢甚至会停滞不前。

（2）对美国的两个解进行分析：分析得出农业就业人员是中美两国实证结果中存在的共同解，即可说明人力资源因素属于影响两国金融抑制水平的相同基本要素。此外，农业国内生产总值，基尼系数以及人均 GDP 则是组态中的其他条件要素。由此可以得出，在发达国家，金融发展与收入水平直接的联系更为密切。因此，在对比中可以得出以下关于影响金融抑制水平的结论。

①人力资源因素是影响金融抑制水平的基本要素。金融抑制水平与农业从业人数呈现正相关。农业从业人数（占就业人数）越低则说明该国机械化水平越高，也从侧面说明了地区发展较为平稳、外出务工人员会越少，因此该国金融抑制水平越低。通过我国和美国的对比，我们可以发现，就业是金融发展中较为核心的问题，因此要显著降低金融抑制水平，首当其冲的就是需要提升机械化水平以及智能化水平，减少农业从业人

数占就业人数的占比，从而可以降低金融抑制水平。

②农业固定资产投资会显著影响金融的发展，如果农民都把资金投入固定资产投资上，那么说明金融借贷市场内的资金流动就更加频繁，从而带动农村金融水平的发展。并且金融抑制水平与储蓄占国内生产总值的比重呈正相关。农民储蓄比例越高，则该国金融抑制水平越高。所以，我们需要扩大金融市场规模并且扩大贷款的数额，让农民能够更灵活地获得贷款，从而带动金融市场发展。

③整体来看，美国作为资本主义国家，金融抑制水平是较低的，并且受到多个条件联合影响。原因可能是美国金融发展已经进入成熟期，金融水平的提高有效地带动美国经济发展。而我国目前还处于经济结构转型阶段，农业又是国家的立足之本，而且与金融发展息息相关。我们需要在降低金融抑制水平的同时实现金融深化，找出符合社会主义国情的实现路径，并实现金融创新。因此，本书通过两国对比提出以下建议。一是将重心落在实体经济，促进农村金融的发展，加强对于乡村项目建设的资金支持，从而推进金融深化。二是加强乡村教育，特别是金融方面。农村受教育程度的高低会影响金融抑制水平。相对落后的金融意识形成了农民内生需求机制，决定了农民偏好金融风险偏低的金融工具，加大了农村的金融抑制程度。政府需要加强金融知识的科普，加大宣传力度，但同时需要警惕金融手段的过度利用以及内幕信息相关的交易。三是加强农村信用体系的建设。我们应围绕土地积极探索新的融资模式，运用市场化手段引导商业性担保机构进入农村。大力建设征信体系，加快农村信用社的改革，并且探索金融发展新模式。提高识别贷款人信用记录等相关的技术，建立诚信保障体系，从而确保贷款

储蓄安全。发展农业保险，农业定期储蓄等手段，分散银行对农户贷款的风险。四是完善关于农业存贷款的相关立法设置，金融的发展离不开完备的秩序规范，我们应该借助于发达国家金融水平发展的经验，建立完善的金融市场制度和相关的法律法规，从源头上杜绝金融违法操作，从而促使我国金融发展迸发出生机。

第二节　我国农村金融制度的变迁与制约因素

我国农村金融制度的调整是整个农村经济体制改革的重要组成部分。政府主导下的强制性渐进式改革是农村金融制度变迁的主基调，而针对农村金融机构的各种适应性调整则始终是农村金融制度变迁的主线。通过自上而下的制度安排对农村金融机构的设立、撤销、合并等加以引导或强制，改变农村金融机构的产权结构和治理结构，调整农村金融机构配置农村金融资源的功能格局，从农村金融制度供给的角度看，造就了如今多元化的农村金融体系，获得了规模报酬递增效应带来的（如经营成本下降、产品标准化程度提高等）诸多好处，在农村金融供给领域实现了帕累托改进。弄清楚农村金融制度变迁过程中的各种制约因素并据此制定相应的改革措施，对提升农村金融制度供给与农村金融需求之间的契合度，更好发挥农村金融"动力源"的功能性作用具有很强的现实意义。我国农村金融制度变迁中的制约因素以及改革措施受到了学界的广泛重视。兰日旭（2009）对自新中国成立以来我国农村金融制度演化的历程进行梳理后指出，农村金融制度变迁的制约因素一方面源于农村经济低收益、高风险的固有特性，另一方面源于政府将农村作为转嫁改革成本的领域，改革的关键在于建立以市场为主的驱动机制，推动农村金融领域的诱致性变迁。皮天雷（2009）分析指出，我国农村金融制度变迁的过程本质上是中央政府、地方政府、农业银行及农信社四方主体之间"四元博弈"的过程，各方主体基于自身利益最大化而形成的垄断及利益条块分割是农村金融制度变迁的主要制约因素，改革的突破口在于将农村金融机构的产权结构改革及治理结构改革从次级制度变迁提升为核心制度变迁。赵雪梅（2016）基于产业组织理论中的SCP分析范式指出，我国农村金融制度变迁的制约因素包括农村金融市场较高的准入壁垒、高度寡占的市场结构以及农村金融机构实施市场行为时缺少必要的自主性，并据此指出农村金融制度改革的措施重在放松农村金融的准入壁垒、强化农村金融市场的竞争，并强化农村金融机构在产品开发及经营管理上的自主权。张乐柱（2017）通过对农村金融供给如何适应由于城镇化引起的金融需求变异这一问题的探讨指出，农业的天然弱质性、农村金融机构对于各自细分市场的深度依赖、政府主导的强制性变迁、农村金融市场内生规则的忽视以及农村金融机构自身经营风险的不断积累，是目前中国农村金融制度变迁的主要制约因素，农村金融改革的措施应主要从创建良好的农村金融生态、拓展农村金融机构业务范围、培植民间金融组织及强化包括土地、户籍等在内的配套制度建设等方面发力。张晓强、李心丹（2017）通过对中国农村金融改革路径依赖及路径设计的探讨指出，农村金融制度变迁的最大制约因素源于长期的主体缺位及因此而造成的短期行为，改革的措施要通过对准入条件、业务管制等外部环境的改善来促使金融机构主动拓展农村市场，要重视农村金融的内生需求、更多采取自下而上诱导式的发展。通过对文献的梳理可以发现，学者们对于我国农村金融制度变迁制约因素的讨论有一条比较明晰的线索。农村金融机构在业务经营上陷入路径依赖，缺乏开拓农村金融市场的有效激励。据此，学者们提出的改革措施主要是正确处理政府和市场的关系，梳理农村金融机构的产权结构，对各类农村金融机构的功能进行重新定位,放松壁垒管理,强化农村金融领域的竞争,构建多元化金融机构合理分工且互相补充的新型农村金融体系。本书针对改革开放以来我国农村金融制度变迁展开研究,从利益分割、产权安排、信贷偏好及目标悖论等4个方面对当前农村金融制度面临的现实困境及制度变迁的阻碍因素进行分析,并在此基础上讨论我国农村金融制度能够低成本地沿着有效率的方向和路径变迁的改革措施。

一、中国农村金融制度变迁的历程及特征

2006年是我国农村金融由存量改革向增量改革转变的分水岭。在此之前的存量改革经历了两个比较明显的发展阶段。

第一阶段发生在1994—1996年。这一阶段承载政策性金融机构功能的农业发展银行及合作制金融机构—农村信用合作社先后从中国农业银行剥离,多元化的农村金融市场初步形成。第二阶段发生在1997—2005年。在这一阶段已经转变为商业银行的中国农业银行从县域陆续撤并,只留下一些机构负责吸储。农村信用社成为农村金融供给的唯一正式金融机构,国家对农信社的产权制度先后进行了多次调整。2006年中央一号文件确定了农村金融改革的总体方案,该方案明确指出要鼓励设立多种所有制的社区金融机构。此后,随着民间资本的涌入,农村金融制度改革的焦点由存量改革转向增量改革,新型农村金融机构开始发展壮大。

在存量改革阶段,农村金融制度变迁主要体现为中央政府主导下的强制性制度变迁。农村金融组织制度的变迁始终更为关注国家的效用函数以及农村金融机构的利益。无论是从农业

银行中剥离出政策性金融机构，还是调整合作制金融机构的产权，都是政府为了达到某种目标而实施的强制性制度供给，都是在原有农村金融体系框架内进行的重组和修补，难以迎合农村金融市场上需求的变化，这种制度变迁在实践中主要体现为对金融机构数量和规模的调整，却无法保证金融机构能够有效率地进行农村金融资源的配置，其结果一方面使农业银行脱离"三农"，农信社独家垄断了农村金融供给，另一方面造成了农村地区以金融机构"惜贷"为典型表征的金融抑制。

2006年开始的增量改革旨在通过吸收民间资本进入农村金融市场并设立适应农村金融市场需求的小型农村金融机构，来适应农村金融市场需求小而分散的固有特点。这种增量改革发生在原有农村金融制度框架之外，并不触及原有的市场主体，可以说是一场体制外的制度变迁。增量改革最大的突破在于放开了农村金融机构面向民间资本的准入条件，新型农村金融机构对于采用何种产权结构及公司治理模式拥有自主权，在选择适合自身的产权结构及治理结构时主要依据是其所在地信贷需求的实际情况。因此，增量改革在一定程度上体现出了诱致性变迁的特征。新型农村金融机构作为"边际增量"，是要探索一条符合农村金融市场需求的、能够实现长期自我可持续发展的金融新机制。增量改革并不是简单的规模增长，而是要寻找并塑造农村金融新的"秩"。然而，新型金融机构无论是单体规模还是整体规模都很小，其潜在市场是农信社难以顾及的区域和群体，其功能更像是为农信社"查漏补缺"。另外，从新型金融机构10年的发展历程看，民间资本也无法获得与国有资本同等的地位。

二、中国农村金融制度变迁的制约因素

（一）利益分配机制自我强化与路径依赖

农村金融市场对于金融机构的吸引力远远小于城市。这源于农村经济的某些固有特征。农村地区的产业结构以第一产业为主，农业生产收益低且风险高，农村地区的人均收入要远远低于城市地区。农村地区的中小企业不仅难以提供足额、有效的抵押或担保，而且仅就其自身的治理结构、财务合规、信誉等方面而言，也难以达到金融机构的放款条件。再加上农村地区比较恶劣的信用环境，追求利润最大化的商业银行选择放弃农村信贷市场往往是理性选择。但农村金融市场上的信贷需求是真实且大量存在的，为了支持农村经济的发展，政府通过行政力量主导着农村金融供给。在对农村金融多年持续的管理和控制过程中，形成了以国家、地方政府及农信社为代表的与农村金融制度紧密联系的若干利益主体。目前，我国农村金融总体上仍属于政府主导型，国家不会完全放弃农村金融带来的垄断租金以及配置农村金融资源的话语权，但国家对农村金融市场进行管控的边界的确一直处于收缩的状态。与此相对应的是，地方政府对农村金融市场管控的边界在扩张，地方政府从农村金融市场中攫取的利益也在扩大。中央政府"放权让利"政策的实施强化了地方政府在农村金融领域扩张权力的冲动。相关的利益主体轮番博弈，而博弈的最终结果是造成了目前农村金融资源条块分割的局面。在条块分割的基本利益格局中，利益主体各自占据着属于自己的租金份额以及由于农村金融快速发展带来的大部分红利。问题是，在这个过程中，农户并没有作

为参与者参与这场博弈,恰恰是农村金融的需求者群体,从农村金融制度的变革中得到的利益却有限。条块分割的利益格局带来的另一个问题是对金融创新的抑制。尽管农村金融市场存在着如前文所述的多项缺陷,但并不意味不能通过金融创新开发出有效的盈利模式。但在条块分割的利益格局下,"搭便车"才是利益主体的理性选择,谁也不愿意轻易承担创新的成本。

(二) 农村金融机构产权结构

中国农业银行产权结构有待进一步清晰。已经完成的股份制改革并未对中国农业银行的产权结构产生实质性的影响,国家仍然代表全体国民实际上控制着中国农业银行的财产所有权及处置权。中国农业银行的第一大股东、第二大股东分别为中央汇金资产管理有限责任公司及财政部,两者所掌握的股权占农业银行总股权的近80%。排名前十的其他股东也多为拥有国资背景的基金或企业。在主体特性非人格化的约束下,国家只能委托政府来代理行使对中国农业银行的产权。这就形成了一条"国民—国家—政府—经理"的复杂的委托代理链条。在这个委托代理链条中,政府既是委托人又是代理人,政府的双重身份使得中国农业银行的经营管理始终被置于较强的行政干预之下。尽管股份制改革之后中国农业银行的商业化程度有所提高,但由于政企不分带来的所有权与经营权难以分离的问题却始终未得到解决。从名义上看,是股东大会产生了农业银行的董事会,但从实质上看是通过任命产生了董事会。董事会与股东之间存在明显的利益不一致问题,具有官员背景的董事长,事实上只对其任命机构而非股东大会负责。

农村合作金融机构产权结构有待进一步合理。尽管历经多次制度变迁,但农村信用社的产权关系始终没能彻底理顺。从名义上讲，农村信用社的真正股东应是广大社员股民，但占股分散且股份小的社员股民是不可能行使管理权的，只能委托县联社来行使管理权。县联社又入股发起成立了省联社。也就是说，县联社又是省联社的股东。但是，省联社是经省政府授权的管理机构，负责对县联社（本质上是省联社的股东）进行监督和管理。省联社的行为不可避免地带有行政色彩。农信社尽管在形式上建立了由股东大会、理事会、监事会组成的现代公司治理结构，但这种治理结构在实际运行中应进一步加强广大社员股民参与。广大社员股东缺少参与治理的激励和能力。在过多行政干预下，农村信用社追求的目标难以形成正向的有效激励，不良贷款率长期居高不下。

村镇银行的产权结构具有特殊性。村镇银行的设立采取了主发起行制度，主发起行在村镇银行的股权结构中占据多数，成为村镇银行的实际控制者。尽管村镇银行的产权结构很清晰，是一种多元化的独立产权结构，但在主发起行的操控之下，村镇银行往往成为主发起行的"分支机构"，成为主发起行实施整体战略布局的"工具"。尽管村镇银行建立了"三会一层"的现代公司治理结构，但在主发起行的强力控制下，"三会一层"的高层大都源自主发起行的任命，民间资本并没有获得足够的发言权。

（三）农村金融机构的信贷偏好

农村金融市场的动力从产权性质上讲，农村金融机构基本上都属于国有金融组织，国有金融组织在为民营经济提供金融服务上存在众多障碍有待解决。农业的弱质性以及农村金融的高风险性，使农村金融市场对于商业银行并无吸引力，选择离开农村金融市场是商业银行自身利益最大化的必然选择。商业银行在农村地区保留一定数量的机构是为了吸收农村地区的储蓄。这些储蓄被投入高回报的地区和产业之中。因此，商业银行机构的存在不仅尚未起到支持"三农"的作用，反而加大了农村地区资金供求的失衡问题。邮政储蓄是农村资金净流出的另一个重要渠道，只存不贷的制度安排导致了"虹吸现象"。中国邮政储蓄银行的成立缓解了上述现状，其小额贷款及小额存单质押贷款业务中有相当部分用于农村地区。但只要邮储银行在城市发现更好的盈利机会，就会将资金投向城市。农村合作金融机构在不断向农村商业银行转型的过程中，其从事商业化经营的倾向越来越强烈，支农的意愿却越来越弱。国有金融组织的信贷技术适用于大型企业尤其是国有企业，农村金融机构与城市金融机构一样具有大企业偏好，对优质客户展开激烈争夺，但不同金融机构所提供的金融服务基本雷同。对于规模小且分散的农户及农村中小微企业，需要的是灵活的因地制宜的小额信贷服务，这是国有金融组织所难以提供的。农村金融机构的信贷管理缺乏灵活性，贷款审批权高度集中，贷款手续繁琐复杂，追责制度也近乎严苛。这些都使农村金融机构事实上尚未适应农村地区信贷需求的特点，但农村金融机构受到财政资金的保护，缺乏开拓农村市场、发展小贷业务的动力。

（四）农村金融机构的商业性行为与国家的政策取向之间关系

农村金融机构追求利润最大化的商业性行为与支持"三农"的政策取向之间存在着矛盾。农村金融机构的收入只有在覆盖经营成本后仍有一定比例的利润，才能够维持自身的可持续发展，并因而具备为"三农"发展提供持续支持的能力。但是，由于农村地区金融需求的某些特征，因而造成金融机构的高成本。一方面，农村的信贷规模小且分散，无论是农户还是中小微企业都难以提供符合要求的抵押品。另一方面，除经营风险及市场风险以外，农业生产经营还受到自然风险的影响。目前，政策性农业保险发展缓慢且效果不明显，作为分散和降低农业风险重要手段之一的农业保险并没有发挥应用的作用。再加上农村地区信用水平低下及担保机制发育迟缓等因素造成的脆弱的金融生态，使要保证农村正式金融组织能够获得财务上的可持续性，就必须将农村地区的利率水平提高到城市的利率水平之上。但是，农业信贷项目低收益的特性又无法支持上述做法，一旦利率水平过高，融资者将无法负担，严重影响农村信贷项目的扩大再生产。也就是说，在不提高利率水平的情况下，农村正式金融机构难以单纯依靠商业化的经营收入实现自身的可持续发展，而如果提高农村地区的利率水平，则无可避免地伤害到农村地区的再生产以及资本积累。以往农村金融制度的变迁始终不曾摆脱这种"利率悖论"的束缚，只能采取行政命令的手段来强迫资金向农村流动。这种与资本逐利天性背道而驰的做法使农村金融机构负担了过重的成本，成为不良资产大量积累的主要原因。

第三节 我国财政支农与金融支农的供给效应与边界

一、东中西部农村地区经济发展现状

"三农"问题主要的对象是农业、农村和农民,而农业经济的变化都会引起农民收入和农村经济的变化,农村和农民都要依托于农业。农业有狭义和广义之分,狭义是专指种植业,广义是泛指第一产业,而本书所研究的农业是包括农林牧渔业在内的第一产业。如表3-4所示,从时间上看,人均国内生产总值和第一产业国内生产总值都不断增加,西部地区人均国内生产总值和第一产业国内生产总值增幅最大,2019年西部地区人均国内生产总值是2005年的6倍,2019年西部地区第一产业国内生产总值是2005年的3.8倍。从空间上看,各区域人均国内生产总值的差距尤为明显。在2019年东部地区人均国内生产总值达到536070.64元,是中部地区人均国内生产总值的2.19倍,是西部地区人均国内生产总值的2.63倍;中部地区其次,中部地区人均国内生产总值和中部地区第一产业国内生产总值与西部地区的差距较小;而西部地区的人均国内生产总值和第一产业国内生产总值均最小,在2019年西部地区人均国内生产总值仅有203487.36元,西部地区第一产业国内生产总值达到22332.76亿元。通过上述分析可以发现,东中西部地区农业经

济存在明显的差距,东部地区人均国内生产总值与中西部地区人均国内生产总值分别相差2.19倍和2.63倍,但东部地区第一产业国内生产总值与中西部地区第一产业国内生产总值分别相差1.14倍和1.15倍。由此可见,两者并没有存在着明显的线性相关。

财政支农支出的不断增加会改善农业的基础设施、提高农业科技水平发展,进而提高农业的生产能力、增加农民的收入;而金融支农的提高、会增加农民的消费和投资;消费和投资的不断增加,又会促进农业生产力的不断提高、促进农业生产总值的增加,进而形成良性循环。因此,缩小东中西部农村地区经济水平的差距,增加财政支农对基础设施建设的倾斜,促进农业科技水平发展,提高金融支农效率,促使两者协同支农,显得尤为重要。

东中西农村地区经济水平见表3-4。

表3-4　　　　　东中西农村地区经济水平

年份	东部地区		中部地区		西部地区	
	人均国内生产总值（元）	第一产业国内生产总值（亿元）	人均国内生产总值（元）	第一产业国内生产总值（亿元）	人均国内生产总值（元）	第一产业国内生产总值（亿元）
2005	118596.24	9564.24	46545.14	7514.78	33837.92	5876.59
2006	138522.87	10319.70	53967.49	8024.48	40055.62	6345.17
2007	165194.03	11621.56	65359.77	9296.99	48842.63	7590.19
2008	194085.15	13447.46	78781.03	11232.94	60052.92	9004.62
2009	211886.90	14289.98	86443.31	11741.24	66532.12	9134.45
2010	250487.94	16257.40	105145.56	13574.12	80901.03	10632.59
2011	293581.45	18800.56	127624.70	15876.31	99629.13	12696.69

续表

年份	东部地区 人均国内生产总值（元）	东部地区 第一产业国内生产总值（亿元）	中部地区 人均国内生产总值（元）	中部地区 第一产业国内生产总值（亿元）	西部地区 人均国内生产总值（元）	西部地区 第一产业国内生产总值（亿元）
2012	320738.47	20495.46	141908.57	17545.57	113203.77	14252.17
2013	351978.26	22215.23	155410.89	19040.89	126140.51	15614.00
2014	378727.46	22417.37	167522.17	19486.02	137178.96	16341.11
2015	401651.69	23398.73	176097.26	20093.63	143992.53	17264.20
2016	432433.34	24102.78	190808.46	20949.92	155676.76	18497.06
2017	471244.71	23033.62	207333.82	19863.95	167250.65	19079.23
2018	499888.80	24037.69	225073.37	20338.17	187606.86	20228.06
2019	536070.64	25636.96	244077.29	22359.19	203487.36	22332.76

数据来源：国泰安数据库。

从增长速度看，如图3-1与图3-2所示，东中西部农村地区人均国内生产总值和第一产业国内生产总值走势大致相同，大致可以划分为高速波动期和低速平缓期两个阶段。第一个阶段为高速波动期从2005年至2013年。其中，2009年人均国内生产总值和第一产业国内生产总值增长速度均出现大幅减缓，人均国内生产总值增长速度仅为9.17%，第一产业国内生产总值增长速度仅为10.08%。这是由于2008年全球经济危机所带来的影响，2009年上半年经济发展较为萎靡，但在下半年经济有所回升。总体而言，与2008年相比，人均国内生产总值与第一产业国内生产总值年均增幅不大。第二阶段为低速平缓期从2014年至2019年，东中西部地区人均国内生产总值和第一产业国内生产总值平稳增长。这是由于14年后中国整体国情稳定，物价总体保持稳定，就业质量明显提升，百姓收入稳步增加，贫困人口逐步减少，作为经济增长"主引擎"——消费进一步巩固，持续促进人均国内生产总值和第一产业国内生产总值增长。

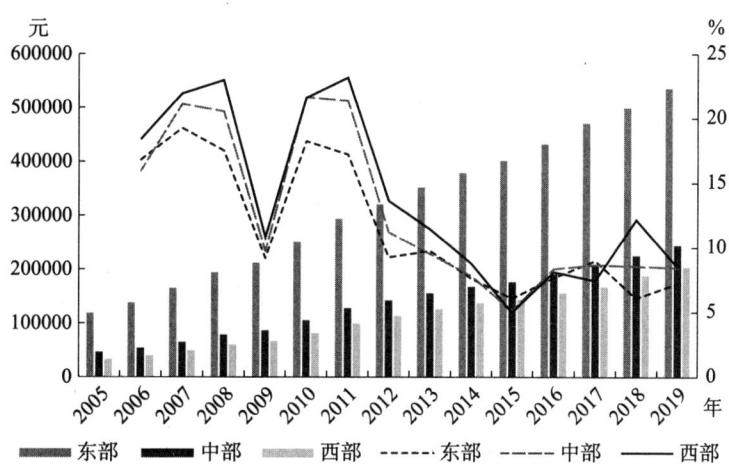

图3-1 东中西部农村地区人均国内生产总值

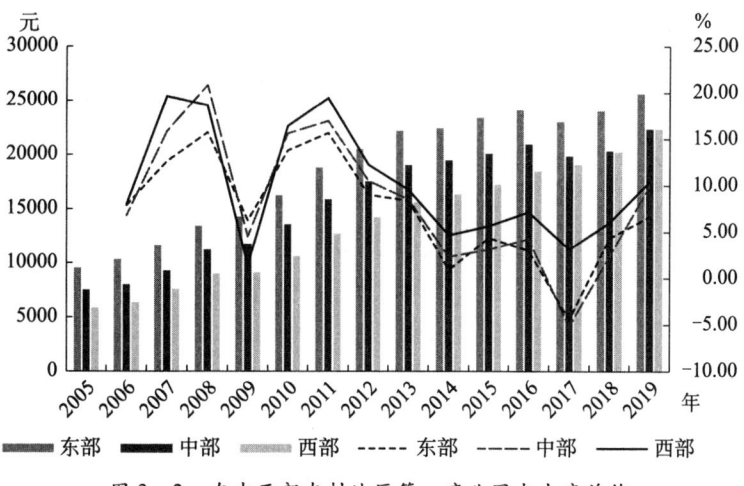

图3-2 东中西部农村地区第一产业国内生产总值

二、东中西部农村地区财政支农现状

随着乡村振兴战略的不断推进,财政支农在解决农村资金短缺根本问题中起到了主导性作用。在"三农"政策的引导下,国家对于农业的重视程度不断提高,各级政府财政支农的投入也不断增加,如表3-5所示,从2005年到2019年,中国东中西部地区的财政支农支出整体规模呈上升趋势。相比于2007年,2019年东部地区财政支农支出总额分别增长了6.14倍,中部地区增长了7.12倍,西部地区增长了8.46倍。在财政支农项目中,东部处于经济发达地区,地方政府拥有较多的财政收入且实行财政分权,能够拥有足够富余的资金且能较为自主地投入农业。因此,东部地区的财政支农支出相对较多,在2019年达到7253.81亿元。西部地区环境基础较差且较多贫困地区聚集,但国家极其重视西部地区的发展,西部农村地区经济发展得到各级政府大力扶持,财政支农支出由2007年的985.53亿元增加到了2019年的8336.59亿元,增幅最大。相较而言,中部政府的财政支农支出最少,2019年仅达到6295.05亿元。

东中西农村地区财政支农支出总额见表3-5。

表3-5　　东中西部农村地区财政支农支出总额　　单位:亿元

年份	财政支农支出总额		
	东部地区	中部地区	西部地区
2005年	396.31	237.43	227.57
2006年	479.81	292.06	289.02
2007年	1181.46	883.71	985.53
2008年	1557.79	1211.61	1403.36
2009年	2310.54	1950.77	2055.69

续表

年份	财政支农支出总额		
	东部地区	中部地区	西部地区
2010 年	2797.91	2330.84	2523.83
2011 年	3425.27	2743.83	3225.39
2012 年	4133.73	3265.05	3929.99
2013 年	4761.56	3648.10	4264.18
2014 年	4929.24	3830.36	4705.32
2015 年	6136.89	4704.03	5600.52
2016 年	6170.03	5231.42	6163.56
2017 年	6344.41	5551.42	6246.34
2018 年	6868.27	5969.83	7290.55
2019 年	7253.81	6295.05	8336.59

数据来源：国泰安数据库。

从增长速度来看，如图3-3所示，中国东中西部农村地区财政支农支出增长速度呈现出波动变化，但总体增长速度呈降低趋势。2007年、2009年出现2次增长率高峰。①在2007年出现第一次高峰。在2007年东中西部农村地区财政支农支出增长幅度分别为146.23%、202.58%和240.99%。这是由于2007年政府进行了财政收支分类改革，将口径从2007年以前的财政支农（包括支农支出以及农业、林业、水利等气象部门业务支出）改为2007年以后的所有农林水相关支出，现在统称为"农林水事务支出"，由此导致了支出增长率激增。虽然2005—2019年国家财政支农支出统计口径发生变化（见图3-3），但是支农资金的流向是保持一致的并未改变所涉及的内容，只是科目的细分或者合并，所以进行实证分析是具有合理性和科学性的[79]。②在2009年出现第二次增长高峰。在2009年东中西部农村地区财政支农支出增长幅度分别为48.32%、61.01%和46.48%，主要原因是国内金融危机的影响，国家采取扩张性的财政政策，加快了财政支农的步伐。

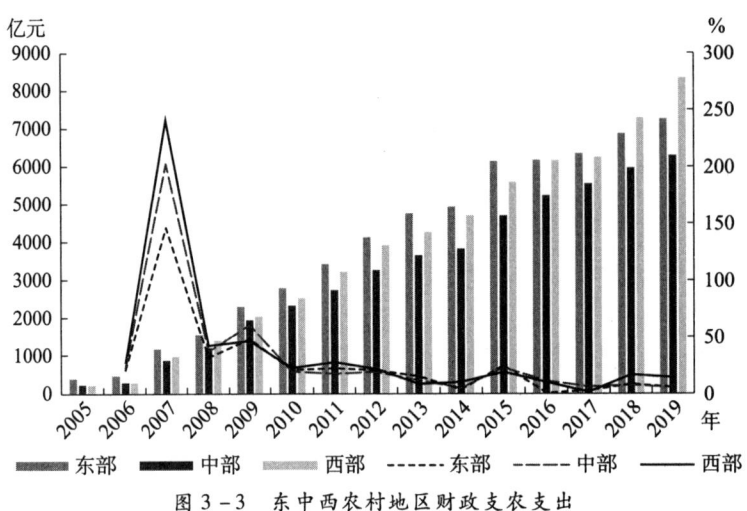

图 3-3 东中西农村地区财政支农支出

三、东中西部农村地区金融支农现状

随着乡村振兴战略的不断推进，财政支农未能完全解决农村资金问题。在现代经济体系中，金融支农的出现进一步推动农村经济的发展，起到了辅助和补充的作用。金融支农的出现可以引导更多信贷资金投向"三农"，切实解决农村融资难问题，还可以优化资金配置，引导资金的运行，促进农村经济的发展。在本书中，以涉农贷款及农村金融机构营业网点资产总额来衡量金融支农情况。如表 3-6 所示，中国东中西部农村地区的涉农贷款逐年增加，东部地区涉农贷款在 2019 年增至 13982.23 亿元，是 2005 年的 2.5 倍；中部地区涉农贷款在 2019 年增至 14554.76 亿元，是 2005 年的 4.2 倍；而西部农村地区涉农贷款在 2019 年增至 12348.62 亿元，是 2005 年的 4.9 倍。农村金融机构营业网点资产总额均呈上升趋势,但增幅却逐渐下降甚至出现减少。这说明我国金融支农力度仍有所不足。这是由于随着金融机构逐渐商业化,在信贷资源趋利本质,加上财政支农对农村金融具有挤出效应,导致商业性金融机构不断撤离营业网点。虽然在相关政策的引导下支农资金量有所上升,但增幅仍旧不高且增幅逐年下降,其中中部农村地区在 2016 年与 2019 年出现负增长(见表 3-6)。较财政支农支出,在金融支农支出项目中,东部处于经济发达地区,金融机构的资金充沛,与之相对应的金融支出也较多。因此,东部的金融支农支出投入最大,西部地区投入最小。

表 3-6　　东中西部农村地区金融支农水平　　单位:亿元

年份	东部地区		中部地区		西部地区	
	涉农贷款	营业网点资产总额	涉农贷款	营业网点资产总额	涉农贷款	营业网点资产总额
2005 年	5527.08	21424.46	3443.03	8735.33	2513.73	6438.36
2006 年	6570.90	28762.80	3871.42	10202.60	2789.93	8360.80
2007 年	7834.08	31016.90	4485.87	12000.30	3174.16	10631.75
2008 年	8847.19	37738.70	5046.91	15800.00	3983.89	15150.70
2009 年	10961.05	47657.10	6880.97	20529.80	5876.17	19476.10
2010 年	12131.58	58072.50	8136.89	25210.66	6806.15	24537.16
2011 年	12728.42	71483.60	8628.03	30631.10	7422.06	31594.10
2012 年	11942.90	81824.00	9864.02	37498.10	8596.44	40488.40
2013 年	11016.06	94564.40	11047.70	44905.50	9531.59	50126.04
2014 年	10610.52	108576.90	11706.72	54465.38	11122.80	60389.72
2015 年	10796.00	126122.00	11862.00	62212.44	12368.00	68429.07
2016 年	10674.50	146252.58	11984.52	60781.55	13800.38	77888.40
2017 年	10920.83	159249.00	12552.32	71136.50	14934.39	84183.90
2018 年	11419.01	167890.10	12937.00	87601.90	14691.00	83023.10
2019 年	13982.23	185549.90	14554.76	81555.50	12348.62	90925.20

数据来源:国泰安数据库。

从增长速度看，如图3-4所示，在2009年农村涉农贷款增长速度有较大的波动，各地区均出现最大增幅，中部农村地区增长速度为36.34%，西部农村地区增长速度为47.50%，东部农村地区增长速度为23.89%。2010年以后，东中西部农村地区波动均趋于平缓，但东中部地区涉农贷款增长速度缓慢波动上升，而西部农村地区涉农贷款增长速度却开始逐年减少。2019年，东中部农村地区涉农贷款呈现上升趋势增长，但西部农村地区涉农贷款却出现负增长。这是由于2019年起中央财政将调整资金使用方向，不再执行县域金融机构涉农贷款增量奖励政策，政策的改变对于包含中国绝大多数贫困农村的西部地区影响更为深远。而且，西部农村地区仍存在"精英俘获"现象，导致扶贫资源瞄准偏离，进而导致项目主体异化、效益甚微，出现企业融资难、农民贷款难的情况。

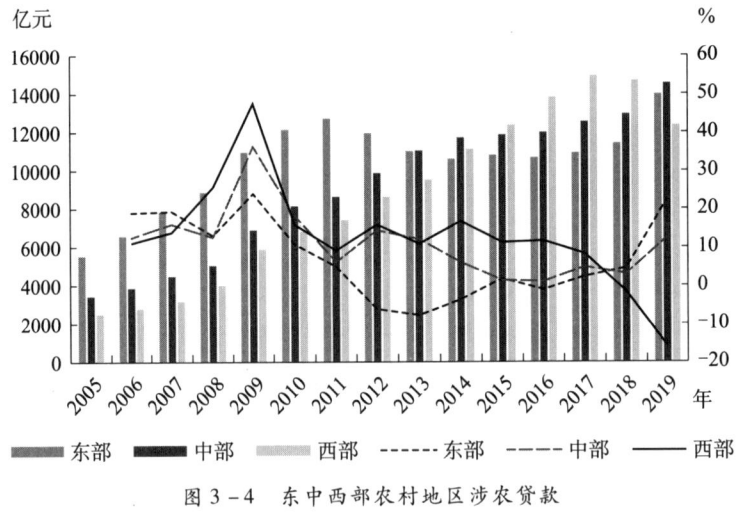

图3-4 东中西部农村地区涉农贷款

从增长速度看，如图3-5所示，东中西部农村地区营业网点就业人数增长速度大致可以划分为高速波动期、平缓波动期、低速波动期3个阶段。第一个阶段高速波动期从2005年至2010年。东中西部农村地区营业网点就业人数均出现剧烈波动，2007年、2008年农村地区营业网点就业人数增幅急剧下降，2009年、2010年却又出现上升。这是由于2007年8月国家出现金融危机，国内金融机构大幅减少人员、设施，而2009年中国开始采取宽松量化的货币政策，减缓金融危机影响，促使农村营业网点就业人数激增，尤其是西部农村地区，在2010年营业网点就业人数达到219671人次，增长幅度达到14%，增幅异常迅猛。第二阶段是平缓波动期从2011年至2017年。在这一阶段，农村营业网点就业人数平稳增加。第三阶段是低速波动期从2018年至2019年。东中西部农村地区营业网点就业人数均开始有较为明显的波动起伏。这是由于就业服务机构岗位需求增速正在走低。一方面，财政支农的大量投入会在一定程度挤出农村居民对农村金融的借贷，在一定程

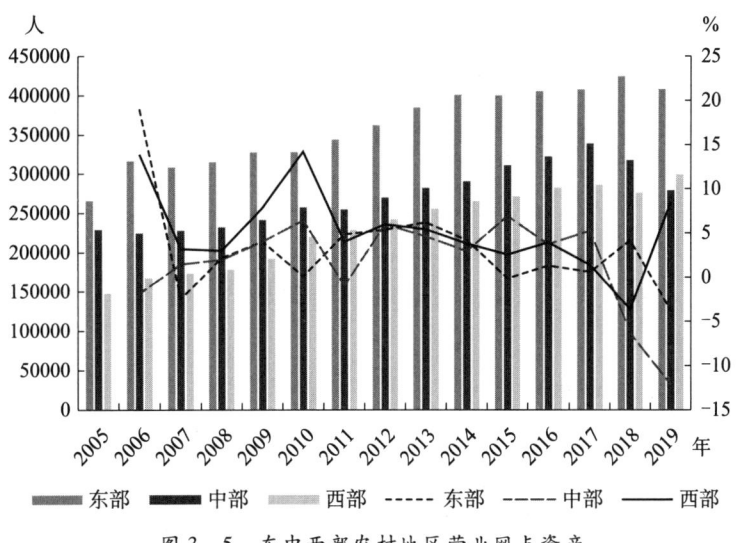

图3-5 东中西部农村地区营业网点资产

度上导致金融行业不景气，就业人数下降；另一方面，创投募资的下降和人力成本的高涨使金融机构通过减少雇员缓解收入降低的压力。

四、财政支农和金融支农对农村经济的影响研究

（一）数据来源与指标选取

财政支农与金融支农同时具有时空两个维度。本书将利用面板数据模型（panel data）进行估计。由于各地区的金融支农水平和财政支农力度不同，可能存在不随时间变化的遗漏变量，所以本书考虑采用固定效应模型，且通过 F 检验与 Hausman 检验，验证了选择固定效应模型的合理性与科学性。在郑灵巧[38]的研究基础上，增加金融支农指标，更从规模与效率两角度分析财政支农和金融支农及财政金融协同支农对农村经济的影响。效率指标不能从现存数据中直接获得，本书通过数据包络分析法（DEA）对我国各区域支农资金的效率进行测算。在对东中西部农村地区各区域财政支农和金融支农实证分析的基础上，对东中西部地区各区域财政支农和金融支农存在的问题进行分析。从而，为优化东中西部农村地区的财政支农体系、改善金融支农结构，为促进东中西部农村地区的均衡发展提供政策建议奠定基础。

1. 数据来源

本书在时间上选取 2007—2019 年的数据，截面上选取中国 30 个省市自治区（西藏地区因数据缺失严重而被剔除），按国

家政策划分为东中西三块区域①进行测算，所有数据均来自Wind数据库、国泰安数据库与《中国金融统计年鉴》。

2. 指标选取

（1）固定效应模型指标选取。在宏观经济中，经济学者们经常使用国民生产总值与国内生产总值等指标来衡量经济增长。两者相比较而言，国内生产总值能够较为真实地反映一国或一个地区经济综合实力，更加便于地区间的比较，而人均国内生产总值更能反映农村经济水平。因此，本书将人均国内生产总值作为衡量不同农村地区的经济水平指标。

由于农村经济发展影响因素的复杂性，导致衡量其发展指标的多样性，而农村财政资源与金融资源的配置主体主要是政府。因此，掌握农村财政支农与金融支农的投入就是掌握财政与金融主体的投入。本书在郑灵巧[39]的文章基础上增加金融支农指标，并借鉴房玲秀[80]、李豫新[81]、韩振兴[82]和吴振华[83]与王颂吉[84]、蓝虹[85]、刘雷[86]、石连忠[87]和邓晓娜[88]的方法，从规模与效率两个角度分析财政支农政策和金融支农政策对农村经济的影响，并加入农村消费水平、固定资产投资与地区教育水平作为控制变量。此外，通过实地调研，发现只有东部农村地区存在财政分权，故此东部农村地区增加财政分权指标。指标及计算方式见表3-7。

---

① 根据国家发展和改革委员会的解释，中国东中西部的划分，是政策上的划分，而不是行政区划，也不是地理概念上的划分。因此，东部是指最早实行沿海开放政策并且经济发展水平较高的省市，包括北京、天津、河北、上海、江苏、浙江、福建、山东、广东、海南和辽宁；中部是指经济欠发达地区，包括山西、江西、安徽、河南、湖北、湖南、吉林和黑龙江；而西部则是指经济欠发达的西部地区，包括广西、内蒙古、陕西、甘肃、青海、宁夏、新疆、四川、贵州、云南、重庆和西藏。分析六大行政区和根据经济水平划分出的三大地区，可以发现沿海省份的经济发展明显优于内陆省份。

表 3 – 7　　　　　　　　　　指标及计算方式

指标	计算方式
财政支农效率 x_1	投入产出指标体系测算
金融支农效率 x_2	投入产出指标体系测算
财政支农规模 x_3	各地区涉农资金总额/财政支农总额
金融支农规模 x_4	各地区金融机构涉农贷款总额÷国内生产总值
效率协同项 x_5	财政支农效率×金融支农效率
规模协同项 x_6	财政支农规模×金融支农规模
财政分权 x_7（仅东部农村地区）	地方政府预算内人均本级财政支出÷中央预算内人均本级财政支出
农村消费水平 z_1	各农村地区居民消费性支出
固定资产投资 z_2	各农村地区居民固定资产投资
地区教育水平 z_3	各地区每百万在读学生数量

（2）数据包络分析模型（即 DEA 模型）。在效率评价研究中，近年来越来越多的学者采用数据包络分析模型（即 DEA 模型）。该方法是用于评估评价单元相对有效性的非参数技术效率分析方法，不要求具体的模型设定，适用范围较广，从而得到了广泛应用，采用 DEA 模型。

DEA 中最基本的一个模型——CCR 模型。设有 n 个决策单元（$j=1,2,\cdots,n$），每个决策单元有相同的 m 项投入（输入），输入向量为：

$$x_j = (x_{1j}, x_{2j}, \cdots, x_{mj})^T > 0, j = 1, 2, \cdots, n \quad (3-1)$$

每个决策单元有相同的 s 项产出（输出），输出向量为

$$y_j = (y_{1j}, y_{2j}, \cdots, y_{sj})^T > 0, j = 1, 2, \cdots, n \quad (3-2)$$

即每个决策单元有 m 种类型的"输入"及 s 种类型的"输出"。
x_{ij} 表示第 j 个决策单元对第 i 种类型输入的投入量；
y_{ij} 表示第 j 个决策单元对第 i 种类型输出的产出量；

引入松弛变量 s^+ 和剩余变量 s^-，具体见式（3-3）：

$$\min \theta$$

$$s.t. \begin{cases} \sum_{j=1}^{n} \lambda_j x_j + s^+ = \theta x_0 \\ \sum_{j=1}^{n} \lambda_j y_j - s^- = y_0 \\ \lambda_j \geq 0, j = 1, 2, \cdots, n \\ \theta \text{ 无约束 } s^+ \geq 0, s^- \geq 0 \end{cases} \quad (3-3)$$

设上述问题的最优解为 λ^*、s^{*-}、θ^*，则有如下结论与经济含义。

若 $\theta^* = 1$，且 $s^{*+} = 0$，$s^{*-} = 0$，则决策单元 DMU_{j_0} 为 DEA 有效，即在原线性规划的解中存在 $w^* > 0$，$\mu^* > 0$，并且其最优值 $h_{j_0}^* = 1$。此时，决策单元 DMU_{j_0} 的生产活动同时为技术有效和规模有效。若 $\theta^* < 1$，决策单元 DMU_{j_0} 不是 DEA 有效。其生产活动既不是技术效率最佳，而不是规模效率最佳。

假设 DMU_{j_0} 处于变动规模情形下的 BCC 模型。利用 BCC 模型可以衡量纯技术效率和规模效率，以及对决策单元是否处于最优做出判断，具体见式（3-4）。

$$\begin{cases} \min \theta \\ s.t \\ \sum_{j=1}^{n} \lambda_j x_j + s^+ = \theta x_0 \\ \sum_{j=1}^{n} \lambda_j y_j - s^- = y_0 \\ \sum_{j=1}^{n} \lambda_j = 1, j = 1, 2, \cdots, n \\ \theta \text{ 无约束}, s^+ \geq 0, s^- \geq 0 \end{cases} \quad (3-4)$$

(3) 数据包络分析模型（即 DEA 模型）的指标选取。在财政支农效率测算中，本书借鉴房玲秀[80]、李豫新[81]、韩振兴[82]和吴振华[83]的文章，选取财政支农支出总额为投入指标，选取农林牧渔总产值、农村人均消费作为产出指标，测算出财政支农效率。在金融支农效率测算中，借鉴王颂吉[84]、蓝虹[85]、刘雷[86]、石连忠[87]和邓晓娜[88]的文章：选取涉农贷款余额、农村金融机构营业网点资产总额为投入指标，选取第一产业国内生产总值及农村人均收入作为产出指标，测算金融支农效率，如表 3-8 所示。

表 3-8　　　　　　　　投入产出指标体系

准则层	指标层	
	财政支农效率指标	金融支农效率指标
投入指标	财政支农支出总额（万元）	涉农贷款余额（万元） 农村金融机构营业网点资产总额（人）
产出指标	农林牧渔总产值（万元） 农村人均消费（元）	第一产业国内生产总值（亿元） 农村人均收入（元）

（二）固定效应模型构建

根据上文所选取的指标，代表农村经济水平的人均国内生产总值用 y 表示；代表财政支农的指标用 F 表示；而代表金融支农的指标用 P 表示，控制变量用 C 表示，T 则表示财政分权指标。在模型中均以 x 表示解释变量，z 表示控制变量。

本书构建如下的面板数据模型来检验财政支农和金融支农对农村经济的影响：

$$y_{it} = \lambda_t + \sum_{k=2}^{k} \beta_k F_{it} + \sum_{k=2}^{h} \beta_k P_{it} + \gamma_t F_{it} P_{it} + \alpha_t T_{it} + \theta_t C_{it} + u_{it}$$

$$(3-5)$$

式(3-5)中，i代表地区，t代表年份，λ_t、β_k、γ_t、α_t与θ_t为模型参数，μ_{it}是随机误差项。

在此基础上，本书分别从规模与效率两个角度，研究财政支农、金融支农以及两者协同作用对东中西部农村地区经济的影响。

根据F检验，p值均为0.0，拒绝混合模型。根据Hausman检验，在90%的置信水平下均拒绝原假设，即采用固定效应模型，检验结果见表3-9。

表3-9　　　　　　　　Hausman检验结果

	东部农村地区	中部农村地区	西部农村地区
豪斯曼检验值	139.98	28.76	20.22
概率值p	0.000	0.000	0.017

接着，在10%的置信水平下，均通过协整检验，表明变量之间存在长期均衡关系，检验结果见表3-10。

表3-10　　　　　　　　协整检验结果

	东部农村地区		中部农村地区		西部农村地区	
	统计值	p值	统计值	p值	统计值	p值
协整检验	-3.839	0.000	-6.888	0.000	-4.840	0.000

(三) 财政金融支农效果分析

基于固定效应模型研究对农村经济的影响。我国东部地区为沿海发达地区，包含了11个省市，由表3-11回归结果所示，财政支农指标均对东部农村地区经济起促进作用；金融支农规模指标对东部农村地区经济起促进作用，但金融支农效率指标却抑制农村经济的发展。由p值大小可以发现财政金融支农规模的协同作用指标通过10%的显著性检验，财政支农效率、金融支农效率与金融支农规模指标通过5%的显著性检验，财政金融支农效率的协同作用指标通过1%的显著性检验。$R^2=0.984$ 说明我国东部农村地区固定效应模型拟合程度很好。

表3-11　　东部农村地区固定效应模型回归结果

	系数	标准差	t 值	p 值	Sig
x_1	0.17	0.07	2.32	0.02	**
x_2	-0.20	0.09	-2.22	0.03	**
x_3	0.06	0.01	5.81	0.00	***
x_4	0.04	0.02	2.33	0.02	**
x_5	0.34	0.09	3.61	0.00	***
x_6	-0.33	0.19	-1.75	0.08	*
x_7	0.61	0.04	15.85	0.00	***
z_1	0.28	0.09	3.27	0.00	***
z_2	-0.33	0.13	-2.58	0.01	**
z_3	0.01	0.00	4.33	0.00	***
c	3.87	0.35	11.10	0.00	***

$R^2=0.984$　　$F(10, 144)=143.72$　　$Prob > F = 0.0000$

注：*** $p<0.01$，** $p<0.05$，* $p<0.1$。

我国中部地区包含8个省区，由表3-12回归结果所示，财政支农规模指标对中部农村地区经济起促进作用，金融支农效率指标起显著抑制作用。金融支农效率和财政金融支农规模的协同作用指标通过5%的显著性检验，财政支农效率、财政支农规模和财政金融支农效率的协同作用指标均通过1%的显著性检验，其余核心变量均未能通过显著性检验。$R^2=0.879$ 说明我国中部农村地区固定效应模型拟合程度较好。

表 3-12　　中部农村地区固定效应模型回归结果

	系数	标准差	t 值	p 值	Sig
x_1	0.01	0.09	0.09	0.03	**
x_2	-0.61	0.16	-3.88	0.00	***
x_3	0.04	0.02	2.65	0.01	**
x_4	0.03	0.02	1.21	0.23	***
x_5	0.56	0.17	3.38	0.00	
x_6	-0.43	0.21	-2.08	0.04	**
z_1	0.65	0.05	13.16	0.00	***
z_2	0.17	0.12	1.46	0.15	
z_3	0.34	0.12	2.82	0.01	**
c	-0.17	0.26	-0.65	0.02	**

$R^2 = 0.879$　$F(7, 103) = 5.21$　$Prob > F = 0.0001$

注：$***p<0.01$，$**p<0.05$，$*p<0.1$。

我国西部选取了除西藏外的 11 个省区，由表 3-13 回归结果所示，财政支农指标均对农村经济起显著促进作用，金融支农规模指标对农村经济起显著抑制作用。财政支农规模与财政支农效率指标均通过 1% 的显著性检验，金融支农规模和财政金融支农效率的协同作用指标通过 5% 的显著性检验，$R^2 = 0.948$ 则说明我国西部农村地区固定效应模型拟合程度很好。

表 3-13　　西部农村地区固定效应模型回归结果

	系数	标准差	t 值	p 值	Sig
x_1	0.43	0.12	3.70	0.00	***
x_2	0.01	0.15	0.08	0.94	
x_3	0.02	0.01	3.29	0.00	***
x_4	-0.02	0.01	-1.70	0.09	**
x_5	0.33	0.14	2.33	0.02	**

续表

	系数	标准差	t 值	p 值	Sig
x_6	0.08	0.07	1.12	0.26	
z_1	0.57	0.05	11.65	0.00	***
z_2	0.32	0.08	4.02	0.00	***
z_3	0.63	0.13	4.92	0.00	***
c	1.46	0.41	3.55	0.00	***

$R^2 = 0.948$　$F(10, 145) = 67.67$　$\text{Prob} > F = 0.0000$

注：*** $p < 0.01$，** $p < 0.05$，* $p < 0.1$。

（四）东中西区域差异性分析

从效率与规模两个角度，对各地区财政支农与金融支农以及两者协同支农作用这6个核心指标进行分析，可以发现我国不同农村地区财政支农的影响力具有一定差异性，金融支农水平也存在着不同，这种差异性与三大区域的自然和社会条件的不同、经济水平的显著差异有密切相关，回归结果汇总见表3-14。

表3-14　东中西部农村地区固定效应模型回归结果汇总

指标	东部农村地区		中部农村地区		西部农村地区	
	系数	p 值	系数	p 值	系数	p 值
x_1	0.17	0.02	0.01	0.93	0.43	0.00
x_2	-0.20	0.03	-0.61	0.00	0.01	0.94
x_3	0.06	0.00	0.04	0.01	0.02	0.00
x_4	0.04	0.02	0.03	0.23	-0.02	0.09
x_5	0.34	0.00	0.56	0.00	0.33	0.02
x_6	-0.33	0.08	-0.43	0.04	0.08	0.26

$R^2 = 0.948$　$F(10, 145) = 67.67$　$\text{Prob} > F = 0.0000$

注：*** $p < 0.01$，** $p < 0.05$，* $p < 0.1$。

1. 财政支农对农村经济水平的影响分析

从财政支农效率角度看,对东西部农村地区经济均有显著促进作用。其中,西部财政支农效果最佳,东部财政支农效果其次,但对中部未能有显著影响。

(1) 西部地区财政支农效率每增长1%,可以促进农村经济增长0.43%。财政支农效率促进作用如此明显,原因是西部农村地区的财政支农基础薄弱、经济水平较低,但国家非常重视农村经济发展,促使西部地区农业发展得到各级政府大力扶持。各项财政政策不断得以实施,尽管西部地区政府尚未实现财政分权,但地方政府间为促进经济发展和自身政治利益而大量进行良性竞争,成为服务型政府,为辖区内居民提供更好的公共服务。这一现象不仅提高农村居民生活水平,也间接缩小了城乡间收入差距。良性竞争间促使支农效率得以提高,已经能够较好地促进农村经济增长。

(2) 东部地区财政支农效率每增长1%,可以促进农村经济增长0.17%,低于对西部地区的影响。由于中国东部农村地区拥有较为完善的各项支农体系、强大的农村组织力以及高效的农村管理效率。根据实地调研发现,东部地区财政大多采取了财政分权的方式,地方政府运用资金有一定自主权,减少资金在政府中流通的时间,提高了财政支农的效率。

(3) 中部地区财政支农效率未能对农村经济起显著作用。中部地区财政支农效率促进作用较低,由于中部农村地区尚未实现财政分权,中央对农村经济财政仍是层级拨款,在一定程度上削弱了财政支农的效率。此外,从财政支农支出总额也可发现中部地区对农村经济投入的力度远小于东西部地区。因此,在下一阶段,对农村经济发展给予更多支持是中部地区政府的重点。

从财政支农规模角度看，对东中西部农村地区经济影响均显著。

（1）东部地区财政支农规模每增长1%，可以促进农村经济增长0.06%。由于东部农村地区财政投入规模庞大、农业技术水平先进，在财政分权下东部地区政府能真正运用到农村经济的资金更多。东部农村地区经济水平一直处于领先地位，在此基础上进一步扩大财政支农规模的影响力不易。需要完善的支农体系与政策等支持，单方面提高支农规模已经难以大幅提升农村经济水平。因此财政支农规模对东部农村地区经济影响虽然最高，但其影响仍然较小。

（2）中部地区财政支农规模每增长1%，可以促进农村经济增长0.04%。财政支农规模影响仍相对较小，农业技术发展水平较差、机械化水平不高，抑制了财政支农规模的作用。根据实地调研，中部农村地区未实现财政分权，大量资金流入城镇地区，运用到农村地区资金较少。2005—2019年的15年，中部地区整体财政支农支出占财政总支出的平均比重为9.84%，远低于发达国家40%~70%的水平，低于发展中国家10%的平均水平，财政支农支持力度增长缓慢。

（3）西部地区财政支农规模每增长1%，可以促进农村经济增长0.02%。由于西部地区经济发展较为落后，政府财政实力有限，因此财政支出相对较少。农业生产条件较为恶劣，带来的经济效益目前尚且较低。

由于中国经济高速发展，财政支农支出总额得到不断增加。在2005—2019年，我国东中西部地区整体及各区域的财政支农支出占财政总支出的比重都得到增加，说明中国整体及各省财政支农支持力度有一定的增加。这期间，东中西部地区整体财政支农支出占财政总支出的平均比重分别为7.84%、9.84%、

11.69%，各省的平均比重为 4%～15%。中国整体财政支农支出占财政总支出的比重基本维持在 10.06% 的低水平，财政支农支持力度增长缓慢。总体而言，我国东中西部各区域整体及东中西部各省的财政支农支出占财政总支出的比重均偏低，增长缓慢。因此，财政支农规模对东中西部农村地区经济影响都较小。我国东中西各区域的财政支农支出未达到最优规模，整体财政支农支持力度偏低。

2. 金融支农对农村经济水平的影响分析

金融支农效率对东中部农村地区经济均有显著抑制作用，对西部农村地区影响不显著。

东部地区金融支农效率每增长 1%，促使农村经济降低 0.20%。由于东部农村地区金融发展较好，但对比财政支农仍有所不足，农村金融体系建设依旧薄弱，未能够对农村经济产生显著促进作用。

中部地区金融支农效率每增长 1%，促使农村经济降低 0.61%。原因是中部农村地区金融资源较少，金融市场运作效率低下，金融支农体系不完善，对中部农村地区经济产生较大的抑制作用。

西部地区金融支农效率未能对农村经济水平产生显著作用。近些年，国家扶贫政策以及金融反贫困的不断努力，极大推动了西部地区金融制度的建设，提高了贫困地区的服务质量，大量减少贫困人口，加快农村经济发展。但金融体系的发展具有长期性，尤其支农效率有待进一步提高。

金融支农规模对东部农村地区的经济增长有显著促进作用，对西部地区显著抑制作用。

东部地区金融支农规模每增长 1%，可以促进农村经济增长 0.04%。由于东部农村地区，各项管理政策逐渐完善，撤销对商业用地的优惠政策，导致农村土地投资的微薄利润难以吸引资金投入。在5%水平下，金融支农规模效果显著但促进作用较小。

西部地区金融支农规模每增长1%，促使农村经济降低0.02%。由于西部农村地区有一定的金融支农资源，但不足以支持农村经济的发展。在调研中，我们发现西部地区存在"精英俘获"现象，导致普通农民未能享受到金融支农规模所带来的效益，出现金融支农规模抑制农村经济发展的现象。

中部地区金融支农规模未能对农村经济水平产生显著作用。原因是金融机构短缺、多样化不足，银行性金融机构很少，大多业务由农村信用社承担负责，形成"一农"支持"三农"的异常情况[89]。

农村经济的发展是在政府主导下，社会各方参与全国性经济运动，共同推进农业经济发展，满足乡村振兴战略要求。但此时的农业政策主要是针对财政支持的，缺乏对金融行业的扶助。这导致金融支农政策未成体系，金融资金注入农村但缺乏有效的引导以及合理的管理制度。在这一阶段中，大量的农村金融资源未能得到充分利用，金融支农的作用未得到充分发挥，所以出现金融支农对东中部地区的抑制作用。此外，财政支农得到大量政策扶持对金融支农存在一定的挤出效应。但从分析结果看，东部金融支农的效果仍优于中部金融支农，这很可能与金融支农的效果有关。

东中西部金融支农资源总量呈上升趋势但各方面增幅却逐渐下降甚至减少，说明我国金融支农力度不足。随着金融机构逐渐商业化，在信贷资源趋利性下，金融机构的营业网点持续减少导致金融支农规模对中国农村经济的影响较小。我国东中西部各区域的金融支农没有达到最优规模，整体金融支农支持力度偏低，因此中国各区域均需加强对农村的金融资源的支持力度。

3. 财政金融支农协同作用对农村经济水平的影响分析

从支农效率角度看，财政金融支农协同作用对中国东中西部农村地区经济均有显著促进作用，说明财政支农与金融支农协同作用效果明显。

从对东部地区的弹性系数上可发现，东部地区财政支农效率对农村经济的弹性系数（0.17）远高于金融支农效率对农村经济的弹性系数（-0.20），但两者协同作用对农村经济产生显著促进作用，弹性系数为0.34。这表明财政支农的投入为金融支农带来新的效益，在一定程度上缓解金融支农效率的抑制作用，财政金融协同合作能更有效地促进农村经济发展。

在中部农村地区，财政金融支农协同作用产生基本相同的影响。财政支农效率的提高能有效弥补金融支农效率带来的抑制作用，这也表明金融支农效率若是能进一步提高，那么财政支农与金融支农协同合作能更有效地促进经济的发展。

西部地区财政支农效率对农村经济的弹性系数0.43远高于金融支农效率对农村经济的弹性系数0.01，两者协同作用对农村经济产生显著促进作用，且弹性系数为0.33。说明财政支农投入在一定程度上可以满足农民及农村乡镇企业的贷款需要，提高金融支农的作用，在一定程度上削弱了西部地区财政支农的作用。因此，加快中国各区域金融支农的发展，提高金融支农效率是中国农村经济发展的重点。

从支农规模角度看，财政金融支农协同作用对中国东中部农村地区经济产生抑制作用，对西部农村地区未起显著作用。

东部地区财政支农规模对农村经济的弹性系数仅为0.06，金融支农规模对农村经济的弹性系数仅为0.04，两者协同作用对农村经济产生显著抑制作用，弹性系数为 -0.33。说明东部地区财政支农对金融借贷具有挤出效应，两者协同效应较差，导致财政金融支农对农村经济产生显著抑制作用。因此东部地区急需调整财政支农的投资结构，提高存贷款转化率。

中部地区财政支农规模对农村经济的弹性系数仅为 0.06，金融支农规模对农村经济的弹性系数仅为 0.04，两者协同作用对农村经济产生显著抑制作用，弹性系数为 -0.43。说明中部地区财政支农与金融支农协同效应较差。

财政金融支农协同作用对于西部地区作用不显著。原因是较于东中部地区农村，西部地区农村落后，农民的收入在满足基本的生活消费后剩余较少，能够用来进行改善生产的剩余少，进行非农业生产更少，财政金融难以产生协同作用。资本匮乏是制约中国农村经济发展的关键因素，财政金融支农政策的实施在一定程度上有利于缓解制约农业发展、农民增收的资金瓶颈问题。我国东中西各区域的财政金融支农均未达到最优规模，整体支农支持力度偏低。因此，各级政府需要继续加大对农业、农村生产的投入力度，充分发挥财政金融资金政策的作用，引导社会资金进入新农村建设，推动财政金融协同合作，推进城乡一体化发展进程。

（五）财政支农和金融支农规模边界效应分析

1. 门限模型构建

从对"财政支农—金融支农—财政金融协同支农"作用与东中西部农村地区经济发展的逐级递增的匹配和支持要求，认识到农村经济发展的多层次性，就不可能采用单一的指标体系，也不可能片面强调某一个层面的过度发展。这很可能导致财政金融规模的过度扩张，脱离实体经济造成经济泡沫化，或者在财政金融效率不足的基础上过度强调其促进创新和农村经济增长的功能要求等。这些都为透彻理解经济发展与现实脱轨偏离提供了重要的理论基础和客观依据。

通过对财政支农与金融支农对农村经济影响的边界效应研究，深入了解东中西部农村地区经济的边界特征，并验证本书的中心思想——支农对农村经济发展具有边界效应。财政支农和金融支农的过程必须体现不同层次的重要性和规模效益的边界要求以及逐步提高支农作用的功能要求。在这种情况下，财政支农、金融支农能否在农村发展中有效发挥作用至关重要，否则就难以持续、稳定地服务于农村企业的创新投资和农民的长期增收、促进城乡一体化。

本章沿用了上文的指标体系，在固定效应模型研究的基础上，进一步结合门限模型，从规模两个角度来确定东中西部地区财政支农与金融支农对农村经济发展的边界值。因此，分别将财政支农与金融支农及控制变量指标作为解释变量，人均国内生产总值作为被解释变量，建立如下门限面板模型。中国农村体系普遍还不完善，财政与金融支农效率及协同效率在农民增收中所起的作用中国东中西部农村地区未能完全显著。财政与金融支农规模协同作用的分析可以发现，当前中国当前财政支农规模与金融支农规模均未达到最优配置，各项资源过于冗余亦或是处于资金短缺的状态，两者协同作用下竟对农村经济产生抑制作用。因此，此处更着重考虑规模边界。

$$y_{it} = \beta_0 + \beta_t F_{it} P_{it} + \beta_t T_{it} + \beta_t C_{it} + \phi_1 F_{it} I(q_{it} < \gamma)$$
$$+ \phi_2 F_{it} I(q_{it} > \gamma) + u_i + \varepsilon_i \qquad (3-6)$$

$$y_{it} = \beta_0 + \beta_t F_{it} P_{it} + \beta_t T_{it} + \beta_t C_{it} + \phi_1 P_{it} I(q_{it} < \gamma)$$
$$+ \phi_2 P_{it} I(q_{it} > \gamma) + u_i + \varepsilon_i \qquad (3-7)$$

式（3-5）与式（3-6），β_0、β_t、ϕ_1、q_{it}与γ是模型参数，

μ_i 是随机误差项，ε_i 是残差。当 $q_{it} < \gamma$ 时，$I(q_{it} < \gamma) = 0$；反之当 $q_{it} > \gamma$ 时，$I(q_{it} > \gamma) = 1$。

对其进行门限检验，结果见表 3-15 与表 3-16：

表 3-15　　　　财政支农规模边界门限检验

	东部		中部		西部	
	门槛值	p 值	门槛值	p 值	门槛值	p 值
门限检验	10.350	0.000	13.821	0.000	16.901	0.020
	11.690	0.040				

表 3-16　　　　金融支农规模边界门限检验

	东部		中部		西部	
	门槛值	p 值	门槛值	p 值	门槛值	p 值
门限检验	1.5146	0.090	7.8955	0.4300	5.3702	0.220

显而易见，东中西部地区财政支农规模边界对农村经济影响的门限检验均通过 1% 显著性水平检验，但东西部农村地区具有双门槛；而中西部农村地区只有单门槛。

而金融支农规模边界仅对西东部农村地区经济影响的门限检验显著。

2. 财政支农规模对农村经济影响的边界效应

表 3-17　　　　财政支农规模对农村经济影响的边界

变量	东部		中部		西部	
	系数	p 值	系数	p 值	系数	p 值
$q < \gamma_1$	0.793	0.000	0.030	0.001	0.009	0.005
$\gamma_1 < q < \gamma_2$	0.679	0.000				
$q > \gamma_2$	0.454	0.000	0.050	0.048	0.013	0.058
门槛值	(10.350, 11.690)		13.821		16.901	

续表

变量	东部		中部		西部	
	系数	p 值	系数	p 值	系数	p 值
R^2	0.989		0.870		0.954	
F 检验	$F(10,142)=150.02$		$F(7,104)=10.46$		$F(10,144)=74.23$	
	$P>F=0.0000$		$P>F=0.0000$		$P>F=0.0000$	

通过表3-17可以发现西部地区财政支农规模的门槛值远大于东中部地区，原因在于西部农村地区经济基础较差，其农业技术与管理水平与其他地区差距较大，进而导致其经济发展水平落后。而从2000年的西部大开发战略至2014年的脱贫攻坚，均是国家对西部地区的大力扶持。西部农村地区贫困人口由2012年末的5086万人减少到2019年初的916万人，累计减少4170万人，下降幅度为82.0%；农村贫困发生率由2012年末的17.6%下降到2019年初的3.2%，累计下降14.4个百分点。国家对西部农村地区的扶持取得重大成果，但西部农村地区仍缺少必要的技术支持，机械化水平低，拥有丰富的资源却难以得到有效地利用，高投入却未能得到高收益。这也是西部财政支农规模对农村经济水平高边界却影响较小的原因。东部多数地区地理环境优越，为农业的发展创造了良好的基础，较之中西部农村地区，东部地区农业生产能获得更多产值，经济能获得更多较大提升。但从实证结果可发现，财政支农规模的增大抑制了农村经济的发展，这表明目前东部地区财政支农体系发挥过热导致超载，财政支农规模的提高对农村经济的影响不升反降。尽管有大量人才资源流入，但东部地区却仍为"低端产业"的过度密集所困扰且民间创业投资意愿下降，加之竞争行为缺乏有效的合作机制和必要的利益协调机制，造成资源无法得到高效利用，高新企业未能得到更好地建立和发展。中

部地区财政体系尚未得到完善，财政支农投入规模最小。2009年，西部地区投入8336.59亿元，东部地区投入7253.81亿元，但中部地区仅投入6295.05亿元，农业、农村、农民发展的融资需求得不到满足，农村地区经济发展受阻。尚在分权改革的中部地区，不享有特殊权力和优惠政策，不论是产出水平还是获利水平都相对较少。这也就是中部财政支农规模对农村经济水平相对较低边界的原因。

(1) 东部地区财政支农规模边界效应。对于东部农村地区，如表3-17所示，在财政支农规模低于第一门槛值10.350时（各地区涉农资金总额与财政支农总额之比低于10.350%），财政支农规模变动1个百分比，农村经济变动0.793个百分比，财政支农政策作用较好，当财政支农规模处于第一门槛值与第二门槛值之间时，其促进作用有所减弱，财政支农规模变动1个百分比，农村经济仅变动0.679个百分比，表明财政支农资源过于冗余，财政支农体系发挥过热导致超载；而当东部地区财政支农规模高于第二门槛值11.690时，对农村经济的影响进一步下跌，财政支农规模变动1个百分比，农村经济仅变动0.454个百分比，这表明此时各项财政支农资源过分冗余，由于没有完善的财政支农体系与政策等相关制度的支持，也没有足够的人力资源来负荷过多的财政投入，大多财政资源未能得到充分利用，对农村经济发展的影响力下降。

(2) 中部地区财政支农规模边界效应。对于中部农村地区，如表3-17所示，当财政支农规模低于门槛值13.821时，其对农村经济的影响上升，财政支农规模变动1个百分比，农村经济增长则变动0.050个百分比。这表明财政支农规模的提升有利于中部农村地区经济的建设，有效地推动了农村消费市场的发展，但现阶段的财政支农规模仍不足以促使中部农村地区经济水平高速发展。这也揭示了中国多层级的财政资金划拨体系而导致财政支农资金配置效率下降,不利于农村经济发展。

(3) 西部地区财政支农规模边界效应。西部农村地区,如表3-17所示,在财政支农规模低于门槛值16.901时,财政支农规模变动1个百分比,农村经济增长变动0.009个百分比;而西部地区财政支农规模高于门槛值时,财政支农政策对农村经济发展促进作用减弱,其财政支农规模变动1个百分比,农村经济变动0.013个百分比。这说明现阶段西部地区财政支农规模的提升有利于农村经济的增长,此时,西部农村地区的发展状态仍相对落后,农业机械化水平较低,此时各项财政支农资源均未能得到充分利用,经济发展速度较低,相对较高的财政支农规模投入却未能得到相应的经济效益。

从2014年贫困县排名可知,我国贫困的地区都包含陕西、内蒙古、重庆、宁夏、新疆、甘肃、青海、云南、广西、四川、贵州、西藏等省份,这些省份也大多是中国西部大开发战略的重点。总体来说,我国贫困人口大多集中于西部地区,贫困村、贫困县的数量也远大于东中部地区,全国共592个贫困县,其中361个分布于西部地区。近年来,我国一直重点扶持西部地区经济建设,从2001年的西部大开发战略到如今的脱贫攻坚,均是国家对西部地区的大力支持,目前脱贫攻坚已取得硕大的成果,脱贫攻坚战取得了全面胜利,2021年将西部地区仅剩的52个贫困县全部"摘帽",12.8万个贫困村全部出列,区域性整体贫困得到解决,完成了消除绝对贫困的艰巨任务。西部地区经济获得了极大提高,尤其是农业,中央对其持续投入大量财政资金,在2019年西部地区财政投入高达8336.59亿元,远超中西部地区,带来了较多经济效益。但目前仍因提高西部地区农业技术水平,加快农业机械化发展。

3. 金融支农规模对农村经济影响的边界效应

表 3-18 金融支农规模对农村经济影响的边界

变量	东部	
	系数	p 值
$q < \gamma_1$	0.153	0.000
$q > \gamma_2$	0.336	0.022
门槛值	1.5146	
R^2	0.987	
F 检验	$F(10, 143) = 156.26$	
	$P > F = 0.0000$	

从表 3-18 中发现仅有东部地区金融支农对农村经济影响呈现出显著的边界，而中西部农村地区对农村经济影响的边界均未呈现显著性。

（1）东部地区金融支农规模边界效应。在东部农村地区，在金融支农规模低于门槛值 1.5146 时（各地区金融机构涉农贷款总额与国内生产总值之比低于 1.5146%），金融支农规模变动 1 个百分比，农村经济增长变动 0.153 个百分比；当东部地区金融支农规模高于门槛值 1.5146 时，金融支农政策对农村经济发展促进作用提高，其金融支农规模变动 1 个百分比，农村经济变动 0.336 个百分比，这表明金融支农对中国东部地区经济影响正在提升，但相比财政支农对农村经济长期以来的影响，金融支农对农村经济的影响相对较小。

在东部地区，财政支农的规模远大于金融支农的规模，在一定程度上财政支农对金融支农具有挤出效应，尤其目前东部农村地区金融虽然已经初步形成了各种新型农村金融机构金融服务体系以及非金融机构服务体系，但是仍有问题未能得到有效地解决。与发达国家相比，农村金融市场运作效率仍有较大差距，但这也意味中国金融支农的发展仍有提升空间，可以通过采取更多切实、有效的行动提高农村金融市场运作效率，使其达到更好负荷庞大的金融支农规模的效果，加快农村经济发展速度。

（2）中部地区金融支农规模边界效应。对于中部地区，其农村金融基础相对较差，金融市场运作效率也更为低下。长期以来，中部农村地区虽然不断扩大资金投入来优化升级产业结构，发展农村金融机构。根据实地调研，尽管近些年在国家各种惠农政策的支持下农村收入普遍提高，但是农民收入主要还是源于农业、种植业、畜牧业等第一产业，收入不稳定，具有较强的周期性和季节性，所以农村居民资金储量不大。同时受到投资各类金融产品的资金门槛限制，参与金融活动范围极为有限且抗风险能力差，只有少部分家庭可以承受金融理财所带来的风险。加之中部农村地区受教育程度不高，不理解金融的基本概念，还一直保持着传统储蓄思想将家庭的闲置资金存入银行以获取微薄的利润，进一步削弱了金融支农的作用。在调查中，受访者是初中及以下学历的农村家庭群体中有大部分未打算进行财务计划，而在极少数有投资经历的受访者中，只有少量家庭会事先咨询金融机构或是专业的金融人员。大多数农村居民因自身的文化和经济状况的不足，不能对投资决策作出正确的判断，无法自行衡量和评估回报率高的理财产品的风险。在多种因素的影响下，农村信用社等金融机构积累的大量资金未能得到充分利用。这些资金大多流往经济更发达的地区，进一步削弱农村金融机构发展。因此，中部地区金融支农规模边界对经济的影响不显著。

（3）西部地区金融支农规模边界效应。对于西部农村地区，其经济发展主要依托于政府的金融性政策的扶持，虽然近些年得到国家各项重点政策制度的扶持，促使大量金融资金流入西部地区，资金利用效率仍有待进一步提高。

在调研中，我们发现西部地区存在"精英俘获"现象，导致普通农民未能享受到金融支农规模所带来的效益，出现金融支农规模抑制农村经济发展的现象。

从农村的金融机构营业网点以及资产总额分析，可以发现在金融改革进程中，西部地区大多为中小型金融机构，大型金融机构较少。近些年，金融机构逐渐商业化，在信贷资源趋利本质，加上财政支农对农村金融具有挤出效应，导致商业性金融机构不断撤离营业网点。虽然在相关政策的引导下支农资金量有所上升，但增幅仍旧有待提高。从农村金融机构营业网点就业人数与网点数的数据中可以发现西部地区金融网点的普及率并不高，农民对金融贷款接受程度低。2006年，我国开始注重这个问题，陆续推出相关政策制度，发布多项农村金融优惠制度，帮助并扶持一些村镇银行建设。在一定程度上解决了中国西部农村金融供给不足的问题，但西部农村地区金融建设仍长远。因此，目前金融支农规模对中国西部农村地区影响不显著。

4. 支农效率边界分析

东中西部农村地区相比规模对农村经济的影响，财政支农效率与金融支农效率对农村经济的影响不一，金融支农效率未能完全对农村经济产生显著影响。这可能在于我国农村地区城市建设对农村资金的虹吸效应以及当下工业不能有效地"反哺"农业，造成了城乡二元化和农村发展资金匮乏，同时我国目前对于支农效率缺少一定的重视，造成了农村经济发展出现低效率的状况。在我国农村经济建设的过程中，我们必须充分发挥农村财政与金融的积极作用。为了实现农村财政与金融的积极作用，提高农村财政与金融支农效率，我们需要改进农村市场的结构，合理规划好农村发展路径，高效建设新型农村机构，最终建立健全的农村财政与金融机构组织体系。同时，按照现行政策的正确引导，解决农村资源外流和低效率问题，促进农村财政与金融支农协同发展。

五、小结

本章在财政支农与金融支农对农村地区经济影响关系现有研究的文献梳理和理论论述基础上，运用2005—2019年的数据，通过构建固定效应模型，比较研究财政支农与金融支农对东中西部农村地区经济的影响，发现"财政支农—金融支农—财政金融协同支农"作用与农村经济发展的逐级递增的匹配和支持要求，认清了农村经济发展的多层次性，进一步构建门限检验，界定其规模边界，明确区域经济发展的边界效应。本章主要得出以下结论。

（1）财政支农对解决"三农"问题有一定的促进作用，但中国在财政支农方面仍需要一定的改进。①财政支农的效率，对东西部农村地区经济水平的发展产生显著促进作用。东部地区强大的农村组织力以及高效的农村管理效率，为其农村地区经济水平带来了提升。国家对西部农村地区的大力扶持，推动地方政府间进行大量良性竞争，促进经济发展和自身政治利益，为人民提供更高效的服务，促进其农村地区经济水平的发展。而财政支农的效率对于中部农村地区未能有显著影响，这与中部地区政府对农业的财政支持总量和财政总支出中涉农支出资金投入较少有着密切关系，中部地区政府仍需加大对农村地区的财政投入，构建完善的财政支农体系。②财政支农规模的发展显著促进农村经济发展，且其对农村经济发展的边界均显著。这印证了东中西部农村地区财政支农规模发展的现状。其中，财政支农规模的发展对东部农村地区经济的影响最大。财政支农规模增加1个单位带动农村经济增长0.06个单位，超过中部和西部地区对农村的影响。东部农村地区财政投入规模庞大、农业技术水平先进，在财政分权下，东部地区政府能真正运用到农村经济的资金更多。但当前东部农村地区财政支农规模越过门槛值时，却对农村经济的促进作用减弱。这表明此时各项财政支农资源过分冗余，由于没有完善的财政支农体系与政策等相关制度的支持，也没有足够的人力资源来负荷过多的财政投入，大多财政资源未能得到充分利用，对农村经济发展的影响力下降。中部地区财政支农规模每增长1%，可以促进农村经济增长0.04%。财政支农规模影响仍相对较小，农业技术发展水平较差，机械化水平不高，削弱了财政支农规模的作用。西部地区财政支农规模每增长1%，可以促进农村经济增长0.02%。由于西部地区经济发展较为落后，政府财政实力有限，因此财政支出相对较少。并且总体而言，中国贫困人口大多集中于西部地区，存在"精英俘获"的现象，而随着脱贫攻坚和"三农"工作重心的转移，西部地区农民得到了大量的政策支持，农村得到了大量的资金投入，"精英俘获"现象逐步消失，经济有所发展，但西部农村地区仍需要一定时间改善落后的农业生产条件，加快农村机械化发展，进而带来更多的经济效益。相较于东部农村地区，财政支农规模跃过门槛值，为中西部农村地区带来了更多的经济效益，进一步促进农村发展。此外，东中西部农村地区财政支农已经发展多年，在此基础上进一步扩大财政支农规模的影响力不易。单方面提高支农规模已经不足以提高农村经济水平,需要更为完善的支农体系与政策等支持农村经济发展。因此,财政支农规模对东中西部农村地区经济影响虽有,但其影响均较小。在下一阶段的农村经济发展计划中,提升财政支农效率的发展应是重中之重。③东中西部农村地区财政支农规模的边界特征也符合实际。目前,西部地区财政涉农支出资金占财政支出总额的比例要已经高于东部地区,进而带来财政支农规模的高边界。这是由于国家大力扶持西部地区发展,带来了大量资金输入。东部地区和中部地区财政支农规模的边界值低于西部地区。其中,东部地区财政支农规模的增大在一定程度上削弱了对农村经济的发展促进作用,这表明东部地区财政支农体系发挥过热导致超载。尽管大量人才资源流入,但东部地区"高端产业"尚未能大量发展起来且民间创业投资意愿下降,加之竞争行为缺乏有效的合作机制和必要的利益协调机制,造成大量资源无法得到充分利用,新兴企业未能大量创立。而中部地区财政体系尚未得到完善,财政支农投入规模也最小,其不论是产出水平还是获利水平都相对较少。这也就是中部财政支农规模对农村经济水平相对较低边界的原因。

（2）金融支农同样能加快农村经济的发展,但目前存在较多问题仍未能都得到有效解决。其中,资金短缺和金融支持工具不足是制约乡村振兴的重要因素,因此,中国在金融支农方面仍需要一定的改进。①金融支农效率对东中部农村地区经济均有显著抑制作用,对西部农村地区影响不显著。农村经济的发展是在政府主导下,社会各方参与全国性经济运动,共同推进农业经济发展,满足乡村振兴战略要求。但此时的农业政策主要是针对财政支持的、缺乏对金融行业的扶助,导致金融支农体系并未得到完善、金融资金注入农村,但缺乏有效引导以及合理的管理制度。在这一阶段大量的农村金融资源未能得到充分利用，金融支农的作用未得到充分发挥，所以出现金融支农对东中部地区的抑制作用。此外，财政支农得到大量政策扶持，对金融支农存在一定的挤出效应，但从分析结果看东部金融支农的效果仍优于中部的。这很可能与金融支农的效果有关，表明金融支农有利于农村经济的发展。从地区角度看，东部农村地区金融体系建设依旧薄弱。特别是东部农村地区经济发展远远落后于城镇，外部干扰因素太多、太大，农业产业高风险、农村商业金融机构高盈利性、信贷资金缺乏必要的风险规避措施等，均是致使东部农村地区金融支农的规模未能够对农村经济产生显著促进作用的原因。中部农村地区金融资源较少，金融市场运作效率低下，金融支农体系不完善，对中部农村地区经济产生较大的抑制作用。而西部地区金融支农效率未能对农村经济水平产生显著作用。近些年，国家扶贫政策以及金融反贫困的不断努力，极大地推动了西部地区金融制度的建设，提高了贫困地区的服务质量，大量减少了贫困人口，加快了农村经济发展。但金融体系的发展具有长期性，尤其支农效率有待提高。总体而言，近来年国家增加了对金融支农的投入，但农村金融机构营业网点总资产呈跳跃式增长，有时甚至出现下降。可见，金融支农水平不够稳定。这是由于信贷资源趋利本质，加上财政支农对农村金融具有挤出效应，导致商业性金融机构不断撤离营业网点。②金融支农规模对东部农村地区的经济增长有显著促进作用，对西部地区显著抑制作用。这也印证了东中西部农村地区金融支农规模的现状。东部地区金融支农规模每增长1%可以促进农村经济增长0.04%。在东部农村地区，各项管理政策逐渐完善，撤销大多对商业用地的多项优惠政策，导致农村土地投资的微薄利润难以吸引资金投入，进而导致金融支农规模效果显著但促进作用较小。但当东部农村地区金融支农规模突破门槛值，为农村经济的发展带来了更高的效益，这充分表明金融支农政策的正确性与优越性。西部地区金融支农规模每增长1%，促使农村经济降低0.02%。西部农村地区有一定的金融支农资源，但不足以支持农村经济的发展。在调研中，我们发现西部地区存在"精英俘获"现象，导致普通农民未能享受到金融支农规模所带来的效益，出现金融支农规模抑制农村经济发展的现象。但若是西部地区"精英俘获"现象逐步减少甚至消失，那么必将带来金融支农的边界，当西部地区跃过门槛值时，必将迎来西部农村地区的快速发展。中部地区金融支农规模对农村经济水平产生作用有待显著。原因是金融机构严重短缺、多样化不足，银行性金融机构很少，大多业务由农村信用社垄断，形成"一农"支持"三农"的异常情况。并且，相对于东西部地区，中部地区缺少大量金融资金投入，金融支农无法形成显著的边界。在下一阶段，中部地区仍需加大对农村金融的投入，促使其形成显著的金融支农边界，更要越过门槛值，为中部农村地区带来更多的经济效益。③东部地区金融支农对农村经济影响呈现出显著的边界，而中西部农村地区对农村经济影响的边界均未呈现显著性。相比财政支农发展的多方面发展，金融支农的发展仍有所不足。尽管东部农村地区金融支农对农村经济影响呈现出显著的边界，但边界值（各地区金融机构涉农贷款总额与国内生产总值为1.5146%）仍较小。在一定程度上，财政支农对金融支农具有挤出效应，尤其目前东部农村地区金融虽然已经初步形成了各种新型农村金融机构金融服务体系以及非金融机构服务体系，但是仍有问题应得到有效地解决。对于中部地区金融支农发展，根据实地调研，尽管近些年在国家各种惠农政策的支持下，农村收入普遍提高，但是农业天然的弱质性仍制约着农民的收入，导致农村居民资金储量不大。同时，各类金融产品的资金门槛对其仍相对较高，参与金融活动范围极为有限且抗风险能力差，绝大部分家庭难以承受金融理财的风险。对于西部农村地区，其经济发展主要依托于政府的金融性政策的扶持，虽然近些年得到国家各项重点政策制度的扶持，促使大量金融资金流入西部地区，但是资金利用效率有待进一步提高。

（3）相比财政支农与金融支农的独立运行，两者协同支农更有利于农村经济发展的推动。①从支农效率角度看，财政金融支农协同作用对中国东中西部农村地区经济均有显著促进作用，说明财政支农与金融支农协同作用效果明显。从对东部地区的影响可以发现，财政支农的投入为金融支农带来新的助力，在一定程度上缓和了金融支农效率的抑制作用，财政金融协同合作能更有效地促进农村经济发展。在中部农村地区，财政支农效率的提高能有效弥补金融支农效率带来的抑制作用，这也表明金融支农效率若是能进一步提高，财政支农与金融支农协同合作能更有效地促进经济的发展。西部地区财政金融支农效率对农村经济均产生促进作用，两者协同作用下对农村经济产生显著促进作用。但低金融支农效率在一定程度上降低了财政支农效率的作用，这表明财政金融支农只有农齐头并进才能更好发挥支农的作用。当任何一方过低时，可能会降低另一方的作用。②从支农规模角度看，财政金融支农协同作用对东中部农村地区经济产生抑制作用，对西部农村地区未起显著作用。东部地区财政支农规模与金融支农规模对农村经济的均较小，两者协同作用对农村经济产生显著抑制作用。中部地区同样如此，这表明当财政支农规模与金融支农规模对农村经济影响均较小时，两者协同作用较差，难以对农村产生较好的影响。这也表明当前财政支农规模与金融支农规模均未达到最优配置，各项资源过于冗余抑或是处于资金短缺的状态。因此，明确区域经济发展具有层级特征显得尤为重要，这也就要求财政支农与金融支农发展的过程中，需要体现出其不同层面重要性，明确财政支农规模与金融支农规模的各项边界。财政金融支农协同作用对西部地区作用不够显著。原因是较于东中部地区的农村，西部地区的农村落后，农民的收入在满足基本的生活消费后剩余较少，能够用来进行改善生产的剩余很少，进行非农业生产更少，财政金融难以产生协同作用。

第四节　我国东部农村融资与信用体系的初步建立：基于浙江象山的典型案例

2002年开始，中国人民银行开始在全国范围内积极开展农户小额信贷业务。这一行为意味着农村信用体系建设正式开始。之后，中国人民银行与全国各地的政府合作，不断促进全国各地的农村信用体系建设，进一步推动农村信用体系的发展。2009年，中国人民银行发布了《关于农村信用体系建设工作的指导意见》，接着对农村信用体系建设作出了规划。随着2014年《社会信用体系建设规划纲要（2014—2020）》的颁布，农村信用体系开始进入全面发展的阶段。

不同区域，由于经济发展水平不同使信用环境与信用体系建设呈现区域差异化[1]。2009年以来，浙江省农村开始尝试建立农村信用体系，经过10年的发展，由于各地经济水平的不同，农村信用体系建设分散，各个地区自成一系。经过对浙江省各地区农村1年左右的调研，浙江省有3种相对成熟的农村信用体系模式：①中国人民银行与政府主导建立农民信用信息基础数据库的"丽水模式"；②以商业银行根据自身业务需求建立的农民信用信息电子档案的"鄞州模式"；③以农村信用联社为主体建立的农民信用信息电子档案的"象山模式"。

改革开放以来，党和国家实施大规模扶贫开发。随着精准扶贫进入最后攻坚阶段，浙江省农村经济状况发生本质性变化，所以需要对农村信用状况建立新的信用评价体系。改善农村金融环境，增加农村信贷供给，更好地促进农村经济发展。建立农村信用体系，对加快推进农业农村现代化、促进乡村振兴发挥着积极作用。调研中发现，农村信贷评价的标准混乱，有的小型银行根据花呗额度给出相应额度，有的根据农信社或者农业银行给农民审批的信贷额度来确定放款数量，这样容易形成银行的信贷风险。此外，小银行搭大银行的便车现象普遍存在，容易造成农民信贷户的逆向选择。因此，在浙江省农村地区建立一个统一的农村信用体系，能在一定程度上优化农村信贷和金融环境，节约农村贷款评价成本，规范农村贷款评价体系，给农民树立、培养良好的信用理念，为全国农村信用体系树立标杆。

本部分将以丽水、鄞州、象山这三种典型模式为研究基础，对三种信用体系的发展情况、主要问题以及对策建议进行分析，总结这三种模式的经验，为浙江省建立一个统一的农村信用体系提供对应的对策与建议。

一、文献综述

农村信用体系构建是落实乡村振兴战略，提高农村金融服务水平的重要内容。农村信贷体系应该是以信用为主、抵押为辅的信贷模式。

（一）信贷发放推动农村经济发展的作用

农村信用评价体系的构建对金融机构加大创新力度增发信贷具有重要的作用，而信贷的发放对农村经济的发展具有较强的推动力。朱广其等（2018）认为，随着新型农业经营主体越来越多，农业科技进步迅速，单一的农村信贷结构会对农业发展和农村建设产生信贷约束，因此需增加农村信贷供给，促进农村信贷交易，从而满足农业主体的融资需求。孔祖根、叶银龙和潘丽青（2014）通过构建多层次的农村担保体系，以有效解决农民大额融资需求的担保抵押问题，从而为农村经济发展提供有力的金融支持，进而为更好解决当前农村普遍存在的"三农"需求、融资，城乡差距、普惠的"两大两难"问题提供一个突破口。中国人民银行宁德市中心支行课题组（2019）以福建省宁德市为例，从社会中介机构市场化运作和政府信用网平台等方面对农村信用建设提出了新的研究思路。崔长彬（2018）根据广西田东农村金融综合改革的经验提出了新型农村信用体系的核心构想与现实建构。他认为，需要在对农户金融信息和非金融信息的采集、打分以及信用村评定、激励的做法上，进一步扩大信息采集范围，为经济指标赋予高权重，为政治、文化、社会和生态文明指标赋予低权重但设置负面行为否决项。

（二）政府在推动农村经济发展的作用

信贷政策是央行根据国家宏观调控和产业政策要求，旨在为调控金融机构信贷资金投向，进而实现整个社会信贷资金优化配置，促进经济结构调整而制定的宏观经济政策（张普雷，2017）。在信贷发展的各个方面中，政府起着主导作用，并推动着农村经济发展。朱广其等（2018）在研究农村信贷供给时，合适的政府介入有助于优化农村信贷交易结构，促进农村信贷供给扩张。何姝（2020）认为，在优化农村信贷运行环境时，政府既要加大财政帮助农户和中小企业对接农村金融机构，还要合理把握支持力度，减少信贷资源浪费，这需要政府与农村金融机构的共同努力。王荪蓓（2020）提出解决我国农业保险与农业信贷协同发展中存在的问题需要政府提供财政贴息等支持政策,并对当地农村金融机构推出金融产品的进行鼓励。政府出台合理的政策可以更好地促进农村信贷的实施,推动农村经济的发展。

(三) 信贷风险评估

信贷风险评估是信用体系建设过程中重要的一环,对个人或者企业,对农民或者城镇居民在互联网或者银行贷款的评估方法都应有所不同。余朝兵(2018)使用 Logistic 回归算法训练 40000 多条个人贷款数据,对个人信贷风险进行评估。吴常宝(2020)从现代农业信贷风险评估和控制角度出发,并认为影响农业风险控制的影响因素有资金来源不稳定、固定的还款期和利率、商业银行等级评定制度不完善、后期管理措施不完善。张迪(2019)基于模糊层次分析法并结合 BP 神经网络算法建立风险指标模型,评估商业银行绿色信贷风险。王重仁等(2019)针对互联网信贷行业的个人信用风险评估问题,使用贝叶斯算法进行优化参数,并使用一种新的集成学习信用评估模型——XGBoost 算法进行预测,更好地识别了用户的违约风险。

(四) 农村信用信息采集和评级

在信用信息采集与使用方面,陈国斌、孟好斯(2016)结合大兴安岭地区农牧户特征,从农户家庭状况、经营状况、偿债能力、信誉状况等 4 个方面构建了由户主年龄、健康状况、婚姻状况等 26 个二级指标构成的农户信用指标体系。基于"5C"评级法,国内外学者的指标选取大部分集中在农户基本情况、偿债能力或经济情况、个人品行几个重要方面。赖永文、刘伟平(2012)结合农户特征,从家庭特征、偿债能力、经营状况、信誉状况及其他指标五大方面建立农户信用评级指标体系，借用层次分析法评价农户信用。程鑫、石洪波（2014）针对当前我国转型发展中农户的特点来选取指标并进行筛选，同时结合数据特点选取专家判断、数据挖掘等方法构建评级模型，提高转型发展背景下农户的信用评级效果，解决农户和金融机构之间的信息不对称问题。姚燕燕（2018）选择福建农信社中的长乐农商行的74户农户信贷数据，选取包括客户年龄、文化程度、年收入、贷款投向、贷款用途、贷款金额、贷款期限、贷款利率、贷款用途以及还款五级分类等指标进行聚类分析。

二、浙江省农村信用体系发展现状

2009年以来，浙江省内各地区纷纷开始了农村信用体系的建设。通过建立农户信用档案，对农户进行信用评级，扩大企业和个人征信系统在浙江农村地区的应用，促进农村小额信用贷款业务的发展，其中以"丽水模式""鄞州模式""象山模式"为代表。三地分别有着不同的经济状况，不同的政府支出水平以及金融发展水平，其信用体系是在适应地区不同情况的基础上建立的。

（一）丽水模式

丽水市的经济情况相对浙江省其他地区落后，内陆相对保守的观念使丽水市的储蓄率较高，金融需求大，金融发展水平良好但是结构传统。政府高度集中的财政权，使政府的支持对经济的发展起到了主要的推动作用。

截至2019年底，丽水市建立了浙江省最全的地方信用数据库（丽水市信用信息服务平台），实现49万户农户信息联网共享，评出信用户41.4万人，信用村（社区）962个，信用乡（镇、街道）39个，在支农惠农、助力社会治理方面发挥了重要作用，形成了农民增收、金融机构增效、政府满意的格局。

1. 政府主导、人行参与、形成网络库

"丽水模式"将政府与农户相结合，由丽水市政府成立领导小组，在全市范围内开展地毯式信息采集工作。根据丽水市农户占比大、森林覆盖面积大的特点，推进林权抵押贷款，协调金融、农业、林业等部门进行多种类资产评级。在收集、整理农民信用相关信息的过程中，政府给予了人力、物力、财力上的充分支持，抽调大量人才，上门逐户采集农民的信用信息。同时，自主开发建成了"丽水市农户信用信息系统"，在全国率先建立了市、县两级联网的农民信用信息数据库，并开展信用农户、信用村、信用乡、信用县四级评定工作。将所有农民的信用信息进行电子化管理，实现了农民的各类信息在平台上的可查询性。良好的建设让丽水市于2014年被确立为国家级农村信用体系建设试验区。

2. 评分表的特点

在总结借鉴现行的企业信用评价体系的基础上，人行丽水支行设计制定了"农户信用评价表""信用村（社区）评价表"和"信用乡（镇）评价表"。其中，"农户信用评价表"分别对从农户道德品质、金融信用记录、食品安全、经营能力、偿债能力五个方面对农户信用状况进行综合评价，组织协调金融、建设、林业、农业等部门，结合当地实际分别制定了农房、林权、农业种养殖产品及主要农机设备等相关资产的评估办法，实现农村信用等级评价指标、评分标准、操作流程的"三统一"。"信用村（社区）评价表"依据辖属农户的信用情况对全村的整体信用状况进行综合评价，"信用乡（镇）评价表"以辖内信用农户和信用村为基础乡的整体信用情况对出进行综合评价。三个表之间相互关联、层层递进。

《农村信用体系建设规范》的突出特点是对农村信用体系建设成果的运用，体现"守信激励、失信惩戒"原则。对不同等级的信用农户、信用村（社区）、信用乡（镇、街道）制定差异化的信贷优惠政策；把信用农户评价结果作为农户信贷准入的重要参考；对存在重大违法违规行为的农户实行信用评价一票否决等。

3. 现行信贷机制的特点

丽水市农村信用体系建设探索出一条以建立农户信用信息档案为基础，建设信用村再到信用乡层层递进的新道路。各涉农金融机构在农村信用等级评价过程中采取"边评定、边授信、边贷款"的方法，采用多种贷款模式，为信用农户开辟信贷绿色通道。农户信用贷款凭"信用证"直接向授信金融机构申请。

在推进过程中，各涉农金融机构结合自身实际，有针对性地制定出台信用农户"贷款优先、额度放宽、手续简便、利率优惠"等一系列惠农贷款措施，让信用评价高、信誉好的农户在政策上得到实实在在的优惠。为长效保障农村信用体系建设，丽水市多措并举。包括对农户进行宣传示范，对工作人员进行业务培训，制定并落实配套政策，研发市、县两级联网的农户信用信息基础数据库并在各涉农金融机构间实现了信息共享。

丽水市农村建设开展以来，取得了显著成效。不仅破解了农户贷款难题，降低农户融资成本，还增强了农民信用意识，促进乡村文明建设。

（二）鄞州模式

鄞州区是浙江省经济较为发达的地区，其商业银行的发展规模和竞争能力都非常突出,但快速的发展和很高的经济开放度导致政府财政集中度低。因此,"鄞州模式"与"丽水模式"的信用体系建设选择的主导模式尤为不同。

截至2019年底,鄞州银行信用联络站初评信用户15410户,累计授信出账,累计出账金额14.9亿元,成功创建信用村216个,信用镇乡(街道)17个。建立了"三位一体"的农村信用体系,营造农村地区良好的信用环境。

1. 以商业银行为实施主体,创新金融产品

"鄞州模式"的实施主体为鄞州区金融办和主要涉农金融机构——鄞州银行。"鄞州模式"将实施主体放在鄞州银行上,以商业银行为主导,县(区)分管农村工作政府领导自挂帅,建立"信用乡镇",创建信用户、信用村、信用乡(镇)"三位一体"的信用体系。

鄞州银行根据鄞州区具体情况,推出"支农宝""流动宝""农合贷"等新型涉农金融产品。农民通过鄞州银行的信用评定,即可获得鄞州银行的小额贷款,除此之外,农民还能凭借"支农宝"获得一次授信、循环使用、随借随还。鄞州银行也会给予"信用户"利率优惠,根据其所处的不同的行业、用途等制定差别化利率,并且合理放开当地支行的利率定价权限。

2. 评分表特点

鄞州区在开展信用评定时,结合了地方特色,在优选客户和评定标准这2个方面有所改变。

量化和透明是信用户评定过程中的两大特点,评定标准也相比更为严格。首先,在申请评定前,信用评定小组对农户进行调查、收集资料,农户需满足3个基本条件方可申请评定:本村经营,具有完全民事行为,品德良好;有信用观念,资信良好,家庭无拖欠贷款情况;合法经营,具有一定还款能力。

其次，对农户信用程度、贷款用途、经营能力、偿债能力 4 个方面打分。最后，依据信用评定得分确定信用户等级。当信用户比例达到 10% 时，即可申报信用村。当信用村比例达到 50% 时，才可申报信用镇。

3. 现行政策特点

鄞州银行通过制度先行、以差异化信贷政策引导支行积极主动营销涉农、小微贷款；通过产品创新和流程创新，依托理财产品、信贷产品实现农民资产保值增值、创收增收，实现农民生产经营可支持发展。

控制贷款风险、化解不良贷款，是鄞州区"信用村镇"创建的核心内容。在控制信贷风险方面，每一个行政村都设立村级联络站，并由熟悉当地民情的村经济合作社成员担任。这样可以保证信用户的资信状况符合真实情况，较好控制银行的信贷风险。此外，支农宝贷款还要求借款人投保人身意外保险来控制信用贷款的信贷风险。

鄞州区农村信用体系建设是由商业银行主导的，银行的特性让其在支农工作中考虑到为农户致富创收。相比之下，支农宝这类农村金融信贷产品的创新也让农户贷款更为方便。

（三）象山模式

象山县地处浙江省东部沿海，经济发展水平属于全省中等水平，相对"新潮"的观念让全县的经济开放程度较高，政府支出水平较低。较平均的经济水平和政府支出让其选择的农村信用体系建设的主体不再单一。

截至 2019 年，象山县已实现信息采集全覆盖与信息入库全覆盖，评定信用户 16.11 万户，信用村 432 个，信用乡镇 13 个。象山农信联社已发放涉农贷款 85.32 亿元，向全县 6 个乡镇、

188个村提供集团授信2.19亿元。

1. 政府与农村信用社共同指导,实施村民集团授信

"象山模式"成立了县(区)、乡(镇)、村三级评价组织,由分管农村工作政府领导亲自挂帅,实施主体主要是县农村信用联社。它既承担农村信用评定办公室具体协调、监督的职责,又承担农户信用档案建立、信用评价、金融支农等职责。

"村民集团授信"是在农民信用档案建立和农村信用户、信用村、信用乡(镇)"三信"评定基础上创新开办的一种信贷模式。即:通过信用评定领导小组综合评议,对得分较高的"AA"级以上信用村的农户贷款进行综合授信,一般期限为1年,到期周转使用。象山县农村信用联社对村集团的授信额度在1000万元以内,单户农民的贷款额度控制在50万元以内。贷前调查、审核把关由村信用评议小组负责,村信用评议小组成员由村委会成员组成,村支书或大学生村官任支农联络员,保持与信用社的正常联系,贷款银行——农村信用社负责后台管理。

2. 农民诚信体系测评细则

象山县在乡村振兴中注重"德治",也因此农民诚信体系测评成为农户信用评分的重大考量依据。考核总分前5%的农户,可以拥有县农信联社给予的一定额度的无担保、无抵押、低利息贷款。象山县通过营造守信光荣失信可耻的社会诚信氛围,有效优化区域金融生态环境,推进小微企业服务建设,推动乡村振兴,努力打造"信用象山"。

3. 现行机制特点

象山县根据地理环境的特点,最先探索应用县食品安全及渔业金融征信体系建设。象山县农村信用联社还推出了农村住房、渔船抵押、海域使用权、集体建设用地使用权、大型农机具和土地承包经营权（林权）等"六权"抵质押贷款，与象山县农业核心产业"渔"字紧密相关，符合当地生产经营状况。

利用农村地缘特征，优化农民担保体系。"有借有还，再借不难"的传统观念，对人们的金融行为有一定的约束作用。加上村委会的协助监督作用，能在一定程度上优化农民担保体系。最常见的"村民集团授信"，就是把村组成一个联合体，村干部通过日常工作维护全村信用。若有农户贷款到期，村委会在村黑板报或广播提示。这一些行为在很大程度上约束了农户违约行为。

此外，象山县将农村信用体系建设融入"村民说事"。创建德治示范村和农民诚信指数示范村，建立道德评议会，为村民建立信用档案，将村规民约遵守情况纳入农民诚信指数考评和乡风文明指数考评，有效发挥道德约束对村民行为的约束力。

象山县创新金融征信体系，为拥有海港、渔业发达的城市做出了示范，同时，"村民集团授信"制度和道德约束进行"村民说事"的做法，都是象山县农村信用体系建设的独有特点。

三、实证分析

本书以建立一个适合浙江省的统一的信用评价标准为原则，能在省内农村地区普遍适用，能在全省进行推广，为农村信用体系实践做出典范和标杆。因此，在指标选取方面，要全面的考虑到影响农村信用环境的因素，除了取决于本地的金融状况，而且与区域的经济发展状况、文化教育水平等要素息息相关。任何某个要素的缺失都会影响到评价的实用程度、公平程度。同时考虑到要根据全面性，选择指标是要可操作的。第一，要关注数据是否可获得,数据能够通过市、区、县级统计局以及综合性的地域统计年鉴来收集。第二,要关注指标是否可以被量化,尽量避免选择一些定性类的指标来提高定量指标的可信程度。

(一) 农村信用环境评价指标体系构建

农村信用环境评价指标体系指标研究角度比较丰富。由于信用环境受到很多因素的影响,尤其是区域宏观经济发展水平与区域之间存在的差别,因此本书中选择根据区域宏观经济发展水平来分析农村地区的信用环境评价指标体系。区域信用环境是指信用活动的内部环境和外部环境,参考已经出现过的指标体系,并考虑到实际研究中获取数据的难度,结合浙江省的实际情况,按照在浙江省建立一个统一的农村信用体系的原则。本书在指标体系上的选取从宏观角度上的外界的信用环境和微观角度上的信用评价主体这2个角度上出发,讨论建设包含外部信用环境和信用主体环境的信用环境的指标体系。在这之中对信用外部环境主要可以从3个方面进行评价:经济环境、金融环境、基础保障水平;微观角度上信用主体评价包括政府信用、农户信用2个方面(见表3-19)。

表3-19　　　　农村信用环境评价指标体系

指标	二级指标	三级指标	
浙江省农村信用环境指标	经济发展水平	人均地区生产总值	X_1
		固定资产投资占地区生产总值的比重	X_2
		社会消费品零售总额占地区生产总值比重	X_3
		进出口总额占地区生产总值的比重	X_4
	金融发展水平	金融机构人民币各项贷款总额占地区生产总值比重	X_5
		数字普惠金融指数	X_6

续表

指标	二级指标	三级指标	
浙江省农村信用环境指标	基础保障水平	在校生人均教育支出	X_7
		人均医院床位数	X_8
	政府信用水平	地方财政收入占地区生产总值比重	X_9
		地方财政支出占地区生产总值比重	X_{10}
	农户信用水平	农村人均纯收入	X_{11}
		农村人均生活消费支出	X_{12}

如表 3-19 所示，本书选择的指标体系一共 5 个维度、12 个三级指标。

（1）经济发展水平。从影响经济发展的因素的角度来看，本书所选取的各个指标都能反映出地区经济发展状况。地区生产总值是衡量一个地区经济发展的综合指数，但是为了合理地衡量地区经济发展总水平和人均水平，要选取人均地区生产总值。并且，选取固定资产投资占地区生产总值的比重、社会消费品零售总额占地区生产总值比重和进出口总额占地区生产总值的比重，这 3 项指标也可以分别从投资、消费、出口的角度来反映经济发展水平。

（2）金融发展水平。金融是经济发展重要的一个部分。金融信贷资金是社会资金中重要的组成部分，它可以从不同的角度反映出经济发展的状况，也可反映出金融需求情况。浙江省农村信用体系以传统金融为主、数字金融为辅，因此选择金融机构贷款占地区生产总值比重和数字普惠金融指数作为金融发展水平的代表。

（3）基础保障水平。文化教育水平和医疗卫生水平体现出一个地区的基础保障水平，是信用环境的重要组成部分。受教育水平在一定程度上可以反映出该地区居民的道德修养和信用意识,本书选取在校生人均教育支出指标来体现当地教育情况;通过人均医院床位数来反映该地区的医疗卫生水平。

(4) 政府信用水平。政府信用是社会信用的先行者,是地区信用体系建设的一个重要主体。政府财政收入的增长可以提高社会环境中基础配套设施的在信用方面的环境状况,提升该地区的信用环境。财政支出占地区生产总值的比重又可表示当地政府的财政集中度。

(5) 农户信用水平。农户个人的信用是农村信用体系的基础。在本书中选取农村居民人均纯收入与农村人均生活消费支出,反映出农村居民的偿债能力,进而体现农户的履约情况。

(二) 研究方法选取

因子分析多用于截面数据,而本书选取的样本数据为面板数据。因此,依据任娟(2013)对传统面板数据因子分析法的改进,先按指标维度展开面板数据,再进行因子分析。本书为了削弱主观要素对论文客观程度的影响,加强实证结果的客观和公正程度,因此选择使用因子分析法对3个地区的信用环境进行评估,所用模型为:

$$F_1 = \beta_{11}X_1 + \beta_{12}X_2 + \beta_{13}X_3 + \cdots + \beta_{1j}X_j$$
$$F_2 = \beta_{21}X_1 + \beta_{22}X_2 + \beta_{23}X_3 + \cdots + \beta_{2j}X_j$$
$$\cdots\cdots$$
$$F_i = \beta_{i1}X_1 + \beta_{i2}X_2 + \beta_{i3}X_3 + \cdots + \beta_{ij}X_j$$

其矩阵形式为:$F = \beta X + u$。

(三) 样本数据来源及检验

本书以浙江省丽水市、宁波市鄞州区、象山县为研究对象,选择其2008—2018年的数据并进行整理。本书所有数据源于浙江省统计局、丽水市统计局、鄞州区统计局、象山县统计局、北京大学数字普惠金融指数等。其中，由于县域级数字金融指数仅从2014年起，因此对该数据2008—2013年的缺失值进行线性趋势替换处理；对丽水市各县域指数取均值代表丽水市数字金融指数。

对标准化后的数据进行 KMO 和 Bartlett 球形检验，得到表 3-20 结果。KMO 数据为 0.713，大于 0.6，另外 Bartlett 球形检验中的显著性值均为 0.000 < 0.05，所以各个变量之间是独立的，所以综上本书选取的数据很合适进行因子分析。

表 3-20　　　　　KMO 和 Bartlett 检验

KMO 取样适切性量数		0.713
Bartlett 的球形度检验	近似卡方	717.252
	自由度	66
	显著性	0.000

（四）公因子提取

进行公因子提取，并做最大方差旋转。一共提取三个公因子，分析结果如表 3-21 所示。前三个公因子的累计方差贡献率为 89.485%，所占比率较高。

表 3-21　　　　　　　　总方差解释

成分	初始特征值			提取平方和载入			旋转平方和载入		
	合计	方差(%)	累计(%)	合计	方差(%)	累计(%)	合计	方差(%)	累计(%)
X_1	6.465	53.877	53.877	6.465	53.877	53.877	5.683	47.358	47.358
X_2	3.371	28.094	81.971	3.371	28.094	81.971	3.106	25.884	73.242

续表

成分	初始特征值			提取平方和载入			旋转平方和载入		
	合计	方差(%)	累计(%)	合计	方差(%)	累计(%)	合计	方差(%)	累计(%)
X_3	0.902	7.514	89.485	0.902	7.514	89.485	1.949	16.243	89.485
X_4	0.842	7.019	96.504						
X_5	0.210	1.752	98.256						
X_6	0.078	0.650	98.906						
X_7	0.053	0.438	99.344						
X_8	0.040	0.333	99.677						
X_9	0.016	0.129	99.807						
X_{10}	0.010	0.085	99.891						
X_{11}	0.009	0.072	99.963						
X_{12}	0.004	0.037	100.000						

通过因子分析,得出旋转后因子的载荷矩阵。结果如表3-22所示。

表3-22　　　　　旋转成份矩阵

成分	成份		
	1	2	3
X_1	0.916	-0.347	0.099
X_2	0.137	0.885	0.026
X_3	0.074	0.568	0.767
X_4	0.636	-0.728	-0.073
X_5	0.470	-0.217	0.818
X_6	0.680	0.382	0.450

续表

成分	成份		
	1	2	3
X_7	0.877	0.322	0.292
X_8	0.758	-0.009	0.509
X_9	0.824	-0.436	-0.027
X_{10}	-0.023	0.921	0.053
X_{11}	0.904	0.094	0.269
X_{12}	0.944	0.070	0.228

因子 1 主要代表人均生产总值、数字普惠金融指数、在校生人均教育支出、人均床位数、地方财政收入占 GDP 比重、农村人均纯收入和农村人均生活消费支出，包含了五个方面的指标，表示地区的整体经济水平。因子 2 是由固定资产投资占比、进出口总额占比和地方财政支出占比组成，代表着地方政府的支出水平。因子 3 由社会消费品零售总额占 GDP 比重和金融机构贷款占 GDP 比重组成，主要表示当地金融发展水平。

（五）综合得分测算

为了对农村信用体系进行分析和综合评价，根据总方差解释表中各个因子的贡献率及累计贡献率可得到综合因子得分公式：

$$F = (47.358 \times F_1 + 25.884 \times F_2 + 16.243 \times F3) \div 89.485$$

$$(3-8)$$

最终，可以计算出各个地区农村信用环境综合得分，整体经济环境得分、政府支出水平得分和金融发展水平得分，分别如表 3-23、表 3-24、表 3-25、表 3-26 所示。

表 3-23　　各地区农村信用环境综合得分及排名

年份	丽水市		鄞州区		象山县	
	得分（分）	排名（位）	得分（分）	排名（位）	得分（分）	排名（位）
2008 年	-0.8827	2	-0.7163	1	-0.8961	3
2009 年	-0.717	2	-0.5621	1	-0.7862	3
2010 年	-0.6708	3	-0.4723	1	-0.6463	2
2011 年	-0.5517	3	-0.2392	1	-0.5428	2
2012 年	-0.3303	3	-0.0144	1	-0.3068	2
2013 年	-0.153	3	0.2048	1	-0.1398	2
2014 年	0.1463	2	0.3972	1	-0.0225	3
2015 年	0.5128	2	0.808	1	0.1026	3
2016 年	0.7029	2	1.0145	1	0.1245	3
2017 年	0.9043	2	1.2061	1	0.255	3
2018 年	1.003	2	1.0362	1	0.232	3

表 3-24　　各地区整体经济环境得分及排名

年份	丽水市		鄞州区		象山县	
	得分（分）	排名（位）	得分（分）	排名（位）	得分（分）	排名（位）
2008 年	-1.53643	3	-0.09635	1	-1.15539	2
2009 年	-1.52015	3	-0.06546	1	-1.16446	2
2010 年	-1.41337	3	0.20032	1	-1.05013	2
2011 年	-1.18399	3	0.53346	1	-0.77917	2
2012 年	-0.94457	3	0.81682	1	-0.60578	2
2013 年	-0.76399	3	1.11963	1	-0.485	2
2014 年	-0.38599	3	1.3483	1	-0.33335	2
2015 年	0.01719	3	1.72839	1	0.1397	2
2016 年	0.26894	2	1.82759	1	0.16492	3
2017 年	0.49421	2	1.65164	1	0.40225	3
2018 年	0.6762	2	1.71135	1	0.38268	3

表3-25　　　　各地区政府支出水平得分及排名

年份	丽水市		鄞州区		象山县	
	得分（分）	排名（位）	得分（分）	排名（位）	得分（分）	排名（位）
2008年	-0.12579	1	-1.38585	3	-0.87497	2
2009年	0.19363	1	-1.11932	3	-0.76011	2
2010年	0.14762	1	-1.40319	3	-0.63951	2
2011年	0.14688	1	-1.11461	3	-0.62993	2
2012年	0.49421	1	-0.77634	3	-0.25005	2
2013年	0.7466	1	-0.51608	3	-0.00623	2
2014年	1.11067	1	-0.25014	3	0.04591	2
2015年	1.71043	1	0.35446	2	0.00079	3
2016年	2.03766	1	0.40645	2	0.0135	3
2017年	2.25074	1	-0.65919	3	0.11807	2
2018年	2.28361	1	-1.49572	3	-0.05421	2

表3-26　　　　各地区金融发展水平得分及排名

年份	丽水市		鄞州区		象山县	
	得分（分）	排名（位）	得分（分）	排名（位）	得分（分）	排名（位）
2008年	-0.18285	2	-1.45665	3	-0.17375	1
2009年	0.17367	2	-1.12238	3	0.27496	1
2010年	0.19024	2	-0.95	3	0.52017	1
2011年	0.17862	2	-1.09695	3	0.2851	1
2012年	0.14672	2	-1.22344	3	0.47463	1
2013年	0.19482	2	-1.31367	3	0.65404	1
2014年	0.1614	2	-1.34436	3	0.77507	1
2015年	0.04921	2	-1.15251	3	0.15689	1
2016年	-0.15887	2	-0.38735	3	0.18342	1
2017年	-0.04554	3	2.87938	1	0.04395	2
2018年	-0.08502	3	3.1026	1	0.24848	2

由历年农村信用环境综合得分及排名结果可知,鄞州区的农村信用环境综合得分排名一直是第一位,说明鄞州区信用环境水平要好于丽水市和象山县。丽水市的综合得分处于上升趋势。相比之下,象山县的农村信用发展情况却不是很稳定,并与其他两个地区的差距逐渐扩大。其中,鄞州区历年经济发展水平皆为第一,丽水市历年政府支出水平皆为第一。象山县的金融发展水平于2017年前稳居第一,2017年后鄞州区的金融发展水平快速提升,跃升第一位。

四、浙江省农村信用体系建设的结论与政策建议

我国经济发展具有严重的不均衡性,东部的浙江省各地区农村经济发展水平差异大问题尤为突出。经济发展水平的不均衡往往使得信用环境与信用体系建设呈现区域差异化,这同样作用于农村信用体系建设。与其他省份一样,城乡二元结构和金融排斥问题等一般问题也存在于浙江省农村。因此,为了缓解这些问题的影响,建立一个完善的统一的农村信用体系,改善银行贷款情况,这对促进农村经济金融健康发展有着重要的作用。

浙江省农村信用体系建设主要受到三大重要因素的影响,经济发展水平和政府支配能力是影响当地农村信用体系建设最为重要的两个指标。合适的选择会让地区在发展农村信用体系建设的同时更好地发展经济金融,是相辅相成的。随着农村信用体系的完善,农户生活水平得到提升,金融机构获得发展,政府也会增强公信力。

(一) 地区经济发展水平和政府财政集中度决定农村信用体系建设模式的选择

在建立农村信用环境的过程中,丽水市最先开展农村信用体系建设工作。由于当地经济水平较差,但政府财政集中度高,政府支撑经济的发展,因此选择了以政府为主导的农村信用体系建设模式。

鄞州区的历年农村信用环境综合得分排名都是第一位,升速也是最快的。这说明鄞州区农村整体信用环境水平要好于丽水市和象山县。鄞州地区相较另两地,与以非农户为主,国内生产总值中农业总产值比重小。突出的整体经济水平和较高的经济开放程度,使政府拥有较小的财政集中度和支配权力,在建立农村信用体系之初,鄞州区便选择了以鄞州银行这一商业银行为主导的农村信用体系。

象山县地处浙江沿海,海运外贸的优势使得其有较好的经济水平和较高的经济开放度。因此,经济环境和政府支配权力都介于丽水市和鄞州区中间的象山县,选择了政府与商业银行共同主导的建设模式。

模式的选择是建立农村信用体系的第一步,正确地走出第一步才会使后续的建设得到更好更快的发展。依据不同的经济发展水平和政府财政集中度选择不同的主导,也是农村信用体系建设模式选择的最好的方法。

(二) 政府主导型信用体系建设模式持续性最好

三个地区依据自身经济环境、政府支出等特点,选择了三种不同的主导模式。其中,在持续性方面,政府主导型农村信用体系建设模式的保障作用最为长久。三个地区都为长效保障农村信用体系建设,分别采取了多种措施,包括宣传示范、职工培训等。但根据模型得出的农村信用环境综合得分图（见图3-6），可以看出丽水市的农村信用环境得分一直保持向上的趋势，并且持续性也最佳，没有出现降分现象。而鄞州区和象山县都于2018年有着不同程度的降分，其中，增速最小、持续性最差的是象山县。

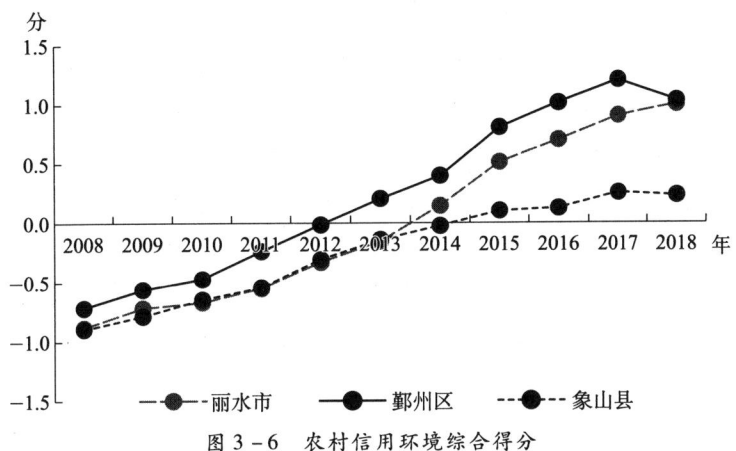

图3-6 农村信用环境综合得分

选择政府主导模式的丽水市是由市政府成立领导小组进行农户信用调查并执行一系列任务的，一旦出现纰漏，影响的还是政府形象。因此，在下派任务的实施过程中，一定是最为严格的并且最初建立的数据库也是最全的。鄞州区选择商业银行主导模式，银行的权利相较政府较小，但承担的责任较大，如果政府没有很好的监督和督促，银行又过分追求利益的话，经济形势对商业银行来说，无论是对农村信用贷款的发放还是对农户信用贷款的收回，都会影响很大。而象山县选择的政府与商业银行共同主导模式，最大的担心在于两方行为责任的互推，如果有任何一方有所懈怠，则会容易导致信用体系建设的施行停滞。而且，鄞州区和象山县主要进行信用评分的是村经济合作社成员和村干部，农村"熟人社会"的存在，会让与村干部关系好的农户得到更大的优惠，而关系不好的农户无法获得贷款。再者，象山县仅依靠道德约束对村民行为进行制约，在司法层面还有所欠缺，也是其信用环境综合得分被拉开差距的原因。

（三）多样化经济促进金融贷款

截至2016年，象山县金融发展得分都为第一。之后，鄞州区由于2016年9月扩大区域（合并江东区），金融机构贷款总额发生质的增长。象山县地处沿海，拥有港口使其外贸发达，渔业、农业、畜牧业的共同发展让经济呈多样化，因此贷款需求很大，传统金融贷款水平也最高。象山县还创建了渔业金融征信体系建设，基于经济需求的创新也提高了金融发展水平。由于高度的金融需求，因而民间金融等的活跃更进一步增加了金融贷款。

丽水市的经济发展水平是三者中最为落后的，九山半水半分田的构成使其经济结构单一，在经济金融发展中受到诸多限制。主要产业仅为工业和农业，使其金融贷款需求小，额度也小，但居民消费占经济收入比重很大，需要高度的政府财政补贴。

鄞州区传统金融贷款水平一直都较低，主要是经济发达使所需贷款减少。2011年，鄞州区进行金融体制改革，拓宽了多元融资渠道，导致传统金融机构贷款业务量更加少。同时，经济发达地区对贷款的较小需求使商业银行竞争激烈、市场占有率低。直到合并江东区这一原宁波重点金融商业区后，鄞州区的金融发展水平显著提升。此外，原江东区拥有众多港口，促使新鄞州区的外贸发展一跃成为全省各区（市）第二位；并且出于对鄞州区未来发展的看好，房地产贷款数量额度也迅速增加。

(四) 传统金融发展对农村信用体系建设环境有反向影响

丽水市、鄞州区、象山县均一直致力于农村信用环境的改善工作，但象山县在整体信用环境建设上逐渐落后于丽水市和鄞州区。虽然其金融发展水平很高，但农村信用体系建设水平却没有很好的发展。这可能与象山县农户经济结构相较复杂，评级相对困难有关；也可能因为象山县对于贷款有着较宽松的金融贷款标准，良好的经济水平让传统抵押贷款的实施没有很大阻碍；同时受到发达民间金融的影响，导致各经济部门对区域经济的贡献较低。因此，还需要提升对农村信用环境建设的重视程度，改善城乡二元化结构，从传统抵押贷款转型为信用抵押贷款。

此外，从图3-7中可以看出，除鄞州区外其他两个地区的金融发展水平均有一定程度的下降并逐渐缩小差距。其中主要的原因是经济水平的发展加速。近年来，随着数字普惠金融的发展，曾被排斥的人口以数字方式获得和使用正规金融服务，减小了金融排斥，让地区间金融发展水平差距逐渐减小，也让各个地区的经济得到快速发展。

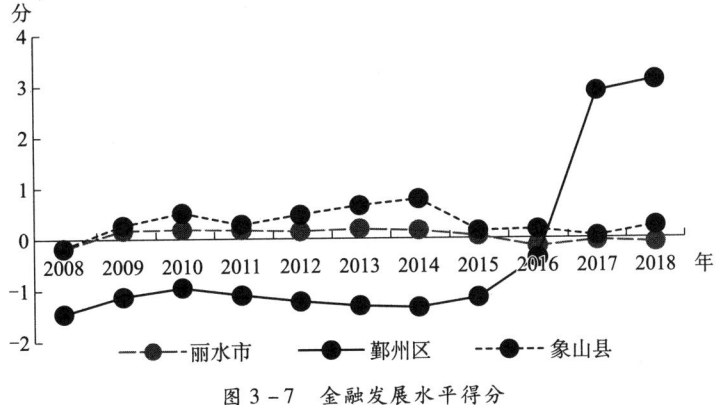

图3-7 金融发展水平得分

由此可以得出，传统金融的发展对农村信用体系的建设起着一定的阻碍作用。改变传统金融结构，发展新型金融形式，减少金融排斥现象，改善农村信用环境，实现金融传统抵押贷款向信用贷款转型，对推动农村经济发展发挥着积极的作用。

（五）农村信用体系的建设与经济环境的发展相互促进

这三个地区农村信用体系建设不同的侧重点与他们之间信用环境的不同息息相关，经济环境的发展与农村信用体系的建设起着相互促进的作用。不仅经济环境的发展推动着农村信用体系的建设，农村信用体系的快速发展也加速了地区经济环境的发展。如图3-8所示，农村信用环境一直稳居第一位的鄞州区的经济发展水平整体呈上升趋势，并和另两个地区存在较大差距。2013年起，丽水市的经济水平增速加大，而象山县的整体经济环境的增速有所减慢。因此，丽水市在2016年超过象山县。农村信用体系大力发展，让农户众多、经济水平相对全省落后的丽水市的整体经济环境也获得发展。

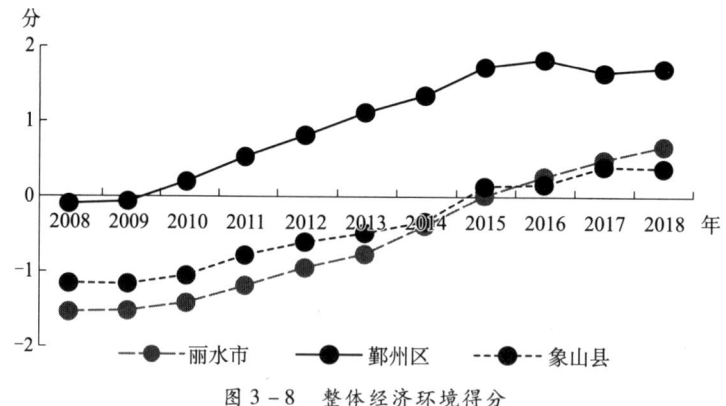

图3-8　整体经济环境得分

农村信用体系的建设过程中，会让整体经济水平有所提升，农户生活水平也得以上升，农户能在建设信用体系的过程中改善自身生活条件,加强信用观念、获得信用知识;人民生活得以更好地保障,教育和医疗水平得以提高和完善;金融机构也可以在农村信用体系建设中获得更多的发展机会,创新金融模式、金融产品,增加收入;政府在农村信用体系建设中,也能更好地发挥职能、转换职能,增加政府的领导能力与公信力。建立统一的农村信用体系与改善信用环境息息相关,相辅相成。

(六) 政府行为推动着农村信用体系建设

2009 年,丽水市出台了《关于推进农村信用体系建设进一步完善金融支农工作的实施意见》。2009 年下半年起,象山县和鄞州区分别开展农村信用体系建设工作。丽水市、鄞州区、象山县几乎同时开展农村信用体系的建设,三个地区的起始得分也较为接近(-0.8827、-0.7163、-0.8961),构建农村信用体系成为乡村振兴战略的一大重要组成部分

2010 年,象山县发布《关于推进和美新农村提升行动的实施意见》要求,以完善农村信用体系、助推"诚信象山"建设竞赛活动为载体,深入推进"信用镇乡(街道)""信用村""信用户"创建。自此,象山县农村信用体系建设步入正轨,在 2010 年象山县的农村信用环境综合得分升至第二位。

2013 年,围绕丽水市农村金融改革试点,丽水市政府全面开展"信用户、信用村(社区)、信用乡(镇、街道)、信用县"等"四信"创建工作。这一举措让丽水市的农村信用环境得分飞速上升,区域信用环境明显好转,并在 2014 年被确定为"农村信用体系建设试验区",丽水市农村信用体系建设步入新的发展阶段。

导向明确的国家政策和地方政府行为是保障和推动农村信用体系建设发展的重要手段。政府需要出台导向性政策,合理

设计符合当地农村信用体系建设的路径和发展规划，明确建设方式，引导农民进行正确的信贷行为，最终实现农村信用体系全面覆盖。

在全省范围内建立统一标准的农村信用体系是一项艰巨复杂的任务。当前，农村的信用环境还需要政府充分发挥自身的引导作用。加强对农户关于信用的道德教育，在乡村开展信用体系相关的精神文明建设工作，普及金融信用贷款知识。还需要政府协助中国人民银行与商业银行建立全面的农户信用档案，构建覆盖全区域的农户信用信息库。同时，商业银行需要发挥辅助作用，加强社会责任感。多创新金融产品，制定可靠的信贷标准，推动传统农村抵押贷款向信用贷款转型。这样，一个完整的农村信用体系才可以和经济发展相互促进。

第五节　我国中西部农村融资与支农贷款的初步改革：基于湖南东安的典型案例

与东部农村的信用体系相比，中西部农村信用体系的发展基本相似，因此本书将中西部合并，以湖南东安的案例为例，展开论述。

在2020年11月23日，我国实现了现行标准下832个贫困县全部脱贫摘帽，至此我国消除绝对贫困、脱贫攻坚目标任务已经完成。分析影响农户增收和贫困原因以及各因素之间的关系，在下一阶段防止返贫和继续推进农户增收就显得极为重要。这其中，地区财政收入、教育水平发挥着重要的核心作用，医疗保障、耕地面积、基础设施等发挥着辅助性作用。为了进一步探究中部农村减贫增收的实际效应，我们选取湖南省东安县进行实地调研。湖南省是我国中部的农业大省，农业特质典型，以农业为主同样是东安县的定位。尽管东安县交通发达、文化特征典型，但农业的长周期性和弱质性使东安县经济发展水平一直处于湖南省的后20%水平。本书通过座谈、田野调查等实地调研方法，在以往研究的基础上对当地居民收入支出、教育投入、土地使用、医疗保障等关键因素进行问卷调查，再结合东安县的具体情况进行分析。东安县在2017年获得了"全国农产品质量保障县"称号，当地经济在乡村振兴战略和国家优惠政策的有力支撑下也取得了一定的进步，但其在脱贫和"三农"方面的问题依然突出。在农村经济发展过程中，地方财政、教育、医保以及基础设施等都发挥着举足轻重的作用，因此本书将重点关注这几个方面因素所发挥的联合效应。从农村与城市的协调关系来看,两者之间不仅整体经济水平差距过大,单看农村居民收入也远远不如城市居民,城乡发展一直处于失衡状态(武小龙,2018)。为了提高农村居民收入、改善其生活质量,本书研究了能显著提高收入的单个条件必要性分析以及组态条件的充分性分析,以检验我们调研结论的准确性。

目前,对于农村地区减贫增收的研究多集中于财政、教育与金融这三个层面。财政层面的减贫是通过财政预算支出来保护农业、进行调控以此达到减贫增收的目的。农业天生具有低收益性以及高风险性,这就决定了它无法单一依靠其自有资金、社会资金来促进农村经济发展。此外,农业还具有先天脆弱性,而作为一个重要的特殊产业部门,政府对它给予扶持则具有一定的必要性。近年来,政府对农业的支持力度不断加大,尤其是财政在农业设施、农业生产条件方面的支出,不仅提高了农业的整体产出能力,也带动了农民收入的增加(罗东等,2014)。我国财政政策对农民增收的影响主要在于各类财政支出会显著提高农民的收入,并且农村社会事业支出影响最大(孔祥智等,2016)。此外,我国农村的科技创新和财政金融具有关联性,应积极发挥财政提升农村科技创新时的引导支持作用,进而带动农村经济的进步(孙志红等,2019)。

从教育层面来看,教育在脱贫工作中的重要作用已毋庸置疑。教育能够推动整体素质的提高,促进人力资本水平进步,是"扶贫、扶智、扶志"的结合,因此应当公平分配农村教育资源(王嘉毅等,2016)。此前也有相关研究从微观角度出发,发现教育可以显著影响我国农村居民收入水平,在减贫脱贫工作中发挥了不可忽视的作用(程名望等,2014)。也有研究表明投资人力资本将会明显提高收入,如果家庭对教育不够重视而导致其投入不足时,可能会使家庭陷入贫困(史志乐等,

2018)。由此看出，教育对减贫增收赋有重大意义。

从金融层面来看，金融机构通过助农贷款的方式在减缓农村贫困时起到了不可替代的作用。金融发展对于减贫的作用，主要在于增加了贫穷人参与金融业务的可能，降低信贷业务的门槛使其能够参与进来，从而减小贫富差距，最终有助于缓解贫困（Galor 等，1993）。金融发展对不同收入层次群体的作用存在差异，对贫困群体发挥的作用要大于对富裕群体的作用，能够将低收入群体的收入提升大概80%，从而减小贫富差距（Li H 等，1998；Beck 等，2016）。金融发展在影响农村和城市收入时存在差异，但金融发展可以促进经济发展、减缓贫困进而遏制两者收入差距过大的现象（刘金全等，2019）。

从上述文献可以看出，对于农村减贫增收的研究已较为丰富，尤其是金融发展对于农村减贫增收的作用研究。但是，上述研究也存在一些不足，比如多数文献都是从某个单一角度出发去实证研究其发挥的作用效果，鲜有将这些因素组合起来去实证检验其必要性，或者只从理论方面去介绍这些因素组合起来的重要性。农村要达到减贫增收的效果，更大程度上是多个因素联合起来共同发挥作用，因而，本书将通过 fsQCA 的方法来检验单个条件必要性以及组态条件的充分性，以论证地区财政收入、教育水平、医疗保障、耕地面积、基础设施等因素是如何共同作用来提高农村居民收入的。

一、湖南省东安县的经济发展情况

（一）基本情况

东安县位于湘江上游，属于湖南西南地区，总面积2219平方千米，人口63万人。全县辖区内包含1个省级经开区、17个乡镇、2个国营林场。东安县近几年经济发展十分迅速，与2018年相比，2019年GDP增速7.1%，城乡居民人均可支配收入增速近10%。基层卫生服务体系建设不断完善，乡镇卫生院也在逐步扩大全科医生的覆盖面，各类医疗基础设施日渐完备，2019年底拥有病床3158张。在文化教育方面，东安县在2020年规划建设了20所寄宿制和小规模学校①，农村学校办学质量逐步提高，推动了当地教育的发展。

1. 交通便利

东安是湘江流入湖南境内的第一县，境内水流总长50.4千米，水路交通便捷。不仅如此，得益于湘桂铁路、衡昆高速公路以及G55二广高速公路的建设，其陆路交通也发达，高铁40分钟抵达桂林，3小时抵达广州，是湖南通往广西、广东的重要门户，素有"湘南门户"之称。近年来，随着东安县域内的公路建设不断推进，2019年农村已完成96千米的公路建设，水泥路在自然村内的建设也达到了299千米②，解决农村"最后一公里"，实现了"村村通"。如今，东安县行政村通车率均达到100%，乡镇和村落的干路支路互相衔接，农村公路网日渐完善。交通的发展也推动了产业、旅游的振兴，如"交通+乡村旅游""交通+产业发展"等模式迅速兴起，不仅提升了公路的附加值，还拓展了农村居民增收的空间，呈现了以修路带动致富的扩散效应。

2. 地方特色文化鲜明

东安县是全国首批命名的"武术之乡"（1992年）和首个

---

① 数据来源：http：//www.da.gov.cn/da/zfgzbg/list.shtml。

② 数据来源：http：//www.da.gov.cn/dajtysj/0300/201911/d06cbf1e8bbd47a3b58d59e6b616e2bf.shtml。

全国"德文化之乡"（2015年），是全国唯一"文武双全县"，是湘桂大旅游圈和张崀桂旅游走廊的黄金驿站。在长期的文化沉淀发展中，形成了以武术文化为主要特征的地方特色文化，与旅游相结合，走出了一条武术推动旅游，以武文化提升旅游品质的发展道路。比如，东安县近年承办的"湖南省武术大赛"（2018年）、"巅峰湖南·六大名山登山赛"（2019年）、"东安县亿联杯民族健身操大赛"（2020年）等各种赛事，力推"德武东安"的地域名片。此外，2016年以来，东安县每年11月底12月初定期举办武术文化旅游周，极大地推动了地方文化特色形成与发展，成为湘南武术交流合作的知名平台。

3. 品质农业成为农业发展的新特色

东安县是农业大县，县域内盛产稻谷、紫皮大蒜、楠竹、生猪、银杏、柑桔等，已成为全国重要的商品粮基地县。在2017年获得"全国农产品质量保障县"的称号，2016年底共完成无公害农产品产地认定面积59.2万亩，建立农业标准化示范基地面积26万亩，创建农业农村部标准果园3000亩，县内农业生产总值和农村居民人均可支配收入不断增加，为县域经济的特色发展提供了保障。

4. 产业发展逐步与农业经济发展融合

近年的东安县无论是传统产业、新兴产业还是特色产业都与农业经济的发展联系越来越紧密。如芦洪市镇的火电产业，从前期征地拆迁到后续工厂招工，当地居民除了得到土地征收的补偿款以外，就业机会也大大增加，推进产业经济稳步发展。还有一个比较典型的例子是大庙口镇的韭菜村，该村经济发展水平相当低（2018年省级贫困村脱帽），在驻村扶贫干部的帮助下，贫困户加入了楠竹产业合作社，因地制宜发展楠竹产业，以竹林入股的方式不仅盘活了村里一万余亩楠竹资源，也使他们获得1.68万元的分成①，同时，在加工厂务工也为其增加了家庭收入。

（二）实地调研情况

本书在实地调研时采用座谈、田野调查方法，按照经济发展水平划分成高、中、低三个等级，再使用抽样调查的方式抽取了经济发展水平最高的芦洪市镇（赵家井村、永兴村和大枧塘村）、中等发展水平的紫溪市镇（荷叶塘村、五一村和渌埠头村）、最低发展水平的大庙口镇（袁家村、高枧村和韭菜村），在这9个行政村中，其中经济发展水平最高的是赵家井村与荷叶塘村，中等水平的是五一村、渌埠头村、永兴村和大枧塘村，经济水平最差的3个贫困村是袁家村（2018年省级贫困村摘帽）、高枧村（2017年省级贫困村摘帽）和韭菜村（2018年省级贫困村摘帽）。在实地调研中，我们举行了一个小规模的座谈会，包括东安县农业农村局、县财政局、县金融办、人民银行、县农村信用社、农业银行、县统计局、县教育局、县民政局和县社会保障局在内的10家单位共15人参会小型座谈会，保证本书在政策供给和资金供给的数据上有很宏观和准确的认识。随后，我们在各乡镇的点上调研中，采取的方式是先与乡镇干部交流，随后调研组分散前往村民家中或集聚地进行问卷调查。本次实地调研发出问卷397份，经过数据清洗，剔除无效问卷后，得到有效问卷342份，有效率达86.1%。

1. 可支配收入是影响生活质量的根本

在实地调研的过程中，我们发现尽管东安县作为劳务输出地，但转移性支付很少，在家留守的老人和小孩获得的外出务

---

① 数据来源：http://www.da.gov.cn/da/mzw/mindex.shtml。

工亲人的汇款主要用于孩子的教育和房屋建设，日常生活和改善性支出占比小。子女务工转移收入加日常耕作收入主要用于人情往来、日常开支、医疗支出。有70%以上的被调查对象认为"有饭吃，有钱看病，子女不向我要钱"就是"幸福"。由此可见，居民的可支配收入直接影响其生活质量（见图3-9）。

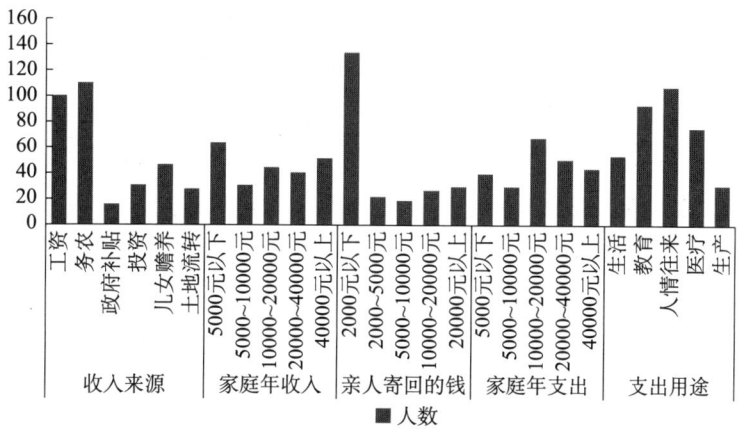

图3-9　收入支出调查情况

数据来源：根据调查问卷整理。

从调查结果来看，家庭年收入不足20000元的调查者达到了60%，只有22%的家庭年收入可以达到40000元以上。较高收入的人群主要从事非生产性行业，如农家乐、鱼塘、经济作物和观赏植物的种植。在家庭支出部分，年支出超过20000元的家庭超过了40%，人情开支占首位，其次是教育和医疗保障，最后才是生产，如图3-9所示。受我国重视人情的传统观念影响，农村家庭更为重视"人情社会"，不仅人情支出频次多，单笔支出费用也很大，往往交情越深花费也越大，因此这方面的花销在农村家庭开支中占据了首要位置。医疗在支出用途中位居第三，在调查样本中，由于大多数受访者是留守家中的老人和孩子,因而导致这一数据偏高。同样,由于调研的9个行政村多是老人小孩在家留守,因此生产主要是为了保障基本的生存需要而并非是改善生活质量。显然,影响农村居民可支配收入的要素都是一些最基本的生活条件方面,也就是"钱是否够花,是否能保障基本的生活水平"。

2. 教育支出在家庭支出中占据了重要地位

东安县外出务工子女的教育,有75%采用定期寄钱的方式,由爷爷、奶奶代管,因而教育支出占据了较大比例。经过走访调查,这些子女的教育主要有以下三类:第一类寄宿在学校,第二类在县城租房或买房陪读,第三类是就近选择学校就读。这三类教育方式尤为前两类也就是寄宿、陪读的模式花费最高,且都是没国家补贴采取自费的形式,因此成为农村居民的固定开支,这可以从东安县城的小学、中学人数不断增加得到验证。一般来说,当地方经济发展水平越高,则当地学校的分布就会越密集,师资力量也会越强,学生就近上学的概率就会越高。由于东安县的经济发展水平一直处于湖南省的后20%水平,因此当地居民子女就近上学的很少,多采用寄宿、陪读的模式,因而教育支出成为农户除人情往来支出外的最高支出。这说明在新一代外出务工农民的心里,已经意识到提高下一代子女受教育的重要性,期望通过教育来改变下一代的贫困现状。

3. 财政拨款模式对财政支出规模产生影响

目前,就我国的实际情况来看,当下的财政转移支付制度采用传统的统一划拨方式,没有根据各乡镇的经济发展水平和经济贡献率进行差异性调配。从实地调研情况来看,经济发展水平最高的芦洪市镇受制于地方财政缺乏自主权这一约束,影响了地方乡镇发展经济的积极性。反观经济发展水平最低的大庙口镇,财政集权对该镇财政支出规模则产生了扩张作用,并没有产生约束感。究其原因，芦洪市镇的经济发展水平高于大庙口镇，使大庙口镇的经济发展在财政分权制度安排下更加依赖县政府财政拨款。如此分权使得地方政府更偏向于加大财政支出来促进经济进步。当地政府在进行管理时，更倾向于"向上负责"而不是"向下负责"，无论是追求职位晋升还是其他政绩目标（如基础设施建设、建设形象工程），对于受制经济发展条件而在"晋升"中处于劣势的经济落后地区的官员而言，这一点尤为重要。以上这些都需要足够的财政资金作为保障，这就使不同地区的财政支出受到扭曲，从调研地来看，大庙口镇的经济增长就会过度依赖政府投资。也就是说"晋升"环境的差异性将会诱发当地政府行为差异化，使得财政分权影响地方财政支出规模。也因此我们推论财政自主性越高，财政政策的实施就越有效，也就越能促进经济进步，进而带动农民收入增长。

4. 农村耕地撂荒程度较高

湖南是个农业大省，农业也是东安县的传统和优质产业。东安县拥有水田、旱地、山、鱼塘，土地资源丰富，其中水田面积57.97万亩，旱地面积6.6万亩。农业是当地的经济发展支柱，是农民生活的重要保障。但是我们在实地调研中发现，土地灌溉系统逐渐废弃以及土地撂荒程度严重（见图3-27、表3-28）。

表3-27　　　　　　　　土地调查情况

问题	指标	人数（人）
土地分类	水田	218
	旱地	183
	山	148
	鱼塘	44

续表

问题	指标	人数（人）
土地使用	自种	138
	出租	97
	征收	9

数据来源：根据调查问卷整理。

表 3-28　　　　东安县经济特征

年份	第一产业占比（%）	农作物播种面积（千公顷）	第三产业就业人数（人）
2009	26.3	99.57	—
2010	25.3	99.63	—
2011	26.2	97.42	—
2012	23.6	99.46	—
2013	23	97.89	61800
2014	22.9	102.88	66169
2015	22.6	103.81	66582
2016	22.63	104.34	68780
2017	21.11	96.49	—
2018	17.3	92.92	—

数据来源：东安县统计局（2009—2018年）。

从走访调研中我们得知，东安县近两年土地荒芜的情况逐渐增加，从表3-27、表3-28中也有所体现，因越来越多年轻人外出务工，只有老人小孩在家留守，因此只有将近57%的受访者自己耕种自家土地的一部分，将近40%的农户将土地出租，或者免费赠与他人耕种，除自种、出租外，其余的土地都已撂荒。土地荒芜的原因大致有以下几点。

(1) 土地灌溉系统严重荒废。东安县的土地有90%都是水田①，而灌溉系统是保障水田数量以及稻谷产量的决定性因素。从东安县的整体情况来看，只有靠近水源的土地才能保留下来，而远离水源的则都已经荒芜。这其中有个很大的原因是县级财政拨款没有到位，由于灌溉系统的维护已经下放到各乡镇，而统一拨款的财政模式在一定程度上制约了灌溉系统的维修经费，加上对GDP的追求和传统水稻种植相对低效，加剧了维修经费的挪用，导致灌溉系统专门维修经费不足。

(2) 水稻效益较低。尽管东安县财政对每亩水稻补贴275元现金，但仍然不能弥补农民购买化肥、生产工具等其他生产性投入；也因此很多稻田被改种成效益较高的经济作物，譬如大红葡萄、草莓、观赏树、草皮等。

(3) 农村劳动力紧缺。如今越来越多的年轻劳动力涌向城市是土地荒芜的又一重要原因。从表3-28可以看到，东安县第一产业占比明显呈现出下降的趋势，由2009年的26.3%下降到2018年的17.3%，可以看出农业发展呈现衰退的迹象。再加上第三产业的就业人数由2013年的61800人上升到2016年的68780人，可以推断出上述耕地荒芜现象是真实存在的。

5. 交通发展有力地推动了乡村旅游

公路建设作为基础设施，是政府最根本的基础性投入，近几年成为了新一轮经济增长的仰仗。截至2019年末，东安县自然村道路达到了1139千米，全县共建设公路2091千米②，构建完善了乡镇公路干支相连，村与村全面连接的道路系统，大力

---

① 数据来源：http://www.yzcity.gov.cn/nyw/0203/201909/7b5b4e1a241d47b7980ffda5f8d8a308.shtml。

② 数据来源：http://www.yzcity.gov.cn/tjj/031005/202005/baa5fd3f54bd4f658079f12a191bf829.shtml。

推动了乡村旅游的发展。此外东安县还先后规划了 8 条四级旅游公路，以期通过旅游业带动乡村经济的发展。目前主要突出了四条"微旅游"线路①，分别是人文休闲之旅、自驾畅游之旅、古迹名镇之旅、美食发现之旅。除此之外，湖南月亮湾集团与芦洪市镇联合开发的"一带八景"每年吸引上万的游客前来休闲观光；简家岭村公路带动了当地的"黑老虎"种植业和旅游业发展，每年能够为这个省级贫困村增加将近 200 万元的产值；白牙水村公路吸引了楠竹加工、竹筒酒等产业企业进村办厂，每年为村集体增收了 6 万多元。如今"公路+产业"的格局已经逐步形成并日益完善，进一步促进了农文旅的深度融合。

6. 家庭收入是家庭稳定的基本保障

在实地调研的过程中，发现一个较为明显和严峻的问题就是"离婚率"。在东安县农村经济最发达、中等发达和落后三类行政村中，最后一类行政村（袁家村、高枧村和韭菜村）的离婚率最高，这一现象在"贫困村"因病致贫的"贫困户"中尤为突出，一般来说，贫困人口的身体素质、家庭状况、医疗条件都较差，他们对于卫生的认知以及保险能力也都相对较差，从小病拖成大病的比例也会更高，因此越是贫困地区，因病致

---

① 人文休闲之旅，连接"聚德生态文化园——湘江第一湾·沉香寺——高岩景区——溪水以南·花镜花海——地下龙宫·舜皇岩——国家 4A 级景区舜皇山"；自驾畅游之旅，连接"大江源农庄——白竹九老·千年古樟群——乐子冲古民居——上界头·杜鹃花海——画山秀水·黄金洞——金易德休闲农庄——瑶家天路·简家岭"；古迹名镇之旅，连接"广利桥——吴公塔——摩崖石刻·九龙岩——芦洪市老街——斩龙桥——树德景区"；美食发现之旅，连接"塘家梯田（紫云腊肉）——舜皇山国家森林公园（舜皇山土猪肉）——高岩景区（三文鱼）——冷山知青农场（水岭羊肉）——白竹九老（山口铺油豆腐）——芦洪市老街（东安鸡）——文广岩（花桥猪血丸子）"。

贫问题越是突出。在走访调查时我们发现，经济最好的 2 个行政村中（赵家井村、荷叶塘村）没有因经济状况引起的离婚，但是在经济最差的 2 个行政村中（韭菜村、袁家村）由于经济原因导致的离异高达 80% 以上。离婚的主要原因在于贫穷给家庭关系带来过度的压力，尤其是当贫困的原因是疾病时家庭经济处境就会非常明显恶化，在面临这种高额支出情况下，女性往往承受不了压力而选择离婚。这说明越富裕的家庭离婚率就越低，越贫穷的家庭离婚率就越高。在农村家庭传统观念中，家庭收入高低是反映家庭富裕程度的首要因素，家庭婚姻是体现家庭关系稳定与否的重要因素，因而家庭收入是农村家庭稳定的基本保障。

7. 村干部的选举及作用

在走访调查中，我们还发现一个很重要的影响农村经济发展的因素，那就是村干部所发挥的作用。从调研的九个行政村来看，赵家井村与荷叶塘村的村干部能力最强，这 2 个行政村的经济发展水平也最高；五一村、渌埠头村、永兴村和大枧塘村的村干部能力次之，这 4 个行政村的经济水平也位于中等阶段；袁家村、高枧村和韭菜村的村干部能力最弱，相对应的经济发展水平也最低，因此农村的繁荣兴旺与村干部的带头引领作用息息相关。通常在选举村干部时，那些自身有着一定的经济能力，尤其是能够自办企业的成功人士会更加容易当选。一方面由于村干部的工资很低，一般一个月在 1500~2500 元，因此那些自身具备一定经济基础的会更加愿意带领全村农民脱贫致富；另一方面，这些经济条件较好的成功人士在当选村干部之后，在资源分配上也会向自己倾斜，通过政策倾斜来增加自身收益。例如，大庙口镇的韭菜村之前就是在村干部的帮助下发展楠竹产业，但是自村干部换届选举之后，从 2019 年开始该村的楠竹产业已逐渐没落至不复存在。因此，村干部的选举、能力直接影响着农村未来的经济发展走向。

综合以上调研情况，我们得到以下结论：教育、地区财政收入是影响农村居民人均可支配收入的重要条件。考虑到我国目前已经建立了基本的医疗保险制度，因此我们考虑教育、财政对于收入的影响要强于医疗。同样，灌溉系统、基础设施建设都需要财政支出的支持，相应的耕地面积、公路里程相比于教育、地区财政收入的重要程度就会次之。此外，人情往来、村干部的能力也会对农村居民收入产生重要的影响。

二、实证分析

从实地调研中我们已经得知教育、地区财政收入、医疗保障、耕地面积以及基础设施建设等对于影响农村居民收入的重要性，考虑到实地调研数据具有一定程度的主观性，以及为了检验调研结论的准确性，这部分内容我们将运用宏观数据来进一步检验。

（一）研究方法

1. 研究设计

本书使用 fsQCA 方法来检验教育水平、地区财政收入、医院床位、耕地面积、公路里程、户籍总人口数、地区生产总值、金融机构本外币贷款余额这 8 个解释因素如何相互作用而共同影响农村居民人均可支配收入。QCA 最大的特点在于能够探求多个互动因素对于特定现象的联合作用。在具体的分析过程中，传统的回归方法更侧重探索分析单个解释变量的净效应，而

fsQCA 则可以分析多个影响因素之间的组态关系。虽然目前也有其他方法能够检验组态关系，但是这些方法却不能有效分辨这些解释变量的重要程度以及无法区别它们各自发挥作用时的差异。

2. 样本和数据

本书的研究对象是以湖南省东安县为例，结合 2009 年至 2018 年的宏观数据进行分析。近年来在国家乡村振兴战略的推动下，东安县积极发展乡村经济，成为农村脱贫示范村，所以以东安县的经济发展指标作为样本，对反映乡村振兴战略下农村经济发展具有代表性。此外，湖南省在我国中部地区的经济水平位于中等，而东安县的经济水平所在市也处于中等水平，所以本书选取湖南省和东安县的指标具有客观性。相关变量省级数据源于《湖南省统计年鉴》，县级数据来自东安县统计公报及其政府工作报告。在选择相关解释变量时以省级数据进行筛选，但是在具体研究时我们是以东安县为基准，所以将上述指标的县级数据与省级数据进行比例化，每个指标以东安县占湖南省的比例为具体的自变量。

3. 测量和校准

在 fsQCA 中，每一个条件（即本书的 8 个影响因素）和结果（农村居民人均可支配收入）都分别视为一个集合，而所谓校准就是赋予各个集合隶属分数。在校准方法的选择上，本书使用直接校准法，即用 3 个定性锚点来进行校准：完全隶属、完全不隶属以及交叉点，是目前应用最广泛的校准方法（Ragin 等，2009）。本书在已有研究的基础上，看到多数文献将 95%、5%、50% 分别作为完全隶属、完全不隶属、交叉点的阈值，因此本文在校准时也采用上述 3 个锚点来进行校准（张明等，2019）。

(二) 研究结果

1. 单个条件的必要性分析

同已有研究一致，本书首先检验单个条件是否构成农村居民人均可支配收入的必要条件，也就是检验当农村居民收入提高这个结果存在时，哪些因素作为必要条件总会出现。从集合原理来看，一个结果的产生总是伴随着一个条件的存在，那么这个条件就可称之为这个结果的必要条件。在 fsQCA 中，一致性分数是衡量必要条件的标准，本书将一致性分数大于等于 0.9 的条件称为必要条件（Schneider 等，2012）。表 3-29 为 fsQCA 软件输出的分析结果。

表 3-29　农村居民人均可支配收入的必要条件分析

前因条件	农村居民人均可支配收入	
	一致性	覆盖度
户籍总人口数（万人）	0.7569	0.7900
医院床位（万张）	0.6633	0.8560
地区生产总值（亿元）	0.4601	0.6854
地区财政收入（亿元）	0.9163	0.9426
金融机构本外币贷款余额（亿元）	0.5737	0.7639
教育水平（万人）	0.9103	0.9641
耕地面积（亩）	0.8346	0.7338
公路里程（公里）	0.6254	0.7336

从表 3-30 可以看到，地区财政收入、教育水平的一致性水平均大于 0.9，说明这两个条件是影响农村居民人均可支配收入的必要条件，也就是说其各自单独变化时依然能够对结果变量作出较强的独立解释能力。

2. 条件组态的充分性分析

QCA方法最重要的是对于条件组态的分析，也就是研究多个条件形成的组合而不是单个条件对结果进行解释。与单个条件必要性分析相同，一致性水平是我们判断的标准，但具体数值有所差异，本书确定的一致性分数最低是0.75（张明等，2019）。由于本书研究的是一个条件的出现对于结果有影响，因此在得出"解"前选择存在（present）。fsQCA会分别输出复杂解、中间解、简约解，研究人员大都倾向于报告中间解，这是因为中间解在研究过程中不会太过于复杂，又能贴近理论实际，比较契合我们的研究目标。同已有研究一致，本书在此汇报中间解。定性比较分析更多的是基于因果关系，将前因条件划分为核心条件和辅助条件，以便在后续分析时更好地区分不同条件发挥作用时的差异。其中核心条件在简约解、中间解中均出现；辅助条件则只出现于中间解中，并且可以被替换。对中间解进行合并分析，得出的结果如表3-30所示。

表3-30　农村居民人均可支配收入的组态分析

前因条件	解			
	1	2	3	4
户籍总人口数（万人）	•		•	•
医院床位（万张）		•		•
地区生产总值（亿元）				
地区财政收入（亿元）		●	●	●
金融机构本外币贷款余额（亿元）				
教育水平（万人）	●	●	●	
耕地面积（亩）				
公路里程（公里）	•			•

续表

前因条件	解			
	1	2	3	4
一致性	0.9430	1	1	1
原始覆盖度	0.5278	0.4382	0.3386	0.4541
唯一覆盖度	0.0597	0.1015	0.0199	0.0318
总体解的一致性	0.9575			
总体解的覆盖度	0.7191			

注：● =核心条件存在；• =辅助条件存在；"空格"表示该条件可存在亦可缺席。

从表3-30可以看到，四个组态解的一致性分数都大于0.75，总体解的一致性达到0.96，覆盖度达到0.72，说明上述条件组态对结果作出了较强的解释。从各个组态本身（纵向）来看，组态1中教育水平的存在发挥了核心作用，而户籍总人口数、公路里程的存在发挥了辅助性作用。组态2中地区财政收入、教育水平的存在发挥了核心作用，而医院床位、金融机构本外币贷款余额的存在发挥了辅助性作用。组态3中同样是地区财政收入、教育水平的存在为核心条件，户籍总人口数、金融机构本外币贷款余额、耕地面积的存在为辅助性条件。组态4中地区财政收入的存在为核心条件，户籍总人口数、医院床位、耕地面积、公路里程的存在发挥辅助性作用。

在进行组态分析时，在第一个中间解中，教育水平发挥了核心作用。其核心作用不仅体现在它的提高会显著增加农村居民人均可支配收入，当他们的教育力度得到强化，素养得到提高，会对农村居民的收入产生正向推动力，还体现在短期内教育支出减少会间接提高收入；户籍总人口数发挥时是辅助性作用，对结果变量也有不可忽视的影响。结合东安县的具体情况，当地老年人较多，离婚率较高，所以应该考虑到该地区以后人口、劳动力的结构以及人口红利的问题；公路里程在第一个中间解中发挥的也是辅助性作用，农村公路建设的好不好与农村百姓脱贫致富，农业产业发展等都密切相关。

在第二个中间解中，除了前述教育水平，地区财政收入也发挥了核心作用，说明地区财政收入的增加会显著推动农村居民人均可支配收入提高，当地区财政自主性增强，财政收入提高，那么政府就会有更多的额度来用到民生之中，比如通过社会福利、转移支付来提高农村居民收入；作为辅助条件的医院床位是政府对社会的基础性投入，是社会福利的一种体现，当医院床位数增加时，就会提高社会整体福利进而体现为推动农村居民收入提高。另外医保的补偿作用使医疗支出减少也会间接提高收入；金融机构本外币贷款余额作为辅助条件对结果变量也有一定的影响，当金融机构对外贷款减少时，民众手上可支配收入就会相应变少。

在第三个中间解中，发挥核心作用的依然是地区财政收入、教育水平，对此不再进行赘述。户籍人口总数、金融机构本外币贷款余额的辅助性作用依然明显，这里也不再重复。最后一个辅助条件是耕地面积，结合东安县的情况来看，东安县拥有水田、旱地、山、鱼塘，土地资源丰富。农业是当地的经济发展支柱，是农民生活的重要保障，因此对居民的人均可支配收入也有重要影响，但是近两年来东安县灌溉系统荒废导致土地荒芜情况逐渐增加，这应当引起重视。

在第四个中间解中，发挥核心作用的依然是必要条件地区财政收入，户籍总人口数、医院床位、耕地面积、公路里程则发挥辅助性作用。各个前因条件对于农村居民人均可支配收入的作用在此不再重复。

3. 稳健性检验

本书将一致性水平从 0.8 提高至 0.85 进行稳健性检验。结果显示，一致性水平提高之后，得到的必要条件以及组态分析的充分条件和原先一致性水平下的条件完全一致，得到的结果也基本没变。这表明本书的研究结论稳健。

三、小结

本书通过实地调研结合东安县 2009—2018 年的宏观数据，使用 fsQCA 方法探讨了教育水平、地区财政收入、医院床位、耕地面积、公路里程、户籍总人口数、地区生产总值、金融机构本外币贷款余额等 8 个变量对农村居民人均可支配收入的影响，探寻其中的"联合效应"，以得到推动农村居民人均可支配收入提高的系列组合。我们得到以下结论。

（1）教育水平是推动农村居民人均可支配收入提高的关键因素。在进行单个条件必要性分析时，其一致性水平大于 0.9，因此是必要条件。在进行条件组态的充分性分析时，教育水平作为必要条件在 4 个组态解中出现了 3 次，进一步说明了教育是提高收入的核心条件。我们在实地调研时就发现农村家庭用于教育的花费代价极高，因此是影响农村居民人均可支配收入的重要条件，这与我们实证得出的结论一致。东安县政府应当确保农村教育经费的投入，公平分配教育资源，进而对农村居民收入产生正向推动力。除此之外，要积极完善各项财政支持政策，落实地区财政对教育的大力支持，在一定程度上弥补农村居民对教育的投入花费，间接提高农村居民收入。

（2）地区财政收入是推动农村居民人均可支配收入提高的

关键因素。其一致性水平大于 0.9 是必要条件，在进行条件组态分析时也得到了其是核心条件的结论。由于东安县财政是统一划拨方式，而财政分权会极大激发地方政府的经济发展积极性。在通常情形下，当地政府比上级政府更加了解当地情况，所以当地政府实施财政政策会更加有利于农村经济发展，民生工程方面包括文化教育、医疗、农村公共设施的建设也会更加有效。因此，东安县政府应当适当地给予乡镇政府一定的财政自主权，以便更好地发挥当地政府的管理作用，实施更加贴近实际的财政政策，促进经济增长、带动农村居民收入提高。

（3）医疗保障在推动农村居民收入提高时发挥的是辅助性作用。这一结论与我国当前已经建立了基本的医疗保险制度有关，与调研时当地居民所述一致，当地百姓购买的新农合保险，在一定程度上可以减轻医疗费用负担，与教育完全自费相比，医疗支出在一定程度上有所保障；并且对农民而言，除非病情非常严重，否则不会轻易去医院，此外级别越高的医院其门诊、住院的报销比例就越低，两者的报销比例通常的在40%和55%，还有一定的起付线标准和报销上限，是制约农民去医院的又一重要因素。因此，综合上述情况来看，医疗所发挥的作用有限。

（4）人情往来是家庭支出用途中的重要占比。从实地调研结果来看，人情往来在支出用途中占据着首要地位。这与我国重视人情交往的传统观念有关，特别在农村地区，这种观念更加根深蒂固。不仅来往频次高，往往交情越深花费也越大，因此这方面的花销也不容小觑，是影响农村居民收入的又一重要因素。

（5）耕地面积、基础设施建设在推动农村居民收入提高时发挥的是辅助性作用。原因是这两个条件在作用于农村居民收入时，需要依赖于政府支出。灌溉系统是决定耕地面积大小的重要因素，而灌溉系统作为基础设施又依赖于政府的投入。针对近两年东安县的耕地荒芜情况逐渐增加，东安县政府应当不断建立健全土地流转制度，引导和鼓励农民将闲置耕地出租、转让、转包，促进农村耕地的合理流转。此外，需要加强农田水利设施的建设，加大财政对灌溉系统维修经费投入与落实，改善农民水田灌溉问题；继续推进东安县域内的公路建设，加大财政对这方面的基础性投入，以公路带动旅游等相关产业发展。通过以上两个条件来联合推动农村居民收入提高，从根本上改善他们的生活质量。

（6）从实证结果来看，地区生产总值既不是核心条件也不是辅助条件。结合前面的实地调研情况，我们可以推断出这和当地村委干部的选举以及他们所发挥的作用相关，由于不同乡镇村干部的能力参差不齐，当地经济发展水平也存在一定差异。而经济发展水平又是影响家庭离婚率的主要因素之一，经济发展水平高，医疗保障到位，离婚率就会较低。这在一定程度上会减缓人口老龄化程度，因此应当重视医保和户籍总人口发挥的辅助性作用。

综上，我们认为东安县政府应当加大对农村教育经费投入、提高地方政府财政自主性、加强基础设施建设，以教育、财政、耕地和基础设施建设联合带动农村居民收入增长，重视当地村委会干部的选举，加强对村委会干部的能力建设，村干部的能力越强，当地经济发展越好，医疗保障发挥的作用越明显，当地离婚率就会越低。这不仅会减缓人口老龄化程度、改善人口结构，也会稳定家庭关系，促进农民收入和生活水平的提高。

第四章
我国城乡资本流动的微观调查：
农户贷款模式与信贷风险控制

第一节　东中西部典型农村调研的基本情况分析

随着中国经济的迅速发展，城镇化水平不断提高，大量农业劳动力向非农部门转移就业。1949年底农村人口占比89.36%。经过70多年的发展，截至2020年底，农村人口比率36.11%。这表明农村人口在逐渐向城市转移，我国城镇化改革已见成效。由于存在经济二元化，加上我国确立"先城市后农村"的发展战略，政策、资金和人力等要素向城市倾斜。"虹吸效应"促使大量农村资金向城市流动。尤其是改革开放之后，农村青壮年劳动力迅速向沿海经济发达地区和内陆大中城市流动，使农村经济难以发展。经济的不发达和农村土地的集体所有制，导致契约理论中的农村抵押物缺乏，农户难以获得贷款，农村借款难问题阻碍农村经济的发展，加剧农村经济落后（见图4-1）。

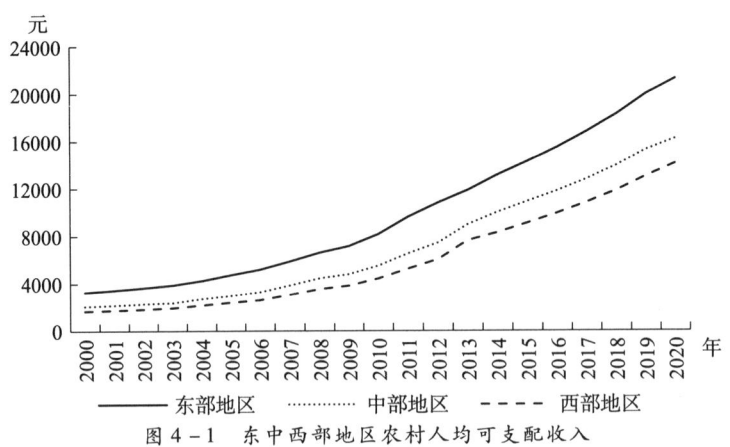

图4-1　东中西部地区农村人均可支配收入

数据来源：《中国统计年鉴》2000—2020年。

第四章 我国城乡资本流动的微观调查：农户贷款模式与信贷风险控制

我国地缘辽阔，各地区的经济发展水平具有巨大的差异。其中，西部地区经济最为落后，东部地区经济发展最好[①]。譬如，2020全年东部生产总值为52.6万亿元，中部地区为22.2万亿元，西部地区为21.3万亿元，东部地区生产总值约为中西部总和的1.3倍。我国农村金融发展也呈现严重不均衡性，中西部地区获得的农业贷款发放量远小于东部地区，区域性差异日渐凸显。2020年末，东部涉农贷款余额为19.9万亿元，中部地区为9.2万亿元，西部地区为9.8万亿元，东部地区贷款规模与中西部地区之和持平。截至2020年底，东中西部地区农村人均可支配收入如图4-1所示，东部地区与中西部地区的农村人均可支配收入差距逐渐增大。

尽管自2001年以来，每年的中央一号文件都围绕"三农"问题，但农村贷款供给已成为农村经济发展的障碍，因而，如何从根本上解决农村贷款难问题已成为乡村振兴发展的重中之重。本书对湖南东安县、浙江象山县、云南维西傈僳族自治县（维西县，下同）三个东中西部地区典型农村地区展开调研，力图通过座谈和田野调查两种点面结合的方式，对东中西部地区典型农村展开实地调研，力图发现影响我国农村贷款难的因素，并从中找出解决方案以破解这一痼疾。

一、调研基本情况说明

本调研从2018年启动，历时4年，采用点面结合的方式，

---

① 根据国家发展和改革委的解释，中国东中西部的划分是政策上的划分。因此，东部是指最早实行沿海开放政策并且经济发展水平较高的省市，包括北京、天津、河北、上海、江苏、浙江、福建、山东、广东、海南和辽宁；中部是指经济欠发达地区，包括山西、江西、安徽、河南、湖北、湖南、吉林和黑龙江；而西部则是指经济欠发达的西部地区，包括广西、内蒙古、陕西、甘肃、青海、宁夏、新疆、四川、贵州、云南、重庆和西藏。

即先在县/镇的行政机构举行小型座谈,获取宏观政策和县镇发展规划,随后按经济发展水平高中低三级选取调研村。

具体如下:东部的浙江省象山县下辖的三镇(墙头镇、新桥镇、定塘镇)七村(墙头村、方家岙村、溪里方村、井头村、山根村、高湾村、花港村)、中部的湖南省东安县下辖的三镇(卢洪市镇、紫溪市镇、大庙口镇)九村(赵家井村、永兴村、大枧塘村、荷叶塘村、五一村、渌埠头村、袁家村、高枧村和韭菜村)和西部的云南省维西县下辖的永春乡三村(庆福村、永春村、菊香村)。调查以农业农村相关政府部门座谈会和对地方村落进行田野调查,点面结合的方式展开,课题组分别对象山县、东安县、维西县的农业局、金融办、财政局、中央银行当地办事处、民政局等相关部门进行了深入会谈,并使用抽样调查的方式,进行了实地调研。此次调研的调查对象为农户,调研方式为入户问卷调查。调查问卷的信息包括农户的性别、年龄等基础信息、农民家庭经济情况、农民土地使用情况、农民家庭贷款情况、农村基础设施建设等[①]。本调查的样本总量的确定权衡了问卷发放成本、数据的可获得性以及样本量的有效性3个方面的因素,并将各村发放问卷的数量分别按照各村人口的比例来决定。最终,调研发放问卷共1207份,通过剔除关键遗漏项、明显逻辑错误和无效问卷后,最终有效问卷为1132份,有效率为93.79%。下文将对被调研地区的代表性以及当地农村的典型性进行说明,并分别对3个调研地区的问卷所得数据进行描述性统计与特征分析。

---

① 调查问卷见附件一。

第四章　我国城乡资本流动的微观调查：农户贷款模式与信贷风险控制

二、东部地区

(一) 东部地区典型农村发展现状分析

中国改革开放的顺序是先沿海后内陆，沿长江、珠江从东到西，从南到北逐步推进。在政策的红利下，东部地区发展具备先行优势，经过40多年的改革开放，经济得到了长足发展，东部地区的基础设施更加完善、农村现代化发展更快、农民文化水平较高、经济发展更具优势，对全国经济起到了引领和示范作用。随着城镇化建设的不断加快，虽然东部地区的农民占人口比例逐渐变小、总农田面积也越来越少，但是农业产量并没有下降。这与东部地区农业机械化程度和农业效率的提升有关，农业种植技术成熟，产能的提升极大增加了产量。

浙江省为经济水平、城市化水平较高的东部沿海省份，农村信贷的改革创新也走在全国前列，如浙江省丽水市的林权制度改革、住房使用权改革，浙江省象山县的宅基地使用权质押改革、海域使用权质押改革、渔船抵押改革等，均在全国有引领示范作用。其中，丽水市在2012年成为全国农村金融改革示范区，它的林权改革和建立农户信用档案举措为全国农村信贷改革提供了新的思路，成为全国农村金融改革的典范。象山县墙头镇在2020年入列宁波市乡村全域旅游示范区创建单位，并入选全国乡村旅游重点村推荐名单，吸引了全国各地人员前去参观，仅2020年，全镇游客接待量48.6万人次，并以此为样板加以地方特色化改进。浙江省象山县同时具备了发达的农业和发达的渔业这两点，当地的乡村旅游在全省也具有代表性，如象山影视城、溪里方村文化礼堂，都为当地建设美丽乡村、发展农村经济起到释放作用。此外，象山县下辖的十镇五乡的经济发展水平具有很大差异，既有发达的村也有落后的村，因此象山县农村具有中国东部农村地区的典型特质，所以选择象山县为东部农村地区的调研地。

在调研的象山县三镇七村中，墙头镇的墙头村、方家岙、溪里方的经济水平最高，新桥镇的井头村和山根村的经济水平处于中等位置，定塘镇的高湾村、花港村经济水平最差。此次调研共发放425份问卷，有效率为95.06%，对东部农村地区所有样本农户的数据进行统计分析，结果如表4-1所示。

表4-1　　　　　　　东部样本农户的基本特征

样本特征	取值	百分比（%）
性别	男	55.9
	女	44.1
年龄	20岁及以下	0.5
	21~40岁	9.9
	41~60岁	52.5
	60岁及以上	37.1
可用耕地面积	0~1亩	14.4
	1~2亩	38.6
	2~3亩	31.7
	3亩及以上	15.3
土地使用情况	撂荒	6.9
	自种	52
	部分出租	17.8
	全部出租	23.3

续表

样本特征	取值	百分比（%）
家庭年均收入	2万元及以下	10.4
	2万~3万元	23.3
	3万~5万元	31.2
	5万~10万元	13.5
	10万元及以上	21.8
是否有贷款	是	31.2
	否	68.8

注：数据源于调查问卷。

（二）东部样本农户的特征分析

1. 留守人群年龄偏大

象山县被调查农户的年龄主要集中在 41~60 岁，约占被调查农户的 52.5%；其次是 60 岁以上，占 37.1%。这表明当地农村劳动力以留守的中老年为主，说明农村大量的年轻劳动力在向城镇输出。在调研中，我们发现，尽管象山县地处经济发达的东部地区，在农村地区只剩下老幼。这一点与其他地区农村相似，仍然是劳务输出地域。外出务工的年轻人在周边县城或者宁波、杭州、上海等中心城市务工，周末和节假日回乡下与家人团聚。

2. 耕地面积较小

可用耕地面积较小，人均土地使用面积在 3 亩以下，其中，80% 为山地竹林，可耕种性低。主要是由于象山县全境以丘陵为主，素有"七山一水二分田"之称，再加上土地流转，部分农田被政府征收用来造路等基础设施建设，导致了人均可用耕地面积较小。

3. 自种比例低，撂荒比例较高

在土地使用情况方面，仅52%的农民选择自种，出租和撂荒比例较高。这是因为当地经济发展水平较高，物价水平高，而传统农作物种植收益较低，拥有小面积农田的村民往往以种植经济效应较低的作物为主，当人力不够的时候，只能将品质好的农田出租给农业生产大户，品质差的农田就只能撂荒，自己则通过其他方式谋生，因此当地的个体经营户较多。在调研中发现，只有高龄的农户才会选择自给自足的生活方式，而只依靠传统水稻种植为生的农户比例较小，仅占28%；果蔬、景观植物等经济作物成为经济的主要来源，占57%；剩下的经济来源为农业观光旅游，占15%。墙头镇下辖的三个村以经营农家乐为主，附属农业种植及观光业为辅，第一产业和第三产业很好融合。

4. 经济发展水平较高，农户拥有贷款率较高

在年均收入方面，当地家庭收入水平较高，收入的分布较为均匀。当地金融贷款需求较大，当地农户贷款率达到31.2%。其中，在拥有贷款的农户中，有31.74%为信用贷款，当地信用体系建设较为完善，农户可以不需要以实物资产为抵押进行借贷，信用贷款发放相对便利。

5. 信用贷款发放机制不够完善

在调研中，我们还发现，金融机构发放信用贷款的评估方式，除正常的贷款评估外，很多中小型银行常常采用"搭便车"的信用贷款评估形式。例如，农户可以根据农业银行、农信社和邮储银行等大型银行给定的最高信贷额度，与小型银行讨价还价。此外，花呗、微信等贷款额度也是小型银行考量的依据之一。

第四章 我国城乡资本流动的微观调查：农户贷款模式与信贷风险控制

6. 村干部影响信贷发放

当地村干部对农村信贷发放起到了影响作用。在发放贷款前，信贷员会进村实地调查农户信用，征求村干部对该农户的人品、声誉、社会地位、经营能力、家庭条件、社会关系等方面的看法和意见。这些因素直接影响了农户的信用评级及贷款发放的额度。此外，村干部对当地农业合作社信用额度的分配具有决定权。

（三）中部地区

中部地区是我国最重要的粮食生产区和养殖业基地，中部地区输往省外的粮食占全国各市区粮食纯输出量的50%以上。与西部地区相比，中部地区资源相对匮乏，土地资源处于劣势，与东部相比，基础设施建设差，工农业技术落后，这些问题都在一定程度上制约了中部地区经济的发展。湖南省为传统农业大省，是东西部产业升级换代的接收地区。2020年，湖南省的农作物播种面积及农林牧渔总产值分别为8400.1千公顷和7512亿元，而浙江省的分别为2014.5千公顷和3497亿元，相比之下，湖南省的种植面积是浙江省的4.17倍，但农林牧渔总产值却仅2.15倍。这是由于湖南省多为丘陵地带，不适合机械化耕种，使农业生产效率低下。截至2020年底，湖南省农村居民人均可支配收入为16584.6元，浙江省农村居民人均可支配收入为31930.5元，约为湖南省的2倍。湖南省主要种植水稻、玉米等粮食作物，占地面积高达4754.8千公顷，占农作物总播种面积的57%，经济作物面积较少，导致了当地农民人均收入偏低。

湖南省素有"湖广熟，天下足"的美誉，可用耕地面积约5750万亩。东安县位于湖南省西南部湘江上游，是全国粮食生产大县和全国商品粮生产基地县，并在2016年获得了"全国农产品质量示范县"的称号。截至2020年底，东安县农林牧渔业总产值占地区生产总值比重为42.76%，为东安县的支柱产业。东安县常年粮食播种面积在106万亩以上，其经济发展水平处于湖南省中等位置，2020年东安县生产总值在湖南省122个县（区）中排名第68位，当地各个农村的经济发展具有较大的差距，可以很好地代表中部地区农业发展情况，因此具有代表性。本调研组选择东安县作为中部典型农村调研地。

在调研的东安县三镇九村中，卢洪市镇的总体经济水平最高，紫溪市镇的总体经济水平处于中等位置，大庙口镇的总体经济水平最低。从所有调研村的经济发展水平来看，赵家井和荷叶塘村的经济情况最好，永兴村、大枧塘村、五一村和渌埠头村属于中等水平，袁家村、高枧村和韭菜村的经济情况最差，且在2018年刚刚摘下"贫困村"帽子。此次调研共发放问卷480份，有效率为91.67%，对中部农村地区样本农户的数据进行统计分析，结果如表4-2所示。

表4-2　　　　　　　　中部样本农户的基本特征

样本特征	取值	百分比（%）
性别	男	58.6
	女	41.4
年龄	20岁及以下	0
	21~40岁	2.7
	41~60岁	53.6
	60岁及以上	43.7
可用耕地面积	0~2亩	8.2
	2~5亩	26.3
	5~10亩	41.4
	10亩及以上	24.1

续表

样本特征	取值	百分比（%）
土地使用情况	撂荒	10.5
	自种	61.4
	部分出租	15.0
	全部出租	13.1
家庭年均收入	0.5万元以下	28.2
	0.5万~1万元	11.8
	1万~2万元	19.5
	2万~4万元	17.3
	4万元及以上	23.2
是否有贷款	是	19.1
	否	80.9

注：数据源于调查问卷。

（四）中部样本农户的特征分析

1. 农民老龄化严重

东安县被调查农户年龄集中在41~60岁，占总体比例的53.6%；60岁以上的农户占比同样很大，占43.7%。相比东部样本地区，当地农村劳动力的年龄层次更加偏老龄化。由于外出打工的收入远高于在家耕种，因此绝大部分年轻人选择了外出务工，留下老年人和儿童在当地务农。

2. 自种比例高，撂荒程度高

可用耕地面积较大，当地每户家庭拥有5亩以上土地的比例占65.5%，远超过东部地区农户的可用耕地面积。中部农村地区的土地广阔，且农业比重较高，因此人均可用面积较大。土地使用情况方面，有61.4%的农户选择了完全自种，但有

10.5%的农户选择不耕种农田,撂荒程度远大于东部的。虽然当地大部分村民都是以农业种植为生,但由于水资源缺乏,远离河边的土地灌溉系统荒废,土地不得不被搁置撂荒。

3. 家庭往往收支相抵,没有结余

当地家庭年均收入水平较低,农户的家庭年收入仅能支撑日常生活的开销。贫穷农户的子女往往选择外出务工,将孩子留在当地让老人照看,通过寄回钱财、衣物等"远程"照顾老人、小孩的生活。家庭新房建造除当地政府新农村建设的资金补助外,主要来自外出务工子女寄回的钱补贴。因此,子女寄回钱物的比例会远大于东部地区的。

4. 农户的离婚率较高

在调研过程中,我们发现,离婚率高主要发生在贫困村,尤其集中在因病致贫的家庭中。可能原因是一方面疾病需要长期支出,贫困家庭难以支付;另一方面当地经济比较落后,不可避免地伴随着大量的富余劳动力涌入发达城市去务工,人们的价值观、生活方式发生了改变,极大地影响了农户的婚姻观,造成离婚率的升高。此外,一方在外打工,另一方在家留守,两地分居,留守妇女增多,感情淡薄,由此增加了离婚率。

5. 存在"精英俘获"现象

在我们的调研中还发现,当地存在"精英俘获"现象。被访农户中,62%表示自己的身份被他人借用,被访的三个贫困村中有87%以上的农户表示曾出借过,并以此每年获得1000~1500元不等的出借身份的手续费。由此可见,大部分资源被少数的精英获取。

6. 贫富差距大,贷款率低

当地收入分布极不均匀。年收入0.5万元以下和4万元以上

第四章 我国城乡资本流动的微观调查：农户贷款模式与信贷风险控制

的农户占比分别为28.2%和23.2%。可以看出，当地农户的贫富差距较大，当地的贷款获得率也比较低，仅为19.1%。收入水平高的往往是那些学历高的、地位高的或者是人脉广的农户，因为它们获得农业创新机会和金融贷款支持的可能性更大。由于当地收入水平较低，农户很少有可以用来抵押的实物资产，在缺乏金融抵质押创新政策的情况下，贫困的农户难以获得贷款。对于收入高的农户，可以获得实质性贷款，支撑农业生产经营，加上地方性的减税和补贴等扶持性政策，收入增长更快，拉大了与同村其他农户的收入差距。

三、西部地区

（一）西部地区典型农村发展现状分析

我国西部地区地广人稀，但农村贫困人口高度集中，经济基础较差，人才外流、资金外溢现象严重。从环境角度看，西部气候多为干旱、雨水少、水资源缺乏，使生产生活都受到了很大的约束，产业无法自主转型升级。虽然西部自然资源丰富、矿产富足、农产品种类多、自然资源潜在价值高，但由于没有进行产业化和规模化的规划，当地农户太过依赖自然资源，仅对此进行短视的开发，未转化为长远优势，经济尚无法进一步发展。因此，不发达的经济导致农业技术无法升级，农业转型升级速度慢又导致了经济落后。长此以往，区域性差距越来越大。此外，西部农村金融基础设施建设不健全，相比东部和中部的地区农村，西部地区农村的支付环境、人均金融机构网点数、人均银行卡数量均处于较为落后的水平。西部地区农村信用体系建设几乎为零，农户诚信建档率低，信用数据库难以建立。这些都加剧了西部地区农业农村贫困。

云南省位处我国西南部地区,旅游资源丰富,是有名的旅游大省,农产富足,有明显的高原特色现代农业优势。维西县地属香格里拉市,经济相对落后,属于贫困县,但当地旅游业发达,土地、水电、矿产、生物等资源十分丰富,并逐渐依靠资源优势在旅游扶贫道路上有一定的成就。在"十三五"期间,维西县脱贫攻坚取得了优异成绩,于2020年5月正式退出"贫困县"之列,并于2021年8月被中央农村工作领导小组办公室和国家乡村振兴局确定为国家乡村振兴重点帮扶县,是脱贫攻坚的典范。

由于维西县地广人稀,本书只选取了永春乡的3个村进行调研。在调研的永春乡3个村中,菊香村的经济水平最高,永春村的经济水平属于中等位置,庆福村经济水平最差。此次调研共发放302份问卷,有效率为95.36%,对西部地区样本农户的数据进行统计分析,结果如表4-3所示。

表4-3　　　　西部样本农户的基本特征

样本特征	取值	百分比(%)
性别	男	59.7
	女	40.3
年龄	20岁及以下	0.0
	21~40岁	6.3
	41~60岁	50.6
	60岁及以上	43.1
可用耕地面积	0~2亩	8.3
	2~5亩	23.0
	5~10亩	43.0
	10亩及以上	25.7

第四章 我国城乡资本流动的微观调查：农户贷款模式与信贷风险控制

续表

样本特征	取值	百分比（%）
土地使用情况	撂荒	7.6
	自种	56.9
	部分出租	19.4
	全部出租	15.9
家庭年均收入	0.5万元以下	29.9
	0.5万~1万元	9.7
	1万~2万元	16.7
	2万~4万元	16.0
	4万元及以上	27.8
是否有贷款	是	18.1
	否	81.9

注：数据源于调查问卷。

（二）西部样本农户的特征分析

1. 年龄层较年轻

西部地区农户相对中部地区年龄层次较年轻，但仍以40岁以上中老年人为主，占93.7%；40岁以下的年轻农户占6.3%，年轻人较中部占比大。这是由于维西县临近香格里拉市，有"小香格里拉"之称，是古代滇西北"茶马互市"的汇集点，因此当地旅游业发达，吸引了部分年轻人返乡创业、创办民宿、农家乐等乡村旅游新产业。

2. 可用耕地面积大

当地可用耕地面积普遍较大，每户家庭拥有5~10亩的比例占43.9%，10亩以上的占25.7%。西部地区土地宽广，农产品种类丰富，辽阔的草原使得畜牧业更为发达。相比广阔的土地，西部地区人力资源却极度缺乏，因此人均土地面积大，而丰富的土地资源让当地农户对土地的使用更加随意，贫瘠的土地都被废弃，加上地处高原，气候恶劣，因此撂荒比例相比东部较高。人力的缺乏和农业技术的落后导致农户无法进行工业化耕种，也无法获得较高的农业产量。

3. 收入水平差距大

当地家庭年收入水平相差很大，0.5 万元以下的农户占 29.9%，4 万元以上的占 27.8%。这是由于当地农业发展极其不均衡，贫富差距大。由于当地旅游业的快速发展，年轻的农户更多地选择向"农家乐""民宿"等旅游产业转移，而年老的农户只能依靠传统农牧业赚取生活所需的费用来解决温饱问题。此外，政策因素在西部地区的影响最为显著，有政府扶持的农村的发展远好于未受到政策帮助的农村。

4. 拥有贷款率低

当地地理环境相对闭塞，农户对信息的获取度也会低且能够获得贷款的农户往往是当地农业大户或者年轻创业者，存在着明显的"精英俘获"现象。此外，当地贫穷的农户占比大，由于脱贫摘帽时间不久，经济还未得到更好发展，因此当地农户拥有贷款的比率也是最低的。

四、本章小结

综上分析，我们可以得出，各地农村发展情况既有相似之处但也具有各自的特色。

（一）相同点

（1）三地人口老龄化严重，农村人才外流现象严重。由于

第四章　我国城乡资本流动的微观调查：农户贷款模式与信贷风险控制

农村的经济发展水平较差，务农所得远低于城镇打工收入，大量劳动力向城镇输出，农村的年轻人越来越少，只留下老年人进行传统农耕。

（2）家庭人均收入远低于城镇居民家庭收入，农村经济外溢情况严重。由于资金在城镇可获取的收益较高，理性的资金往往会选择向城市流动而寻求更大的收益，因而农村经济发展愈发困难。

（3）拥有贷款比率远低于城镇居民。由于农作物的生长呈周期性，农户获得收益的时间具有不同程度的延迟，因此农村居民对于农业贷款的需求往往较高，但调查所得到的三地的贷款获得率都很低，说明农户贷款难问题在各地农村都是一大难题。

（4）村干部起到决定性作用。村干部往往会起到带头作用，对村子的脱贫、致富发挥至关重要的作用。在管理方面，村干部对当地农村的管理规则、秩序规定起到了决策作用，并且对于村的发展方向以及农村建设情况都有直接影响。在信用贷款发放方面，村干部对于村民信用贷款是否符合条件的筛选以及是否有归还保障能力的确认，也都有着很大的决定权。此外，村干部的来源也大同小异，要么是有所成就的，要么是有带领乡村脱贫致富业绩的等很少是来自普通农民的。

（5）致贫的根源基本相同：能力、教育、疾病。农村由于经济水平低，基础设施建设较差，工资收入也低于城镇，愿意下乡、回乡工作的人才较少，极度缺乏有能力的人才建设农村、推动农村经济发展。农村教育水平也非常落后，老一辈的教师很难为农村的孩子提供先进的教育。有能力的村民会把子女送出去读书并且举家迁移到城里，导致人口流出越来越大；没有能力的村民只能让子女接受村里落后的基础教育，由于贫穷也无法接触高等教育，子女就只能被迫辍学回家务农，久而久之，留在村里的都是文化水平不高的村民。此外，农村医疗保障制度不够完善，医疗水平相对落后皆使有的农户生病了但没钱看病，导致落下病根无法下地干活，有的农户则花光了所有的积蓄治病，难以维系以后的生活。长此以往，农村也就越来越贫困。

（6）政策扶持、蹲点干部起着直接的扶贫作用。贫困村脱贫、农村特色建设都往往离不开政策的扶持，而政策的贯彻落实又往往离不开蹲点干部的监督。只下发政策不进行监督，政策就会脱离实际，只有精准地蹲点监督，才能有力保障农村高质量脱贫发展。

（二）不同点

（1）经济建设具有鲜明的地方特色。东部地区经济发展水平高但耕地面积少，东部地区的第一产业和第三产业融合得最好。譬如，农业旅游观光业与农业种植业、农家乐等密切关联，形成种植业、旅游、服务等产业相融合的模式，不仅吸引了不同企业投资、增加了产业融合，还提升了当地的知名度、增加了农户的收入。中部地区经济水平较差但耕地面积较大，中部地区的产业融合才刚刚起步，农业企业、农村服务和旅游等开始融合，并初步取得了不错的发展。例如，东安县开发的3条旅游线路充分地发挥地方文化、民宿和饮食等特产，取得了一定的经济效应和社会效应。西部地区经济水平低下但耕地面积大，农村发展主要集中在旅游业和农业上，当地有丰富的旅游资源和农业资源迫切亟待开发利用，随着西部的开发与发展，农家乐等第三产业也逐渐增多。因此，不同的地区的农村建设都需要因地制宜，因地创新。

第四章　我国城乡资本流动的微观调查：农户贷款模式与信贷风险控制

（2）在农村信贷的改革创新方面，东部地区走在全国前列。东部地区金融创新主要体现在抵押方式的创新，包括林权、渔船等使用权和抵押权的改革，完善信用评价机制，建设农村信用体系，包括全村、全市范围内的信用数据库的建立，开展信用户、信用乡、信用村创建，实现贫困地区建档立卡、贫困户信用体系建设全覆盖，对农户以公平的标准进行信用评价，使信息更加透明公开，也方便农信社、商业银行等放贷方收集农户信用信息，以农户评级情况决定是否发放信用贷款以及发放贷款的额度，不过度地受到主观影响。而中西部几乎没有相关的金融建设创新，此外，东部的金融创新还配套着政策创新，各地各村出台的一些助农政策，金融创新结合政策创新，极大地推动了金融创新的实施。

（3）"精英俘获"现象在东部很少见。农贷资金在乡村内部难以公平传递，导致农贷目标政策偏离，有限的资源被少数精英占有。这往往是由于落后地区的村干部拥有更大的话语权，农户只能依照指示获得资源。并且在贫困地区，政策的信息传达能力较差，政府提出的惠农、支农政策传达给普通农户存在难度，多数农户难于了解到出台的优惠政策。此外，贫困地区收入水平不高，少数精英为了追逐更大的财富目标也加剧了这种现象。

（4）村干部能力直接影响到本村经济发展，而东部村干部就任前的业绩明显高于中西部村干部。东部地区"三农"相关的政策制定和落实与中西部相比更全面且完善，村干部对于当地农村经济发展方向的把控也更精确，因此东部地区农村的发展程度远好于中西部地区的发展程度。

第二节 农户贷款可得性影响因素研究

通过第一节对于东中西部代表性农村发展现状的分析可以得出，各地农村发展的突出问题是三地的贷款获得率都较低，说明农户贷款难问题在各地农村都是确实存在，这与理论研究中贷款难问题相吻合。但是，经过对三地的对比分析可以看出，东部地区的经济发展水平高于中西部、经济建设方面具有领先特色、信贷的改革创新也走在前列。这些优势都使东部地区贷款的可得性明显好于中西部地区的。本章将利用调研数据分析各个因素对农户贷款可得性的影响，探究各要素对农村贷款难影响的差异性，发现农村贷款难的根源。

从第二章的文献综述结论中，我们发现农户的个体特征、实物资产、地理位置、社会资本、"精英俘获"等因素均对农户贷款的获得存在一定程度的影响[4-9]，这与课题组对东中西部三地的实地调研结论相似。在经济最发达的象山县7个村调研时我们发现，信用担保对农户获得贷款难易程度、贷款金额发挥了极为重要的作用，在农户贷款占比在50%以上。而中西部地区由于缺乏贷款担保，农户获得信用担保贷款的数量有限。因此，下文将基于实地调研现状分析的结果以及学者们对农户贷款获得情况的影响因素研究，分别对东中西部代表性地区农户的贷款获得情况进行实证分析，进一步分析这些要素对农户获得贷款难易程度的影响。

第四章　我国城乡资本流动的微观调查：农户贷款模式与信贷风险控制

一、模型的选择与变量的设定

本小节研究的是农户贷款可得性的影响因素，因此被解释变量 Y 可根据实际调查问卷中的问题"您的家庭获得了银行贷款吗？"，如果农户获得贷款赋值为 1，没有获得贷款赋值为 0。本章的被解释变量 Y 农户贷款情况符合个体只有两种选择即"获得贷款"和"未获得贷款"的要求，所以选择的研究方法为二值离散选择模型，即二元 Logistic 回归模型。数据来源为：2018—2020 年浙江省象山县、湖南省东安县、云南省维西县 3 个典型地区农村的 1132 户农户的调研数据。

（一）Logistic 模型

模型的因变量为二分类变量，自变量包含连续型变量和多分类变量。为了分析农户贷款获得结果的影响因素，本书采用二元 Logistic 回归模型进行分析，模型的具体形式如下：

$$Ln\left(\frac{P_i}{1-P_i}\right) = \alpha + \sum_{i=1}^{n}\beta_i x_i + \varepsilon \qquad (4-1)$$

在式（4-1）中，Ln 为 α 常数项，β 为 Logistic 模型自变量的回归系数，ε 为 Logistic 回归的参数估计，x 为解释变量，在本章中表示获得贷款的影响因素，P 表示农户获得贷款的概率，在该模型中数值呈现两种结果，即 $P=1$ 代表农户获得贷款，$P=0$ 代表农户没有获得贷款，$\left(\frac{P_i}{1-P_i}\right)$ 为第 i 个样本的发生比。

（二）变量的设定

本章将"是否获得贷款"作为被解释变量，通过农户获得贷款情况来研究影响贷款发放的重要因素，设定未获得贷款＝0、获得贷款＝1。精英俘获型的贷款，我们按未获得贷款来处理，这类现象主要存在于贫困地区。基于前人对农户贷款获得情况的影响因素研究，并结合第三章对实地调研的分析，本章选取的解释变量主要考虑4个方面的指标，分别是农户基本特征、家庭偿债能力、农村生产环境、社会经济环境，包括年龄、村干部情况、主要支出的必要性、家庭收入情况、家庭支出情况、贷款金额、土地使用情况、可用农田面积、信用担保情况、金融环境情况，共计10个变量。根据第三章实地调研中得出的东中西部地区各有其不同特色的结论，并且结合调查问卷本身的特点，本章将分别对3个地区的农户调研数据进行回归分析，以分析不同地区农户获得贷款可能性的影响因素的差异，并对各地区情况进行分析。

现就解释变量各指标的赋值方法定义，对东中西部所有数据做出预期影响假设并进行基本统计描述。在农户基本特征方面，年龄的预期影响为负相关，村干部情况为正相关，主要支出的必要性为负相关；在家庭偿债能力方面，假设家庭收入情况的预期影响为正相关，家庭支出情况为负相关，贷款金额为负相关；在农村生产环境方面，土地使用情况的预期影响为负相关，可用农田面积为正相关；在社会经济环境方面，假设信用担保情况的预期影响为正相关，金融发展情况为正相关。结果如表4－4所示。

表4－4　　　　　　　　变量选取与赋值

变量名称		变量符号	变量赋值	均值	标准差	预期影响
农户贷款情况	农户是否有贷款	Y	未获得贷款＝0，获得贷款＝1	0.23	0.422	/

第四章 我国城乡资本流动的微观调查：农户贷款模式与信贷风险控制

续表

变量名称		变量符号	变量赋值	均值	标准差	预期影响
农户基本特征	年龄	X_1	20岁以下=1，21~40岁=2，41~60岁=3，61岁以上=4	3.35	0.601	-
	村干部情况	X_2	否=0，是=1	0.04	0.189	+
	主要支出的必要性	X_3	不必要=0，必要=1	0.71	0.453	-
农户家庭偿债能力	家庭收入情况	X_4	2万元以下=1，2万~3万元=2，3万~5万元=3，5万~10万元=4，10万元以上=5	2.59	1.393	+
	家庭支出情况	X_5	0.5万元以下=1，0.5万~1万元=2，1万~2万元=3，2万~4万元=4，4万元以上=5	3.54	1.318	-
	贷款金额	X_6	实际数值（连续变量）	2.69	9.795	
农村农户生产环境	土地使用情况	X_7	自种=1，部分出租=2，全部出租=3，撂荒=4	1.7	0.911	
	可用农田面积	X_8	实际数值（连续变量）	6.33	6.158	+
社会经济环境	信用担保情况	X_9	差=1，好=2	1.51	0.5	+
	金融环境情况	X_{10}	差=1，一般=2，好=3，很好=4	2.37	0.955	+

由表4-4分析可知，贷款情况（Y）的均值为0.23，样本中有76.86%的取值为0，即大部分农户没有获得贷款；农户年龄（X_1）的均值为3.35，说明农户的年龄都较大；农户家庭支出必要性（X_3）的均值为0.71，样本中取值为1的有71.20%，说明大部分农户的支出是非常必要的；农户家庭收入情况（X_4）的均值为2.59，标准差也较小，说明研究样本中农户家庭收入

分布较为均匀；农户家庭支出情况（X_5）的均值为3.54，说明大部分农户的支出较高；农户贷款金额（X_6）的均值为2.69，说明大部分农户所需要的或者是所能获得的贷款金额都较小；农户土地使用情况（X_7）的均值为1.7，样本中有57.24%的农户取值为1，样本中取值为2的有19.26%，说明大部分农户都进行着传统农耕；农户信用担保情况（X_9）的均值为1.51，标准差为0.5，说明调研样本中农户信用担保情况的分布较为均匀。

二、回归结果分析

本书运用SPSS 22.0统计软件构建二元Logistic回归模型，分别对东中西部的样本数据进行回归。模型变量分为农户基本特征（年龄、村干部情况和主要支出的必要性）、家庭偿债能力（家庭收入情况、家庭支出情况和贷款金额）、农村生产环境（土地使用情况和可用农田面积）、社会经济环境（信用担保情况和金融环境情况）4个方面。3个回归模型的显著性水平均为0.00，说明拟合的模型都是有效模型且具有稳健性。东中西部地区回归结果分别如表4-5、表4-6、表4-7所示，具体分析如下。

表4-5　　　　东部地区回归结果（$N=404$）

特征类型	自变量名称	因变量		
		B	Sig.	EXP（B）
农户基本特征	年龄	-0.812	0.001***	0.444
	村干部情况	2.740	0.999	4.010E9
	主要支出的必要性	0.173	0.576	1.189

续表

特征类型	自变量名称	因变量		
		B	Sig.	EXP(B)
家庭偿债能力	家庭收入情况	0.970	0.000***	2.638
	家庭支出情况	0.511	0.004***	1.667
	贷款金额	8.514	0.979	4984.95
农村生产环境	土地使用情况	-0.552	0.072*	0.576
	可用农田面积	-0.067	0.769	0.935
社会经济环境	信用担保情况	0.546	0.076*	0.727
	金融环境情况	0.307	0.144	1.359

注："*"及"***"表示统计检验分别在10%及1%显著性水平下显著。

表4-6　　　　　中部地区回归结果（$N=440$）

特征类型	自变量名称	因变量		
		B	Sig.	EXP(B)
农户基本特征	年龄	-1.444	0.000***	0.236
	村干部情况	2.740	0.008***	15.486
	主要支出的必要性	-0.444	0.267	0.641
家庭偿债能力	家庭收入情况	0.970	0.036**	1.275
	家庭支出情况	0.649	0.000***	1.914
	贷款金额	34.836	0.975	1.346E15
农村生产环境	土地使用情况	-0.187	0.392	0.829
	可用农田面积	0.019	0.451	1.019
社会经济环境	信用担保情况	-0.513	0.168	0.599
	金融环境情况	0.554	0.026**	1.740

注："*""**"及"***"表示统计检验分别在10%、5%及1%显著性水平下显著。

表4-7 西部地区回归结果（$N=288$）

特征类型	自变量名称	因变量		
		B	Sig.	EXP（B）
农户基本特征	年龄	-1.455	0.000***	0.223
	村干部情况	2.978	0.047**	19.648
	主要支出的必要性	-0.729	0.122	0.482
家庭偿债能力	家庭收入情况	0.120	0.384	1.127
	家庭支出情况	0.584	0.002***	1.793
	贷款金额	38.034	0.988	3.296E15
农村生产环境	土地使用情况	-0.723	0.033**	0.486
	可用农田面积	0.034	0.283	1.035
社会经济环境	信用担保情况	0.519	0.252	1.680
	金融环境情况	0.254	0.371	1.290

注："**"及"***"表示统计检验分别在5%及1%显著性水平下显著。

（一）东部地区回归结果分析

1. 农户基本特征方面

年龄的显著性检验 p 值为0.000，在1%显著性水平下通过了显著性检验，且系数为负，表明年龄与贷款的获得呈负相关关系，这一结论与预期影响的研究假设一致。年龄越大，人力资本越小，加大违约的可能性，还款风险较大，因此贷款的发放会更倾向于年龄相对较小的农户。村干部情况未能通过显著性检验。这与上文实地调研所得到的研究结果一致，东部农村地区"精英俘获"现象比较少见。主要支出的必要性未能通过显著性检验，这是由于在东部地区农户的积蓄大部分都用于人情往来支出，支出的必要性对银行是否发放贷款的影响不大。

2. 家庭偿债能力方面

家庭收入情况在 1% 的显著性水平下通过了显著性检验，回归系数为正，表明农户收入越高，贷款风险越小，贷款发放的可能性越大，与预期影响一致。家庭支出情况也在 1% 的显著性水平下通过了检验，但回归系数为正值，与预期负相关的假设相反。这是由于对于大多数农户，入不敷出、收支相抵多为常态，农户往往赚多少就花多少，剩余可分配收入很少，因此花得越多表示家庭越富裕，偿债能力反而越大，就越容易获得贷款。而贷款金额并未通过显著性检验，这可能由于东部地区经济发展情况好，对贷款金额的需求都较大，因此无法体现出农户贷款条件要求的差异性。

3. 农村生产环境方面

土地使用情况在 10% 的显著性水平下通过了显著性检验，且回归系数为负，表明自种占比越大，获得贷款概率越高。该结果的产生表明，东部地区农村合作社或商业银行更加倾向于对为耕种目的借贷的农户发放贷款，反映出国家对农村贷款发放的针对性较强，实施上产生的偏差较少。此外，东部地区第一产业和第三产业的较好融合也促进了土地的使用，提高了农户的经济发展水平。而可用农田面积并未通过显著性检验，表明农田面积对农户是否获得贷款的影响较小，东部地区现代化程度高，对农户收入的影响更可能在于耕种农作物的品种是否为经济作物，又或者是经济来源不同。

4. 社会经济环境方面

信用担保情况在 10% 的显著性水平下通过显著性检验，并与贷款获得呈正向关系，表明东部地区的农村信用体系建设完善，农村信用社联合担保贷款在东部地区较为普遍，发放信用贷款的比例较高，因此总体的贷款发放率就越高。这与研究假设一致，表明当地政府对农村信用体系建设有所重视并且成效。而贷款金额和金融环境情况都并未通过显著性检验，这可能由于东部地区经济发展水平高，当地农村的金融发展水平也都相对较高，金融机构数量多、竞争大，因此无法体现出农户贷款条件的差异性。

（二）中部地区回归结果分析

1. 农户基本特征方面

年龄和是否为村干部都在1%的显著性水平下通过了显著性检验。年龄与贷款的获得呈负相关关系，与预期影响的研究假设一致，因此年龄在中部地区是影响贷款发放的重要因素。村干部与贷款的获得呈正相关关系，这一结论与研究假设一致。这表明中部地区的村干部在村内更容易获得贷款，体现出落后地区存在农村"精英俘获"现象，村干部拥有更大的话语权，农户只能依照村干部的指示获得资源。主要支出的必要性未能通过显著性检验，这也可能是农户支出的不确定性导致的。比如，农村医疗保险覆盖不够全面、覆盖金额低，导致农户对于医疗健康的支出具有不确定性。又比如，未购买气候险导致的农作物受天气灾害影响、损失严重的不确定性等，这些都会导致农户主要支出必要性对农户贷款获得的影响较小。

2. 家庭偿债能力方面

家庭收入情况在5%的显著性水平下通过了显著性检验，回归系数为正，这与预期影响一致，收入在中部地区也是影响贷款获得的重要因素。而家庭支出情况在1%显著性水平下通过了显著性检验，但系数为正，与预期影响相反，这一点与东部农村一致。与东部地区相同，贷款金额未能通过检验，表明农户所需贷款金额都较小且相差不大,因此对贷款发放的影响较小。

3. 农村生产环境方面

土地使用情况和可用农田面积都没有通过显著性检验。中部地区农户多进行传统农耕种植,土地出租情况少,自种比例较高,并且除自种外,撂荒比例较高,因此如何使用土地对是否获得贷款的影响不大,这与上文实地调研结果相一致。而可用农田面积未通过显著性检验则体现出中部地区水资源稀少,缺乏灌溉系统,土地面积的大小并不能影响农户经济情况和贷款的发放,这也与上文调研分析结果相符合。

4. 社会经济环境方面

信用担保情况没有通过显著性检验。信用担保情况未能通过检验表明中部地区的信用建设水平较差,信用担保贷款还没有完全普及,这与前文调研结果一致。金融环境情况在5%的显著性水平下通过了检验,且系数为正,与贷款获得成正向关系,与研究假设一致,表明金融环境越好,农户越容易获得贷款。这是由于在中部地区,农户老龄化程度高,农户各方面知识相对匮乏,当地金融机构越多,金融贷款知识下乡传播得越普遍,农户办理手续的便捷性也越高。此外,金融机构之间形成的竞争也会更大,发放贷款的条件也会有所降低。

(三) 西部地区回归结果分析

1. 农户基本特征方面

年龄在1%的显著性水平下通过了显著性检验,且与贷款的获得呈负相关关系,与预期影响的研究假设一致。村干部情况在5%的显著性水平下通过了显著性检验,并且呈正相关关系,与预期假设一致,表明相比东部地区,西部地区农村"精英俘获"现象较重,好的资源越集中在了少数人的手中,但相比中部影响较小。主要支出的必要性未能通过显著性检验,与东中部地区的相同。

2. 家庭偿债能力方面

在西部地区,家庭收入情况没有通过显著性检验,表明农户的家庭收入对农户贷款获得的影响较小,这是由于西部地区农户的贷款受政策支持成分的影响更大。家庭支出情况在1%的显著性水平下通过了显著性检验,该结果与东中部地区相同。与东中部地区相同,贷款金额未能通过检验,可能是由于大多数人都未能获得贷款,因此无法体现出对贷款可得性的影响。

3. 农村生产环境方面

土地使用情况在5%的显著性水平下通过了显著性检验,且回归系数为负,表明自种占比越大,获得贷款的可能性越高,与假设预期相符。该结果表明西部地区的政策落实情况相对中部地区较好,且与东部地区相似,一三产业也有较好的融合,不仅促进了农户自种比例的提升,还很好地发展了经济。而可用农田面积并未通过显著性检验,这是由于西部地区地广人稀,农户拥有的土地面积都很大,足够面积用来农耕、养殖与放牧等农业活动,因此对农户偿还能力的影响较小。

4. 社会经济环境方面

信用担保情况和金融发展情况都没有通过显著性检验。其中,信用担保情况的结果与中部地区相一致。金融环境情况未通过检验的原因可能是西部地区随着经济发展越来越多的年轻人选择返乡创业,相较于年龄大的农户,年纪较轻的农户对于金融知识的了解更加全面,因此当地金融环境的好坏对于农户贷款获得的影响较小。

第四章 我国城乡资本流动的微观调查：农户贷款模式与信贷风险控制

（四）小结

基于上述对东中西部地区贷款可得性结果的分析，我们可以得出以下结论。

（1）年龄对东中部地区农户贷款的发放有很大的影响。这与实际操作中发放贷款的政策一致。年龄越大，还款风险也就越大，金融机构发放贷款的可能性就越小。在调研中，我们发现农村地区农户的年龄层都普遍偏大，年轻劳动力外流严重，相比之下东部地区农户年龄结构较小，获得贷款的农户占比较大。

（2）村干部情况这一因素在东部地区并没有很大的影响，而在中西部地区均有重要的正向影响。这体现出贫困地区农村的"精英俘获"现象，与东部地区经济发展较好，基本上没有"精英俘获"现象的调研结果相吻合。

（3）主要支出的必要性对东中西部贷款的发放均没有重要影响。这与农户人情往来占支出比重大、支出不确定性高都有一定的关系。无论在哪个地区，人情往来都占了农民支出的一大部分，与问卷调查中有83.23%的农户的必要支出为人情往来的调研结果相符合。

（4）家庭收入情况在东中部地区对贷款发放有重要影响，但在西部地区影响不大。这是由于西部地区银行是否放贷受到当地政策影响较大，与实地调研所得结论相符。家庭收入越高，获得贷款的可能性越大，东部地区经济发达，农户收入也会受到当地经济发展的影响，因此东部地区获得贷款比率最高。

（5）家庭支出情况在东中西部皆是农户能否获得贷款的重要影响因素，但与预期影响相反，呈现出正相关关系。这与农户往往收支相抵有关，收入越高，支出越多，获得贷款可能性就越大。

（6）贷款金额在3个地区都不显著。这是由于大多数农户未能获得贷款，且同一地区的农户对贷款金额的需求具有普遍性，因此对贷款可得性的影响不显著。

（7）土地使用情况因素在东西部显著，而中部不显著。这是由于中部地区以农耕为生的农户比例大，未体现出农户之间的差异。这与问卷中有76.50%的中部地区农民是以种植为生的结果相吻合，因此土地使用情况对于中部地区贷款获得情况的影响不大。相比之下，东西部地区土地出租比率高，第一产业、第三产业融合较好，农户间差异性较大。

（8）可用农田面积在3个地区都不显著。这是由于东部农村现代化程度高，农户的经济来源不同，中部地区缺乏灌溉措施导致土地撂荒程度高，西部地区缺乏人力进行农业操作，因此无法用土地面积的大小决定能否获得贷款。

（9）金融环境情况仅中部地区显著。这是由于中部地区农户老龄化程度高，金融知识匮乏，当地金融发展越好，金融传播度和便捷性都会提高，便于促进贷款的发放，这与现实中金融机构越多的地区竞争越大，金融知识的传播越快，贷款发放条件也会有所降低的情况相同。

（10）信用担保情况仅在东部地区显著。信用担保情况越好，贷款可得性就越大。调研中发现，东部地区信用体系建设完善，农村信用社联合担保贷款在东部地区较为流行，东部的信用贷款发放占到了涉农贷款发放的50%以上，因此东部地区获得贷款情况相比中西部明显较好。

三、小结

使用Logistic回归模型，对农户贷款可得性进行研究，从农

第四章 我国城乡资本流动的微观调查：农户贷款模式与信贷风险控制

户基本特征、家庭偿债能力、农村生产环境、社会经济环境四个方面，详细分析了各个因素对农户贷款获得情况的影响。通过以上分析，我们发现大多数结果与在调研中得出的结论相一致，相比东部较高的贷款可得性，中西部地区农户贷款获得情况较差，农户往往较难获得贷款。此外，中西部贫困地区存在"精英俘获"现象，资源向精英倾斜，一些国内大型金融机构的农户贷款指标已经不适用。反观东部地区，经济发展水平高，经济发展特色明显，信用担保情况较好，农村信用体系建立完善，信用数据库建设全面，信用担保贷款的发放占比高。与传统实物抵押（质押）贷款相比，以信用为抵押的贷款体系提高了农户贷款的可获得性，贷款的发放更为方便快捷，农户可依靠信用获得贷款，有效缓解了因没有房屋、土地等实物的所有权导致的贷款问题。因此，我们可以效仿东部，在全国建立农村信用贷款体系，向农户发放信用贷款，以此来解决农村贷款难的问题。而信用贷款的发放可以依据农户信用风险等级来决定。那么，首先就需要制定一个信用评价标准，对农户信用风险进行评定。因此，接下来一章，本书将建立农户信用风险评价模型，设定统一的信用评价标准来测量农户的信用风险，确定信用等级以发放标准化等级信用贷款。

第三节 信用风险评价模型构建

在第二节对农户贷款可得性的研究中发现，东部地区农户生活保障性强，贷款可得性高，东部地区的贷款发放体系明显好于中西部。这主要是因为东部地区农户信用担保建设走在前列，信用风险评价体系也较为全面，信用贷款发放比例高。浙江省丽水市以"政府牵头，干部深入基层"的方式建立全市农户的信用数据库，将政府与农户相结合，建立政府背书的农户信用担保体系。此外，丽水市各涉农金融机构实行"边评定、边授信、边贷款"的方法，制定不同放贷标准，采用多种放贷模式，为信用农户设定多种便利措施。鄞州银行则依托商业银行的优势，对农户信用情况的评估主要采用以下两种方式：第一种是村集体担保，建立户、村、乡"三位一体"的信用体系，依据信用评定得分确定信用户等级；第二种是利用农户正在生长的农作物，对此进行评估作为贷款发放的依据。以上三种典型情况对于农户的信用评价都具有各自的特点，对信用贷款的发放都起到了很好的促进作用，因此建立政府背书的农户信用担保体系，创新信用评估方式与依据，能够很好地促进信用贷款发放。

由于我国地域广阔，各地的经济发展情况、贷款需求都有所不同，信用情况也都不一样。因此，本章考虑根据农户的信用现状建立信用风险评价模型，通过农户的信用风险等级来决定信用贷款的发放条件，并利用调研所得数据对模型进行实证分析，尝试证明设立标准化等级信用贷款是解决农户贷款的有

第四章　我国城乡资本流动的微观调查：农户贷款模式与信贷风险控制

效途径。

一、为什么要建立信用风险评价体系

在长久以来的现代契约制度下，由于农民拥有的房屋、土地、林地等资产都没有所有权，无法满足现代契约制度，导致农民很难获得贷款，农村金融发展受限。尽管中央、地方政府通过各种创新增加农民融资中的抵质押物品种类，但本质上仍需要抵押物。基于前文对于东中西部地区典型农村的具体分析可以得出，东部地区的贷款发放体系最为全面，农村信用体系的建立也最为完善，农村信用社联合担保贷款在东部地区较为流行，东部的信用贷款发放占到了涉农贷款发放的50%以上。借鉴东部地区的方案，本书尝试通过建立信用体系来替代现行的贷款抵押（质押）体系，在全国范围建立农村信用贷款体系，把信用作为抵、质押物，按信用评价等级发放贷款，从根源上解决抵押问题、解决农村贷款难问题。

在农户贷款过程中，农户违反约定到期不归还贷款的现象频频发生，导致了合作社和商业银行对于农户的不信任，进而使得农户融资困难、融资失败，使贷款发放的可持续性受到损害，贷款问题愈发突出。因此，对农户信用风险的评价至关重要。信用评价需要对经济主体的信用风险因素进行分析，就其偿债能力作出评价，并通过预先定义的信用等级符号进行表示。农户是农村主要的组成部分，对农户进行统一标准的信用评价有助于放贷方快速了解该农户的信用风险大小（即偿债的能力），可以有效促进农村信贷的发放。然而，面对农业风险的复杂性和多变性以及不同地区农户信用水平影响因素的差异性和多样性，制定一个简单灵活、标准化的农户信用评价模型来确定农户的信用风险，对于正规金融机构向农户发放贷款，确保资金安全具有重要的意义。

本章将参考第四章对目前农户贷款可得性影响因素的分析结果，结合实际情况中数据的可得性，建立模糊聚类和模糊综合相结合的新型农户信用评价模型，用以评价农户的信用风险等级。该模型可以解决模糊综合评价法过于依赖指标权重的缺点，从不同角度对农户的信用风险进行评估，具有较好的实用性和应用价值。此外，本章还将以2018—2020年浙江省象山县、湖南省东安县、云南省维西县3个典型地区农村的1132户农户的调研数据为研究样本，对建立的信用评价模型进行实证分析。

二、模型的选取

在目前的研究里，学者们进行农户信用风险评价较为普遍的研究方法有层次分析法、模糊综合评价法和神经网络法等方法。这些模型方法均具有一定的科学性和适用性，但仍有一些不足的地方。例如，层次分析法无法对其实际状况进行具体分析，模糊综合评价法不能对动态变化的信贷风险进行测量，神经网络法对样本数据的依赖性强、解释能力较差。并且，在这些模型的应用中，模型需要确定出信用风险评价指标的权重，对权重的依赖性大。此外，学者们在确定指标权重时有主观和客观两种方法，但是主观赋权法往往缺乏客观性，不能体现决策信息，客观赋权法往往远离实际，因此指标权重的选取会影响上述模型的应用效果。为了避免这些缺点，本书将使用补偿

第四章　我国城乡资本流动的微观调查：农户贷款模式与信贷风险控制

竞争风险聚合算法（Compensation Competition Risk Aggregation Algorithm，CCRAA）对风险进行聚合。该算法基于模糊聚类对风险值依次进行补偿，在对农户信用风险进行评价时可消除其对指标权重的依赖，并提升风险聚合的稳定性[78]，能够很好地适用于农户信用评价模型[79]。

三、指标选取

本书拟建立一个统一的信用评价标准体系来评价农户的信用风险。在理论中，信用风险影响因素有很多，但本书所建立的模型将应用在现实层面。因此，体系中的指标应根据实际情况选取，为了体现该模型的适用性，需同时涵盖东中西部共有和特有的因素。综上，本章将根据实际调研所得信息以及第四章农户贷款影响因素模型分析所得的结果，结合各地区农户的差异与共性来构建农户信用风险评价模型。

（一）农户信用评价指标设置的指导思想及原则

中央一号文件连年聚焦"三农"问题。"农业、农村、农民"的问题（即"三农"问题）关乎国计民生的根本，是推动我国高质量发展、民族复兴的重中之重。建立农户信用评价体系，改善农村信用环境，从农村信用体系建设出发，推进"三农"建设过程，全方位展现实施乡村振兴战略。因此，农户信用评价指标体系的设置需要遵循四个核心原则：全面性、综合性、可操作性、可比性。全面性关系的是尽可能多地包含农业农村农民经济、生活的方方面面；综合性关系的是农业农村经济、社会、文化、制度的整体协调发展；可操作性意味着减少主观评价因素，尽可能多地选取可量化的数据，让指标体系趋于现实；可比性是指这个体系是可以应用在全国的，而不仅仅局限于某一块区域。因此，它得出的评价结果更具有深度和涵盖性。

（二）农户信用评价指标体系构建

根据指导思想及原则，农户信用评价指标体系大体由内部特征和外部特征两个部分组成。

1. 内部特征

农户的个人及家庭的内部情况是农户信用评价的基础，直接决定着农户偿还贷款的可能性，是测量农户信用风险的基础性指标。其共设置2个二级指标，包含农户基本情况和家庭偿债能力。

（1）农户基本情况共包括3个三级测量指标，具体为年龄、是否为村干部、人情往来负担。年龄是衡量农户的自身特征。年龄越年轻，越多的人力资本，降低日后偿还债务的风险。是否为村干部对农户的信用风险大小的影响非常大，一般而言村干部的信用风险较低，因为其知识水平较高并且受到名誉牵制，并且村干部通常拥有较高的社会资本，涉及"精英俘获"现象。人情往来负担会影响农户的未来支出，在调研中发现农村的人情往来支出占农户支出的很大比重。

（2）家庭偿债能力共包含3个三级测量指标，具体为家庭收入情况、家庭支出占比、家庭负债情况。收入和支出的高低体现出农户将来归还贷款的能力，在其他条件相同的情况下时，收入越高，相对支出越低，农户偿还贷款的能力越大；家庭负债越少，表示农户将来支出的金额越小，未来归还贷款的能力越大。

2. 外部特征

农村的外部特征是调节当地农业农村经济发展、生产生活的重要手段,因此是测量农户信用风险的关键指标。共设置 2 个二级指标,即农村生产环境和社会经济环境。

(1) 农村生产环境共包括 2 个三级测量指标,具体为土地使用情况、可用土地面积。这一指标可以用来估计农户的经营种植情况,衡量在未来能否有足够的钱偿还贷款。土地使用情况越偏向于自种且土地面积越大,表示农户种植情况越好,预期收入越多,信用风险也就越小。

(2) 社会经济环境共包含 3 个三级测量指标,具体为政府支持程度、地区经济情况、信用担保情况。当地的经济状况越好,表示农户普遍收入较高,未来经济预期越高,相对还款能力也就越强;当地信用担保情况越好,农户的信息越全面,可以降低违约概率;政府对当地农村的支持程度越高,农村发展相对越好,经济情况越好,归还贷款能力越强。

三级指标的具体定义以及选取该指标的解释说明如表 4-8 所示。

表 4-8　　　　　　　农户信用评价指标体系

序号	三级指标	指标定义	指标说明	指标类型
1	年龄	20 岁以下 =1,21~40 岁 =2,41~60 岁 =3,61 岁以上 =4	对农户贷款获得具有显著影响	负向
2	村干部情况	否 =0,是 =1	对农户贷款获得具有显著影响	正向
3	人情往来负担	支出占比 < 33% = 1,33% < 支出占比 < 66% = 2,支出占比 > 66% = 3	在实地调研中发现农村人情往来情况对农户信用风险的影响很大,因此进一步修改变量为人情往来负担	负向

续表

序号	三级指标	指标定义	指标说明	指标类型
4	家庭收入情况（元/年）	2万元以下=1，2万~3万元=2，3万~5万元=3，5万~10万元=4，10万以上=5	对农户贷款获得具有显著影响	正向
5	家庭支出占比	实际数值（连续变量）	家庭支出情况对农户贷款获得具有显著正向影响，通常是由收入越高支出越多导致，为了更好与现实情况相符，修改变量为家庭支出占收入比例	负向
6	家庭负债情况	实际数值（连续变量）	在现实情况中，家庭是否有负债及负债的金额的大小均对信用风险评定有很大的影响	负向
7	土地使用情况	自种=1，部分出租=2，全部出租=3，摆荒=4	对农户贷款获得具有显著影响	定性
8	可用土地面积（亩）	实际数值（连续变量）	根据政府出台的耕地面积红线政策，土地面积较小会影响农村贷款发放，增大信用风险，因此需将此变量考虑进去	正向
9	政府支持程度	差=1，好=2	考虑到西部地区政府支持情况对于贷款获得的影响较大，且实际中政府支持程度对于当地的经济发展、农村贷款发放均有很大的影响，从而也会影响当地农户的信用风险，因此加入政府支持程度变量	正向
10	地区经济状况	差=1，一般=2，好=3，很好=4	金融环境情况对农户贷款获得具有显著正向影响，但是文献中影响农户信用风险的指标通常是当地的经济发展水平，并且在现实情况里，经济发展越好的地区，金融发展才会越好，因此可选用地区经济状况指标	正向
11	信用担保情况	差=1，好=2	对农户贷款获得具有显著影响	正向

(三) 评价指标标准化

为了消除数据量纲的影响、使衡量标准统一,需要对数据进行标准化处理。本书中定量指标分为正向指标、负向指标两种,正向指标指增加该指标的值将会降低农户的信用风险;负向指标指增加该指标值将会增加农户的信用风险。本书采用极差变换法为指标进行标准化处理,正向指标标准化公式如4-2所示,正向指标标准化公式如4-3所示。经过极差变换后有 $0 \leqslant x_{ij} \leqslant 1$。

$$x_{ij} = \frac{v_{ij} - \min(v_{ij})}{\max(v_{ij}) - \min(v_{ij})} (=1,2\cdots n; j=1,2\cdots m)$$
(4-2)

$$x_{ij} = \frac{\max(v_{ij}) - v_{ij}}{\max(v_{ij}) - \min(v_{ij})} (i=1,2\cdots n; j=1,2\cdots m)$$
(4-3)

令 x_{ij} 为第 i 个农户第 j 项指标标准化后的值,农户的原始数据为 v,农户总数量为 n。

本书依据现有文献资料以及对农村信贷金融机构相关人士的访谈,结合多位专家学者的意见,制定如下定性评分标准,如表4-9所示。

表4-9　　　　　定性指标打分标准

序号	一级指标	二级指标	三级指标	编号	调查内容	得分(分)
1	外部特征	农村生产环境	土地使用情况	1	自种	1
2				2	部分出租	0.7
3				3	全部出租	0.5
4				4	撂荒	0.2

四、农户信用评价模型的建立

(一) 农户信用风险聚合模型的建立

1. 模糊聚类

模糊聚类分析是指根据客观事物间的特征、亲疏程度、相似性,通过建立模糊相似关系对客观事物进行聚类的方法。模糊聚类的聚类中心通常是一个虚拟的理想样本,将其作为该类样本的特征,它的指标综合反映了该类指标的特性。对一个合理分类的样本来说,只有每一类中的样本距离该类的聚类中心得越短,则该样本与聚类中心的差距越小。因此,对聚类群体而言,与聚类中心的距离之和越小表示聚类的效果越好。

海明距离指两点 x,y 间的线性距离,用 $d(x,y)$ 表示。海明距离的优点是可以更清楚、直接地描述样本与聚类中心的距离。设模糊子集 A 和 B 是论域 $U = \{x_1, x_2, \cdots, x_n\}$ 中的两个子集,则两点间的绝对海明距离为:

$$d(A,B) = \sum_{i=1}^{n} |u_A(x_i) - u_B(x_i)| \quad (4-4)$$

两点间的相对海明距离如式 (4-5) 所示:

$$\delta(A,B) = \frac{1}{n} d(A,B) = \frac{1}{n} \sum_{i=1}^{n} |u_A(x_i) - u_B(x_i)|$$
$$(4-5)$$

2. CCRAA 模型

将农户信用风险值的集合作为本书的聚类样本,将 $Risk_t$ 定义为风险集合的聚类中心(即基值)。依据海明距离的定义,将相对海明距离 α 定义为各风险到基值的平均距离,将绝对海明距

离 S 定义为各风险值到基差的距离之和,由此可得式(4-6)、式(4-7):

$$S = \sum_{i=1}^{n} |Risk_i - Risk_t| \qquad (4-6)$$

$$\alpha = S/n \qquad (4-7)$$

3. 风险补偿

风险补偿是为了让风险值与基值 $Risk_t$ 之间的绝对海明距离 S 以缩减,使风险值群体向聚类中心聚拢。具体来说,采用风险补偿的方法是对相对海明距离 α 按比例对风险值进行补偿。风险取值区间为 $[Risk_{start}, Risk_{end}]$,$Risk_{start}$ 为区间起始值,$Risk_{end}$ 为区间结束值。

为了不改变样本特性,风险补偿后应满足如下两条规则:①风险补偿后,风险和值保持不变;②补偿后风险 $Risk_a \in [Risk_{start}, Risk_{end}]$,且尽可能地接近聚类中心。

风险补偿算法具体表示为:先求出各风险值与基值间的相对海明距离和绝对海明距离,之后按照由小到大的顺序将所得风险值进行排序,取序列号的中值,将序列号小于序列号中值的风险值定比例增加补偿值,将序列号大于序列号中值的风险值按比例减小补偿值,距离中值越远的风险值补偿越大。

比如,有 m 个风险值。当 m 为偶数时,序列号中值介于 $\frac{m}{2}$ 和 $\frac{m}{2}+1$ 之间,则对于第 i 个风险值,其风险补偿值为:

$$Risk_a = \begin{cases} \left(\frac{m}{2} - i + 1\right)\alpha / \frac{m}{2}, & i \in \left[1, \frac{m}{2}\right] \\ \left(i - \frac{m}{2}\right)\alpha / \frac{m}{2}, & i \in \left[\left(\frac{m}{2} + 1\right), m\right] \end{cases} \qquad (4-8)$$

当 m 为奇数时,序号中值定义为 $\left[\frac{m}{2}\right] = \left[\frac{m+1}{2}\right]$,则对于第

i 个风险值,其风险补偿值为:

$$Risk_a = \begin{cases} \left(\left[\frac{m}{2}\right]-i\right)\alpha \bigg/ \left(\left[\frac{m}{2}\right]-1\right), & i \in \left[1, \left(\left[\frac{m}{2}\right]-1\right)\right] \\ 0, & i = \frac{m}{2} \\ \left(i-\left[\frac{m}{2}\right]\right)\alpha \bigg/ \left(\left[\frac{m}{2}\right]-1\right), & i \in \left[\left(\left[\frac{m}{2}\right]+1\right), m\right] \end{cases}$$

(4-9)

经过以上的计算过程,其改变的风险值之和为0,满足规则1。风险补偿后所有风险值的绝对海明距离之和减少,使补偿后的风险值更接近于$Risk_t$,$Risk_a$在区间[$Risk_{start}$,$Risk_{end}$]内的分布更加趋近于中心位置,符合规则2的要求。

4. 风险聚合

影响农户信用风险的风险数量较多,为了使风险聚合算法与风险数量无关,保证风险聚合的有效性,可参考王建军[85]提出的风险聚合规则,认为"两个高风险值聚合后风险高,两个低风险的聚合风险低,一个高风险值与一个低风险值聚合后风险中和"。

本书采用改进的 Max 风险聚合方法,取补偿后最大风险值$Risk_{max}$和最小风险值$Risk_{min}$的平均值$Risk_a$,使其跟接近于风险门限$Risk_t$,满足以上要求。

(二) 农户信用风险模糊评价方法

1. 模糊综合评价矩阵的建立

(1) 确定因素集。将因素集 U 按其属性分为 3 个层次,第二层含 2 个子集,第三层含 11 个子集。农户信用风险体系的结构及其各指标的具体因素组成可见表 4-1。

(2) 建立评价集。评价集是对各层次评价指标的一种语言描述,它是评审人对各评价指标所给出的评语的集合。根据前期的研究经验,将本模型的评语共分为 5 个等级来显示不同的农户信用等级。具体的指标集为:$V = \{v_1, v_2, v_3, v_4, v_4\} = \{优秀,良好,一般,较差,很差\}$。

(3) 模糊综合评价矩阵的确立。由于农户风险评价模型的建立过程中,需要在模糊综合模型的基础上添加模糊聚类,同时根据理论经验以及咨询专家意见确定模糊综合评价矩阵 $R = [Z_{ij}]$,即:

$$R = \begin{bmatrix} Z_{11} & \cdots & Z_{1,h} \\ \vdots & \ddots & \vdots \\ Z_{w1} & \cdots & Z_{w,h} \end{bmatrix}_{w \times h} \quad (4-10)$$

其中,$i = 1, 2, 3, \cdots, w$;$j = 1, 2, 3, \cdots, h$。

2. 风险聚合

由式(4-6)和式(4-7)可得每一行的相对海明距离的计算公式为:

$$\alpha = S/n = \frac{\sum_{i=1}^{n} \left| Z_{i,j} - R_t \right|}{n} \quad (4-11)$$

判断风险数的奇偶,再利用式(4-8)或式(4-9)对风险进行补偿。

取补偿后的风险集合 Z_j 的最大值和最小值,最后可求得聚合风险为:

$$Risk_a = (\text{Max}\,[Z_j] + \text{Min}\,[Z_j])/2 \quad (4-12)$$

通常模糊评价采用最大隶属度原则,即选取 $Risk_a$ 中的最大值作为该评价对象为该评价等级的隶属度。基于模糊聚类的农户信用风险评级的流程图如图 4-2 所示。

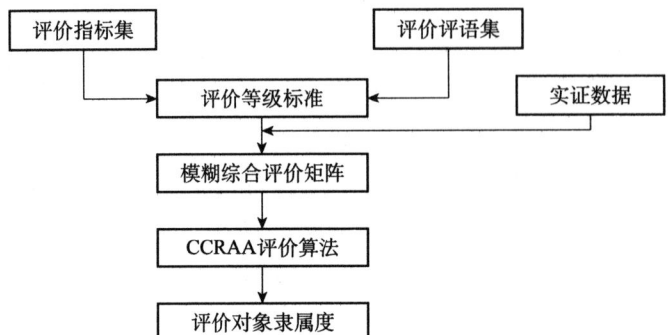

图4-2 基于模糊聚类的农户信用风险评级的流程图

第四节 农户信用评价模型的实证分析

选取东中西部具有代表性的3个省份中的3个代表性农村的1132户农户为评价对象,其中农户信用原始数据源于课题组2018—2019年期间的调研数据,采用随机抽样调查的方式。

根据上文所建立的农户信用评价指标体系和确定的各个指标对应的等级及评价标准,得出模糊综合评价矩阵。再利用模糊聚合及风险补偿的方法确定最终的综合评价指数。最终计算得出东中西地区所有农户的信用风险等级评价结果,具体如表4-10所示。

表4-10 基于特征的东中西部农户信用风险评价等级

地区	一级指标	A	B	C	D	E	总户数
东部	内部特征	4	16	343	37	5	404
	外部特征	67	171	166	0	0	
	总评	0	52	352	0	0	
	总评占比(%)	0	12.87	87.13	0	0	
中部	内部特征	0	20	293	119	8	440
	外部特征	43	262	107	28	0	
	总评	0	20	412	8	0	
	总评占比(%)	0	4.55	93.64	1.82	0	
西部	内部特征	0	20	181	83	4	288
	外部特征	0	7	187	86	8	
	总评	0	0	250	38	0	
	总评占比(%)	0	0	86.81	13.19	0	

从表4-3可以看出，东部地区农户信用风险内部特征评价中农户主要集中在评价等级C，占比85%；外部特征评价等级集中在等级B和C级，分别占比42%和41%；总体评价中占比较大的等级为C级，占比87%，少部分为等级B，占比13%，相比中西部地区信用评价良好。中部地区农户的信用风险内部特征的评价等级主要集中在C级，占比67%，相比东部占比较低，D级占比较大；外部特征集中在等级B，占比约60%，相比东部地区更为集中，等级也更高；总体评价等级在B、C、D级皆有所分布，占较大比例的为等级C级，占整体的94%，十分集中。西部地区农户内部特征的评价等级主要集中在等级C，占比63%，相对比东部地区和中部地区来看，信用风险评价等级最差；外部特征也集中在C级，占比为65%，同样比东部和中部的风险更为突出；整体评价水平主要在等级C级，占比87%，其他皆评为D级。

通过上述分析可以看出，农户的信用风险等级水平在总体上呈现从东到西依次递减，即农户的信用等级依次降低，信用度依次下降。但是，在内部特征和外部特征上的信用风险水平并没有如此排序，而是表现出不同的地区具有不同优势特征。因此，综合上述对结果的分析，结合在实际调研过程中获知的情况，可以得出，各地区农户的信用风险随地区分布大不相同，信用水平也随之不同，但也出现个别指标评价结果有所偏差的现象。分析导致这些结果的主要原因如下。

一、从农户基本情况角度分析

从整体层面上看，与城市人口相比，农村人口的整体信用评价等级偏低，总体评判为 A 级的农户数为 0。这可能是受制于农村地区落后的观念、不便利的交通，其生活方式相较城市也有所差异。农村地区普遍婚育年龄较早，受到观念和经济影响，教育水平也偏低，农户知识储备不多，旧思想根深蒂固。这不仅可能影响当地政府的思想，也会在许多政策执行中受到诸多阻挠。农村人口往往由于祖辈为农民，由此更加降低了农户的整体评价等级。随着经济的发展，农村地区人口外流严重，多数年轻人选择去城市打工赚钱，传统农耕种植多为老人进行，因此农村劳动力年龄普遍偏大、老龄化严重。此外，中国人情社会特征明显，农村是一个由人情占主导地位的小型社会，有更沉重的人情往来负担。这些因素都影响了农户的基本情况特征分数，降低了评分结果。

东部地区由于经济发展情况较好，农村地区的经济相对也较好，城镇化程度较高。随着政策的发行，东部地区政府对于农村地区的支持力度最大，这吸引了众多年轻人回村创业，为农村地区注入了年轻活力，改善了农户的年龄结构。而中部和西部地区相比而言经济发展水平低，农户种植传统农作物比例较高，对年轻人才的吸引力较低。农村普遍为"熟人社会"，是否为村干部对信用行为有较大的影响，很大程度上会降低违约概率。东部地区，相较中西部制度更加透明，数字经济发展也使"精英俘获"现象相对弱化[87]，农村资源为多人共有，有利于信用风险评价等级的提升。

二、从家庭偿债能力角度分析

家庭偿债能力包含了家庭收入、家庭支出占比以及负债的程度。对农户而言，收入相较于支出对农户的信用风险影响起到了更为重要的作用。农户的收入种类有限，收入与支出的周期与种植或养殖的种类有关，负债也通常是为了支持一个周期的种养殖，等到农产品卖出赚到钱才有能力归还，所以一般所需时间周期较长，为了预防紧急事件以及减少借贷所需利息的支出，储蓄行为在农村较为普遍。在被调查农户中，收入受到地区经济的影响，东部地区农民的收入显著高于中西部地区，但同时支出也高于中西部，并且受到东部地区消费观念的以及人情往来负担的影响，支出占比反而比中西部地区更高。虽然各地区经济有所差异，但是物价水平也有很大差别，这样多数农户的收入与支出往往收支相抵，因此家庭支出占比对信用水平的影响不大。因此，农户偿债能力的大小往往是由收入的高低所直接决定。东部地区雨水充沛，渔业发达，丰富了农业产物；农业技术先进，有效地提高了农作物产量；交通便利，电商云集，让农作物加工后有了更高的利润。东部地区农民的收入多样，不仅仅源于传统种植和养殖，还有许多对当地旅游业、农家乐开发。综上所述，东部地区的偿债能力更大，农村信用等级更高。

在负债方面，东部地区的债务额度比中西部地区高得多，造成这种结果的原因除地区经济发达所需消费支出更高之外，与东部房价过高、个体私营户多、农产品更为高端等原因也有很大的关联。此外，向银行借款需要较高的要求、复杂的手续，因此在东部地区，由于高度的金融需求、民间金融等活跃，而大金额的贷款往往会向民间机构借贷。西部地区由于西部大开发战略实施，让人们更多地关注到了西部，因此西部旅游业也顺势展开。旅游业的迅速发展需要相对更大的资金，因此西部地区贷款额度相比中部的更高。中部地区为我国农业的主要种植地，而种植所需小金额贷款较多，而小额债款多为短期行为。更多农户会向亲朋好友借取，通常不收取利息。农村地区人际交往较为封闭，农户之间有紧密的联系，双方信息透明并且知根知底，在人情压力和制度规范的影响下，多会及时归还，欠账不还现象较少。农村"熟人社会"的特性也会让该农户有所忌惮，一旦有欠债不还的行为还会导致人际关系、口碑声誉由此变差，后期的借贷行为变得困难，因此贷款归还率较高。这样一来，中部和西部虽然收入水平相似，但中部农户的信用风险相对更低。

三、从农村生产环境角度分析

从外部特征来看，中部地区的信用风险等级优于东部地区和西部地区，主要原因就在于农村生产环境上。东部地区农村现代化程度高，城乡距离较小，个体经营户较多，乡村旅游的大力发展使更多的农民选择了弃农从商，把质量高的土地出租给了种植大户种植经济作物。东部地区多山区，林业发达但尚未开发，单凭农户的力量无法转化成可获得利润，因此大量的土地被搁置撂荒。此外，东部地区土地资源匮乏，多数农田被征去造路建房，因此单个农户的土地面积较少。西部地区地缘辽阔，可用土地面积大，畜牧业更为发达。但是，由于气候原因，多数作物无法生存，因此农村生产环境一般。中部地区为我国农业集中区，产出绝大部分的粮食作物和经济作物，且多为大田作物，可用土地面积大。一部分农民种植仅为自给自足，极少有消费，因此支出较少，贷款风险较低。另一部分农民以种植为生，有颇为精湛的种植技术。此外，中部地区存在部分大型农民专业合作社，提供技术性指导，进行统一的种植和销售，因此当地自种比例极高。对农户而言，土地相当于其抵押品，土地面积越大，抵押物的价值越高；而自种比例越高，将来现金流流入越有保障，偿债能力就越大。

四、从社会经济环境角度分析

社会经济环境主要从地区经济情况、信用体系建设程度、政府支持程度三方面来看。东部地区具有更好的地区经济情况，无论从人均生产总值还是农村居民人均可支配收入来看，东部地区都远高于中部和西部地区。当地经济的发展水平对农户信用风险等级影响有着重要的作用。当地经济发展得越好越能够带动农村经济的发展，从而促进农户个人最低收入水平的提升，降低农户违约概率，也更好地起到了人才吸引的作用；经济发展得越好，对农村教育的投入就越多，提高农户的教育水平，使其拥有更广泛的知识，更精湛的种植技术，促进农村的发展建设；经济发展得好的地区，人均收入水平高，一旦有可能出现违约，也可以向亲戚朋友借钱周转，极大降低了农户信用风险。

近年来，全国各地政府都在大力推动农村信用体系建设，建立农户个人征信系统，但是东中西部地区对于农村信用体系的建设皆有不同的发展特色，而信用体系建设多以县政府牵头，发展程度各不相同，村干部的对政策制度的落实和对信贷的宣传也都不同。从整体来看，东部地区由于地区经济金融水平较高，对农村信用体系建设资金投入最多，因此信用体系建设得最为完善；中部地区农户众多，贷款需求大，因此信用体系的

第四章　我国城乡资本流动的微观调查：农户贷款模式与信贷风险控制

建设相对全面，但由于经济的落后，实施极大地受制于与村干部的关系；西部地区地广人稀，政策落实没有很到位，因此信用体系的建设有所欠缺。当地农村信用体系建设水平越高，对农户所记录的信息越全面，能够有效提高对农户的评判，从而降低农户信用风险。

东部地区农民的收入不仅仅源于传统种植，更高的收入源于对当地旅游业、农家乐的开发，而这些方向选择都受到当地政府决策的影响。因此，一个好的政府，一个有远见的村干部，对农村脱贫以及未来发展有着重要作用。近年来，政府加大了对于农村地区的支持，"三农"政策的实施对农村地区的经济和文化水平发挥着极大的促进作用。此外，政府加大了对涉农小额信用贷款的宣传推广的资金投入，提高了农民的信用意识和还款意识，农户的信用普遍提高，信用风险等级逐年变好。因此，政府对农村的支持程度也会在很大程度上影响当地农户的信用情况。我国农村地区的市场化程度较低，信用体系建设更多地依赖政府的引导和推动。而东部地区比中西部地区市场化程度要高，结构也有更为明显的改善，因此政策的落实在东部地区会更加全面且深入[88]。

五、小结

从整体来看，东中西部的农户都属于较为平均的信用风险等级，没有特别优秀的信用风险等级，与城市居民有一定的差距，但是也没有特别差的信用风险等级，说明农村信用建设有了一定的进展和成果。

综合以上分析可以看出，农户的内部特征和外部特征评价等级在各地区都大不相同，总体信用风险评价等级东部的高于中部的，中部的高于西部的。信用风险水平越低，越有利于该地区农户融资借贷，为经济发展提供了良好的资金保证。在影响农户信用风险的4个方面中，农户的基本情况评级相对较低，其中影响农户基本情况评级的原因主要是农户年龄结构主要集中在40岁以上年龄段，整体年龄偏高，能力有限，近年来青壮年劳动力人口的不断外流使这一情况更加严峻。人口外流也导致了农村整体教育水平普遍偏低，学成回归农村的占少数，由此造成农户的种植技术、经营管理能力得不到提高，只能依靠少量的人才引进带动农村经济的提高。此外，在调研过程中发现，农村人情往来负担重，大部分储蓄、盈余都投入维护人际关系之中，更有严重的是宁可自己生活拮据也要走人情、送礼物。在农村地区，"精英俘获"情况是存在的，并且越贫困的地方，该现象越普遍。大部分优质的资源流入少数精英之手，普通的农户无法获得普通资源，甚至有的农户连信用贷款这种形式都不清楚。因此，提高农户的信用水平，人才引进很重要，提高经济发展也很重要。要增加对农村地区的教育投入和教育支持，提高农村的经济水平，积极发展农业经营的规范化和产业化，提高农业收入，鼓励青壮年和高学历者从事农业生产活动，不仅要让更多的人"走出去"，也要吸引他们"走回来"。另外，从上述结果分析中也可以看出，经济发展得好的地方的农户往往信用等级也高。这与近年来国家政府和正规金融机构对农村地区的金融发展和农户信用建设的投入和宣传息息相关。但是，目前农户的主要融资渠道还不够正规，无论是东部还是中西部，农户相较于向正规金融机构借贷融资更愿意选择向亲朋好友、民间借贷等非正规金融机构进行借贷。这造成了农户信用记录缺失以及信用风险升高。因此，应积极鼓励农户向正

第四章　我国城乡资本流动的微观调查：农户贷款模式与信贷风险控制

规金融机构借贷，建立个人信用记录，也应进一步简化正规金融机构对农户信贷的手续流程，提高金融信用的宣传，建立健全农户信息数据库，以便更精准输送农业信贷、降低信用风险。

通过模糊聚类和模糊综合相结合的方法，使用补偿竞争风险聚合算法建立农户信用风险评价模型，并利用该模型对东中西部地区的1132户农户数据进行评价。在对东部地区农户的信用风险评价中可以得出，当地农户的信用风险水平处于中等偏上的水平，信用状况良好。从中部地区农户的信用评价结果中可以看出，该地区农户的信用风险等级属于中等的水平，信用状况一般。在对西部地区农户的信用风险评价中可以看出，该地区的信用风险等级偏低、信用状况较差。从整体来看，东中西部的农户的信用风险等级分布较为平均，与城市居民有一定的差距，但是也有一定的进步。农户的基本情况特征偏低现象突出，为了进一步提高我国农户信用风险水平，要增加对于农村地区的教育投入和教育支持，提高农村的经济水平，积极发展农业经营的规范化和产业化，加大对农村金融和信用建设的宣传，提高农户整体的信用水平，降低信用风险。

通过使用的方法可以很好地分阶段、分层次进行评价，无需指标权重，且评价指标体系可以根据地区和情况的不同进行调整，对农户的信用风险的评价更加灵活和全面，具有一定的实用性和可操作性。但是，信用风险也不是一成不变的，需要对农户的信用风险进行动态分析，定阶段或定事件地动态监测农户的信用等级、信用行为，经常验证和完善信用评估体系和相应的信用等级，以应对外界环境的不断变化而产生的误差。此外，在实际中农户的信用风险并不仅仅考虑其受到一些固定的外部客观环境因素的影响，还需考虑农户的心理活动、个人偏好等内部心理因素。

第五章
信用贷款体系下农户还款意愿风险的动态演化模拟

与城镇居民更加透明的信息以及更简单的抵押物的获取与评定相比，农户贷款信息往往存在信息滞后、农田抵押标准混乱等问题，因此对农户信用风险的评价较为困难。只有更好地评定信用风险，才能让信用贷款的放出与归还变得更加高效和安全。通过本书第四章对外部环境角度对东中西部地区农户信用风险等级评定的研究可知，虽然显示各地信用水平状况皆良好，但是在对东中西部地区的实地调研中发现，无论在哪个地区，农户不归还贷款的情况仍旧时常会发生，且有部分地方出现集体不归还贷款的现象。有能力还但是不还，是一种非理性的行为，而农户贷款违约行为通常由两个方面因素导致：一方面取决于是否拥有充足的资金以及良好的经济情况，即还贷能力是否充足；另一方面是更重要的决定因素在于农户是否愿意归还，即还贷意愿是否充足。如今，屡屡出现违约现象的原因往往是后者。因此，在信用评价模型建设过程中还需要考虑到农户的内部心理因素。本章将从内部心理角度对农户信用行为进行分析，以结合第四章结论共同论证农户的信用风险的形成机制与解决路径。

第一节　农户还贷意愿风险的心理影响因素分析

农户在选择信用行为的过程中，通常会站在自身角度上进行思考，因此决策的参考标准各不相同。不同的农户偏好有所差异，参考标准的不同也必然导致所获得收益或损失的心理预期发生改变，使即使在一样的环境下，不同农户的信用行为决策结果也都不同，由此对农户的信用风险产生影响，难以预测。

第五章 信用贷款体系下农户还款意愿风险的动态演化模拟

且农户的偏好是一个动态的过程,随着时间的推移和周围环境的变化,农户的心理预期也会有所不同,从而导致农户的信用风险在这过程中不断发生演化。

还贷意愿不足通常是由于信息不对称导致,体现出农户信用意识淡薄,是一种主动性违约行为,这样极大地提高了农户的信用风险,也给信用风险的评定增加了难度。Hoff[3]认为由于信息不对称导致的道德风险和逆向选择是导致农户融资难的根源。此外,"羊群效应"在农户实际借贷过程中也十分常见,在归还贷款问题上,农户不仅考虑自身能否还款,还会参考相关农户是否履行了还款要求,存在一种观望的心态,产生"他不还我也不还""要罚一起罚"的心理,由此产生的农户集体不归还贷款现象经常发生。由此可以看出,农户在信贷过程中会犯许多行为学偏差,如何解决由于信息不对称产生的信用问题,如何减缓农户普遍存在的羊群效应问题,是解决农户信用评定难、融资贷款难问题的关键。

基于上述分析,结合本书以上研究和调研中农户贷款归还的实际情况,本章将选取影响农户信用行为变化的重要心理影响因素为以下模型指标。

(1)农户自身的收益率与银行收取的利息率之间的比较权衡。一般情况下,农户的还款意愿并不是由未来所能获得的绝对收益决定的,而是取决于既定目标下的相对收益与损失。农户在贷款之前通常都会对将来的收益情况进行预估,形成预期的目标,而是否归还贷款的关键在于临近还款日实际获得的收益与当时预期收益之间的差距。当两者之间的差值超过某一阈值时,会极大概率地促使农户做出不归还贷款这一决定。

(2)农户自身受到知识和社会环境的影响,经常会参考相关农户的行为来决定自身的行为。由于受到"羊群效应"的影响,农户在作出决策时,更多地会选择模仿其他农户的决策行为。因此本书将引入"相关农户决策行为"这一因素来观察农户信用行为的变化情况。

(3) 相关机构的监管效力与惩罚力度。如果农村合作社等金融机构以及村委会的监管效率高,并且有足够大的惩罚力度,愈发会迫使农户选择归还贷款这一选项。如果不归还贷款,则将受到例如失去之后的贷款资格等的限制,或者将会把农户与其所参与的合作社解除关系,又或者通过降低其在村内的声誉等各种惩罚,致使农户违约面临的损失将会更大。因此,相关金融机构设置的惩罚和监管的效力也会影响农户信用行为变化。

(4) 相关机构的激励和鼓励机制。如果相关金融机构和村委会在农户按期完成一次信用贷款后,会给予一定的奖励(包括物质和精神上的),例如降低下一次贷款的利息率,允许适当的还款延期,给予相关农户表扬以提高声誉等。若农户衡量出获得激励政策的收益结果将大于归还贷款所面临的损失之后,会大大促使农户选择偿还贷款这一信用行为,以获得更多的信贷资源和社会资源,这样将会提高农户还款意愿、降低不良贷款率。

通过对影响农户履约意愿因素的分析并结合前文的研究可以得出,农户决定是否偿还信用贷款不仅要考量银行贷款利率和自身收益的差异,更会考虑未来预期与实际收益的相对量的影响。同时,由于每户农户是不同的个体,存在特征上的差异,因此农户都有各自不同的偏好,使不同农户对于相对量的要求不同,结合对农户有限理性的假设,需要找出满足上述所有要求的模型。

现有的对农户信用行为研究所用最多的方法大致可分为两类:统计学方法和数据挖掘方法。其中统计学方法运用的最多的主要有判别分析法和线性回归法。李莉为了研究农户品质对农户信用的影响,使用了 Logistic 回归方法对农分期公司的农户

第五章 信用贷款体系下农户还款意愿风险的动态演化模拟

数据进行实证。张涛[90]利用数据挖掘技术中的决策树法，对农户的抵押贷款行为进行分类。霍红[91]基于大数据分析技术对信用评价指标和评价模型进行分析，最后得出一个完善的农户贷款信用体系。上述方法虽然在实际中被广泛运用，并且取得了很好的成果。但是，它们最大的缺点在于无法在满足人是有限理性这一假设下对农户的偏好进行描述。因此，本章将选用Kahneman和Tversky提出的前景理论。该理论建立在有限理性的基础上，由于其发现了理性决策研究中没有被考虑到的行为差异，能够对不同农户的偏好进行描述，有效解释了现实与期望效用理论不符的情况，被誉为解决个体决策行为的经典。

因此，可以从信用的行为金融学视角对此进行研究，即认为信用是一种基于选择守信或者失信的表现在交易主体之间的行为。由于无法直接用数据度量农户的信用行为并且如果简单地利用数值来表示是不准确的，因此在对农户信用行为的研究中，可以利用农户的履约意愿对农户的信用行为进行度量，考量农户对于贷款的归还意愿。相比于期望效用理论仅仅依赖于其自身的损益情况，农户偿债意愿的有限理性特征更加满足前景理论，而且对周围环境以及监管者行为的感知都会影响其偿债意愿。考虑到农户的履约意愿受到外部环境和内在心理因素的双重影响，为了更加符合农户的实际情况，本章将引入可以表示农户个人偏好、心理动态的相关影响因素，在满足不完全理性假设的前提下，采用行为学与心理学相结合的前景理论来对影响农户信用行为的履约意愿进行分析，并对其影响因素进行测度。

第二节 农户还款履约意愿模型构建与演化：基于修正的前景动态模拟仿真模型

一、农户履约意愿模型的构建：基于修正的前景理论模型

前景理论（Prospect Theory，PT）是由诺贝尔奖得主 Kahneman 和 Tversky 于 1979 年建立，并在 1992 年由两位创造者再次进行了创新。近年来，我国众多学者也对前景理论进行了相关研究，并应用在不同的领域。前景理论建立在有限理性的基础上，结合了行为学和心理学的方法揭示了人们在不确定条件下的决策机制。前景理论认为，价值的载体是财富的相对变化量而不是最终状态的绝对量的大小，决策者在进行决策时常以自己的独有的参考标准来决定，每个人具有不同的参考标准也必然导致所获得的预期"收益"或者"损失"不一样。前景理论还认为，人们在面对损失时，大多是风险的偏好者；而人们在面对收益时，却成为风险的厌恶者。农户在做是否还款的决定时，其信用行为的选择不仅依赖自身的风险偏好、信用意识以及道德品质，并且会受到其他农户选择的影响。因此，前景理论完全符合了以上对农户的信用行为的剖析，更加贴近现实情况，是一种切实可行的选择。

前景理论认为，个人在进行决策行为的过程分为编辑阶段和估值阶段两个阶段（卡尼曼，1979）[4]。其中，另一个阶段编

第五章 信用贷款体系下农户还款意愿风险的动态演化模拟

辑阶段主要是负责参考点的判定选取,对所需要分析的事件给出一个初步的想法,确定一个合适的参考点;将决策结果与给出的参考点进行对比,并择其优者,即当最终决策结果比参考点大时选取该决策。如果比参考点低时,则,放弃该决策。第二个阶段估值阶段主要是通过制定的决策权重和决策者的主观价值这两个角度综合对最终价值的期望进行评估,选择出对于决策者而言最优的决策。

量化价值尺度的价值函数的具体计算公式如下:

$$\nu(\Delta \pi_i) = \begin{cases} \Delta \pi_i^{\alpha}, \Delta \pi_i \geqslant 0 \\ -\lambda(-\Delta \pi_i)\beta, \Delta \pi_i \leqslant 0 \end{cases} \quad (5-1)$$

式(5-1)中,$\Delta \pi_i$ 是价值量变化的相对值;α 是风险厌恶系数,即决策者对于收益的风险态度;β 是风险厌恶系数,即决策者对于损失的风险态度;α 和 β 都代表决策者的风险偏好,且 $0<\alpha<1$,$0<\beta<1$,参数越大,表明农户对于价值的敏感度越低,越倾向于冒险;λ 表示决策者对损失的敏感系数,$\lambda>1$,且 λ 越大,表明农户的损失规避程度越大。

根据上述分析,可以得出基于前景理论的最终价值函数为式(5-2)所示。

$$V = \sum_{i=1}^{n} w_i \cdot \nu(\Delta \pi_i) \quad (5-2)$$

式(5-2)中,w_i 为各因素的权重,即各个影响因素对于农户信用行为影响的重要程度。

综上所述,影响农户信用行为的主要因素可以归纳为农户自身相对收益,相关农户的决策行为,金融机构的监管惩罚力度以及相关机构的激励程度四个方面。由于每个农户的偏好存在着差异,因此每个农户对于未来的预期必然也各不相同,再对于四类影响因素,农户也会存在四种不同的预期。因此,本

书设定 T_1、T_2、T_3、T_4 分别为 4 个方面的影响因素的参考点，同时设定农户自身的投资收益率为 R，银行的贷款利率为 r，相关农户的违约比例为 q，惩罚力度为 K，激励力度为 s。基于以上假设，本书将利用前景理论分析每一种影响因素对于农户的信用行为起到怎样的作用，进而构建出农户履约意愿的度量模型。农户在不同信用策略下的履约意愿的主要影响因素所对应的支付情况如表 5-1 所示。

表 5-1　　　　　　　　农户履约意愿影响因素

因素	相对收益	相关农户违约情况	惩罚力度	激励力度
归还贷款	$R-r$	$1-q$	0	s
不归还贷款	R	q	$-K$（受到惩罚） 0（未受惩罚）	0
参考点	T_1	T_2	T_3	T_4
权重	w_1	w_2	w_3	w_4

为了使研究更为准确，需要依据农户生活中的实际情况做出如下模型假设。

假设 1：假设某农户是具备偿债能力的，其是否偿还贷款主要取决于该农户的履约意愿。而农户只有两种选择，履约归还贷款和违约不归还贷款。将上述影响农户履约意愿的 4 个因素分别记为自身相对收益 sel_i，相关农户履约情况 oth_i，惩罚力度 pun_i 和激励力度 sti_i，同时将四者相对应的价值量记为 $selv_i$、$othv_i$、$punv_i$ 和 $stiv_i$，$i=1,2$。其中，1 表示履约，2 表示违约。

假设 2：T_1 为农户根据自身对相对收益偏好特点所设置的参考点。当农户选择归还贷款时，其自身相对收益为 $sel_1 = R-r$。由式（5-1）可得当 $sel_1 - T_1 \geq 0$，则 $selv_1 = [sel_1 - $

第五章 信用贷款体系下农户还款意愿风险的动态演化模拟

$T_1]^\alpha$;当 $sel_1 - T_1 < 0$,则履约价值 $selv_1 = -\lambda [T_1 - sel_1]^\beta$;当农户选择不归还贷款时,其自身收益为 $sel_2 = R$,此时当 $sel_2 - T_1 \geq 0$,则 $selv_2 = [sel_2 - T_1]^\alpha$,当 $sel_2 - T_1 < 0$,则违约价值 $selv_2 = -\lambda [T_1 - sel_2]^\beta$。

假设3:T_2 为农户参考其相关农户的违约贷款率而改变自己信用行为的参考点。如果 $q > T_2$,则表明如果大部分农户都没有选择归还贷款,该农户也会模仿他们的行为,更倾向于选择不归还贷款,此时 $oth = q$。若 $oth - T_2 \geq 0$,农户归还贷款的效用小,不归还贷款的效用更大,$othv_1 = [oth - T_2]^\alpha$,$othv_2 = -\lambda [T_2 - oth]^\beta$。同理可得,当 $q \leq T_2$ 时,说明大多数农户都选择了归还贷款,此时该农户也倾向于归还贷款,农户在此时不归还贷款的效用小,归还贷款的效用更大,则有 $othv_2 = [T_2 - oth]^\alpha$,$othv_1 = -\lambda [T_2 - oth]^\beta$。

假设4:T_3 为农户对应于监管机构的惩罚力度所设定的参考点。假设监管方将依据未还贷的农户概率 q 对农户进行监管,若被监管机构查出农户存在违约行为时将进行罚款 K,若未被监管方发现则为 0。当农户选择履约时,监管没有任何作用,此时 $pun_1 = 0$,当 $pun_1 - T_3 \geq 0$,$punv_1 = [pun_1 - T_3]^\alpha$;当 $pun_1 - T_3 < 0$,$punv_1 = -\lambda [T_3 - pun_1]^\beta$。当农户选择违约时,会有两种情况。①其违约行为被监管机构所发现受到惩罚 K,此时 $pun_2 = -K$;当 $pun_{21} - T_3 \geq 0$,$punv_{21} = [pun_{21} - T_3]^\alpha$;反之,$pun_{21} - T_3 < 0$,$punv_{21} = -\lambda [T_3 - pun_{21}]^\beta$。②农户违约但未被监管机构发现,此时 $pun_2 = 0$;当 $pun_{22} - T_3 \geq 0$,$punv_{22} = [pun_{22} - T_3]^\alpha$;反之,$pun_{22} - T_3 < 0$,$punv_{22} = -\lambda [T_3 - pun_{22}]^\beta$。所以,当农户选择违约不归还贷款策略时,对应的期望价值为:

$$punv_2 = q \cdot punv_{21} + (1-q) \cdot punv_{22} \qquad (5-3)$$

假设5:T_4 为农户对应于相关机构的激励力度所设定的参

考点。当农户选择归还贷款时，相关机构给予的激励对其的收益 $sti_1 = s$，此时当 $sti_1 - T_4 \geq 0$，则 $stiv_1 = [sti_1 - T_4]^\alpha$；当 $sti_1 - T_4 < 0$，则履约价值 $stiv_1 = -\lambda[T_4 - sti_1]^\beta$；当农户选择不归还贷款时，得不到任何激励，此时 $sti_2 = 0$，当 $sti_2 - T_4 \geq 0$，$stiv_2 = [sti_2 - T_4]^\alpha$；当 $sti_2 - T_4 < 0$，则违约价值 $stiv_2 = -\lambda[T_4 - sti_2]^\beta$。

根据以上假设内容，可以得出农户选择归还贷款策略下的期望价值为：

$$willv_1 = w_1 selv_1 + w_2 othv_1 + w_3 punv_1 + w_4 stiv_1 \quad (5-4)$$

农户选择违约不归还贷款策略下的期望价值为：

$$willv_2 = w_1 selv_2 + w_2 othv_2 + w_3 punv_2 + w_4 stiv_2 \quad (5-5)$$

其中，w_1、w_2、w_3、w_4 分别是四个方面属性的权重值，且 $w_1 + w_2 + w_3 + w_4 = 1$。

农户的履约意愿受到偿债价值 $willv_1$ 和违约价值 $willv_2$ 两个期望价值的影响，当 $willv_1 \geq willv_2$ 时，农户的偿债意愿就会大于 0.5，选择履约归还贷款，当 $willv_1 < willv_2$ 时，农户的偿债意愿小于 0.5，更加倾向于违约不归还贷款。偿债价值与违约价值相差越大，农户的还债意愿就越强[92]。为了使得到的结果更加直观，对履约意愿值进行归一化处理。最终可以得到农户履约意愿的表达式为：

$$willv = 0.5 + willv_1 - willv_2 \quad (5-6)$$

以下将关注四类影响因素对农户偿债意愿的影响机理和变化规律，揭示用户偿债意愿与四类影响因素之间的内在联系。

二、农户履约意愿风险演化过程：基于前景理论的动态模拟仿真

为了更好地分析 4 个方面因素对于农户履约意愿的具体

影响情况，本书将运用 Python 软件对此进行仿真，通过改变参考点和相关变量，对农户履约意愿的动态风险演化过程进行模拟仿真，刻画农户偿债意愿与参考点和各变量之间的内在联系。在此过程中，农户仅有两种策略选项，即偿债或违约。为了不失一般性，参考实际生活中农户的收益率、银行贷款利率、农户的违约比率、监管机构的惩罚力度以及相关机构的激励力度，设置以上几个参数的数值分别为：农户的自身收益率 R 为 20%；贷款利率 r 为 12%；初始时的农户的违约比率 q 为 0.4；监管机构对于恶意违约的农户的惩罚为其违约后所能得到的收益率，即 $K = 20\% - 12\% = 8\%$；相关机构的激励力度 s 为 2%。在四类参考点的取值问题上，设定履约农户的预期相对收益率 T_1 为 8%，农户对于相关农户违约概率的预期 T_2 为 0.5，受到监管农户的惩罚预期 T_3 为 −8%，受到激励的农户预期值 T_4 为 2%。参考文献（周宗放，2015）[93]，根据经验和现实情况可以设定 $\alpha = \beta = 0.88$，$\lambda = 2.25$，$w_1 = 0.3$，$w_2 = 0.2$，$w_3 = 0.3$，$w_4 = 0.2$。基于以上模型的建立与参数假设，下文将使用控制变量法，在控制其余参数值不变的情况下，分析其中一个因素的变化使得履约价值和违约价值发生变化的情况，进而得出农户履约意愿的风险演化过程。

1. 农户的相对收益参考点对农户履约意愿的影响

在其他条件一定时，即 $T_2 = 0.5$，$T_3 = -0.08$，$T_4 = 0.02$，$q = 0.4$，$K = 0.08$，$s = 0.02$，$R = 0.2$，$r = 0.12$ 时，让农户的相对收益率参考点 T_1 在 [0，1] 之间逐步变动，得到的模拟结果如图 5–1 和图 5–2 所示。

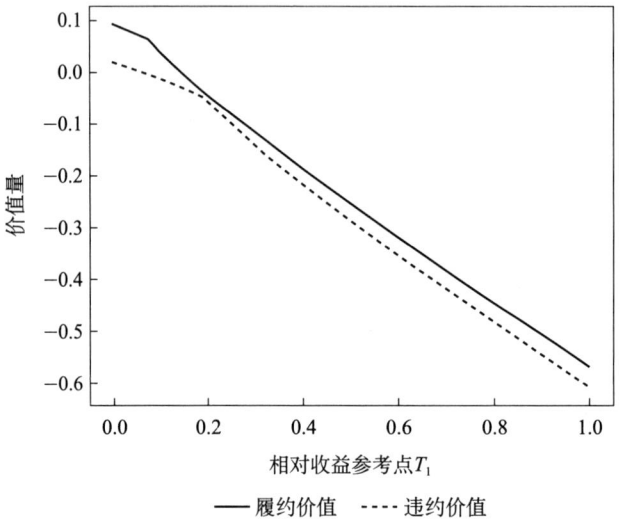

图 5-1 履约、违约价值随 T_1 变化趋势图

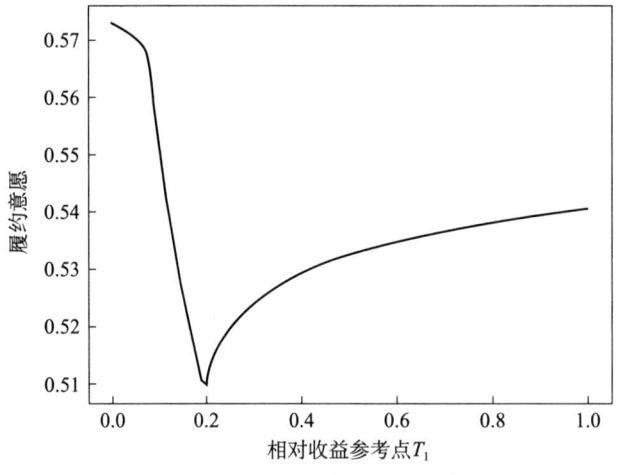

图 5-2 履约意愿随 T_1 变化趋势图

农户相对收益率参考点代表了农户对自身相对收益率的预期。根据图 5-1 可以看出，随着农户的相对收益率参考点 T_1 逐渐变大，履约和违约价值均呈现出下降的趋势。由图 5-2 得

出,履约意愿随着农户的相对收益率参考点 T_1 的增加呈现出先下降后上升的形式,$T_1 \approx 0.21$ 时为农户的履约意愿的最低点,再开始缓慢增加。结合图 5-1、图 5-2 得出,在 T_1 小于 0.1 时,履约价值和违约价值几乎以同样趋势下降,而当 T_1 达到 0.1 时,履约价值的突然加速下降导致履约意愿的急速下降。在一定的范围内,农户对于自身相对收益率预期的提升会降低农户的履约意愿,但是从长远来看增加农户自身的收益,提高当地经济水平,对提高履约意愿、降低信用风险有一定的作用。因此,如何引导农户追逐合理的利润目标对于银行、农信社等债权方监管其信用风险非常重要。

2. 农户的相对收益中相对收益率对农户履约意愿的影响

在其他条件固定时,即 $T_1 = -0.08$,$T_2 = 0.5$,$T_3 = -0.08$,$T_4 = 0.02$,$q = 0.4$,$K = 0.08$,$s = 0.02$,$r = 0.12$,使相对收益率 R 在 [0, 0.5] 之间变化,结果如图 5-3 和图 5-4 所示。

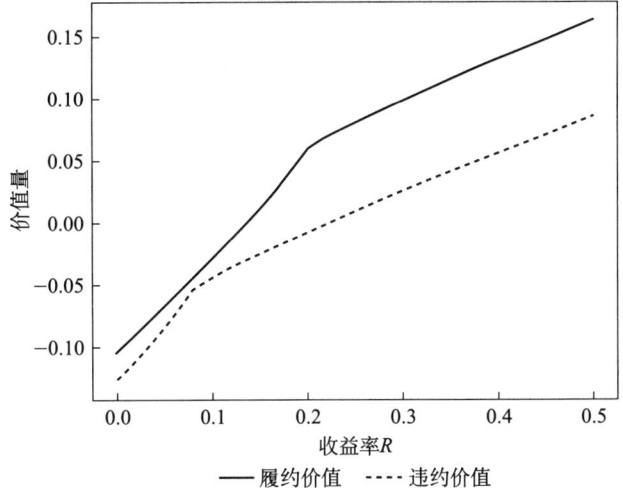

图 5-3 履约、违约价值随 R 变化趋势图

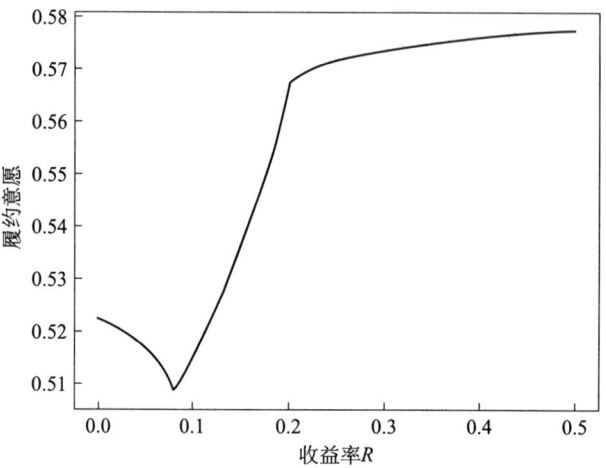

图 5-4　履约意愿随 R 变化趋势图

由图 5-3 可得，履约价值与违约价值都随着收益率 R 的增大而增大；由图 5-4 可得，农户履约意愿随着收益率 R 的增大呈现出先减后增的趋势。综合图 5-3、图 5-4 可以看出，当收益率小于 0.08 时，违约价值比履约价值上升更快，使两者间差距逐渐较小，履约意愿呈现快速下降趋势，在相对收益率为 8% 时履约意愿出现了最低点；而随着收益率逐渐变大增至 0.2，违约价值上升速度减缓且两者间差距变大，履约意愿呈现快速上升趋势；当收益率大于 0.2 时，两者上升速度趋于相同，农户履约意愿几乎保持不变。农户在收益率较低时，更倾向于对贷款选择不归还，以保持现有的收益。主要原因有：低相对收益率时的收益对农户家庭经济并不会产生明显的改变，但归还贷款会造成较大的一笔资金流出，对家庭经济有明显的影响。但当收益率变高，并大幅超过其预期值时，农户会更倾向于归还贷款：一方面由于惧怕高收益带来的高风险，另一方面为了满足后续扩大经营时借贷和融资的需要。由此可以得出，农户在面对损失状态时，大多是风险的偏好者，而面对收益时却为风险的厌恶者。农户的收益率在很大程度上受到农户收入的影响，但农户的收入具有很强的不确定性，因此波动率较高，很难通过收益率控制农户信用风险。

第三节 周边农户履约程度对农户履约意愿的影响分析

一、相关农户履约比例参考点对农户履约意愿的影响

在其他条件固定时,即 $T_1 = 0.08$,$T_3 = -0.08$,$T_4 = 0.02$,$q = 0.4$,$K = 0.08$,$s = 0.02$,$R = 0.2$,$r = 0.12$,使相关农户履约比例参考点 T_2 在 [0,1] 之间变化,模拟结果如图 5-5 和图 5-6 所示。

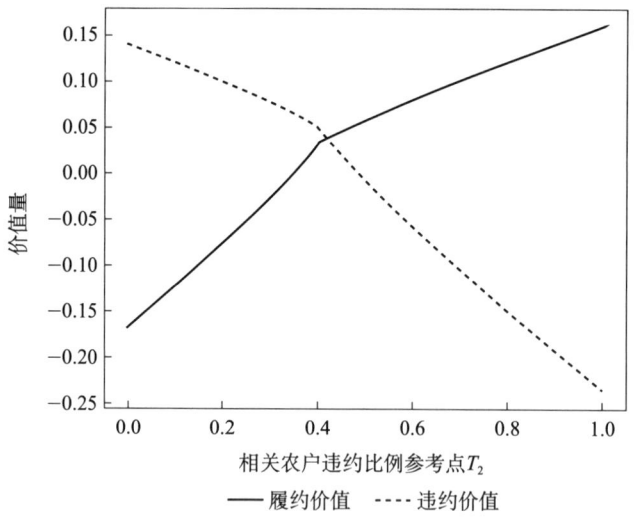

图 5-5 履约、违约价值随 T_2 变化趋势图

第五章 信用贷款体系下农户还款意愿风险的动态演化模拟

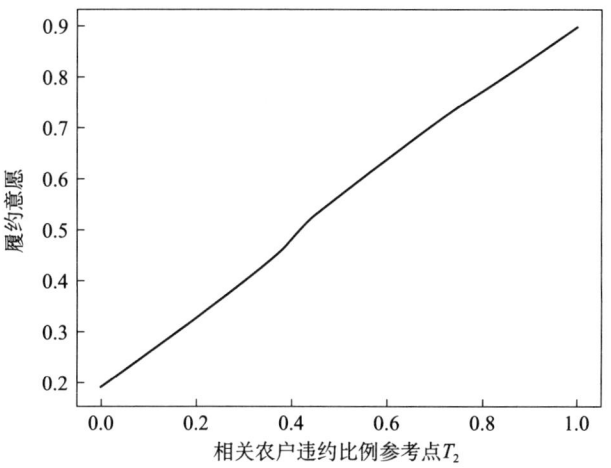

图 5-6　履约意愿随 T_2 变化趋势图

由图 5-5 可以看出，当相关农户违约比率参考点 T_2 从 0 增加到 1 时，履约价值随之增大，而违约价值随之减小，且在 T_2 约为 0.43 时（即对相关农户的违约概率预期为 43% 时），履约价值与违约价值曲线相交，当相关农户的违约概率预期大于 43% 时，履约价值上升速度变缓，同时违约价值下降速度变快。相应地在图 5-6 中可以看出，农户的履约意愿随着相关农户履约比率的增高均匀缓慢地增加，几乎呈线性状。由此反映出的现实意义是，农户的履约意愿能够彼此影响，即农户的决策行为极度受相关农户履约情况的影响，即"羊群效应"的存在。随着相关农户违约比例的门槛值的提高，农户只有观察到更大比例的相关农户选择违约时，才会更倾向于违约。积极地提高农户的个人信用，能够很好地提高农户的整体信用水平。同时，这一结论也正好反映出农村的整体信用水平对于农户的还贷选择有着积极的影响，对于农信社和商业银行，对某一农户授信时，除考核其自身的偿债能力与意愿外，对其所在地区整体信用水平、偿债情况的考察也十分重要。

二、相关农户违约比例对农户履约意愿的影响

在其他条件固定时,即 $T_1=0.08$,$T_2=0.5$,$T_3=-0.08$,$T_4=0.02$,$K=0.08$,$s=0.02$,$R=0.2$,$r=0.12$,使相关农户违约比例 q 在 [0,1] 之间逐渐变化,模拟结果如图 5-7 和图 5-8 所示。

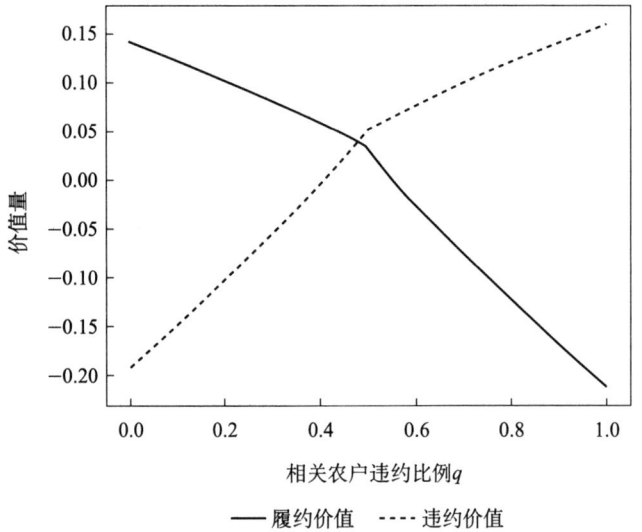

图 5-7 履约、违约价值随 q 变化趋势图

由图 5-7 可以看出,当相关农户违约比例 q 逐渐增大时,履约价值逐渐减小,而违约价值逐渐增大。在概率 q 增加至约为 0.48 时,即相关农户实际违约比率达 48% 时,履约价值与违约价值曲线相交,当 q 达到 0.5 时,偿债价值开始加速下降,而违约价值也上升速度开始减缓,由图 5-8 可知,在此之后履约意愿随着相关农户违约比例的上升,其下降速率又稍微减慢。

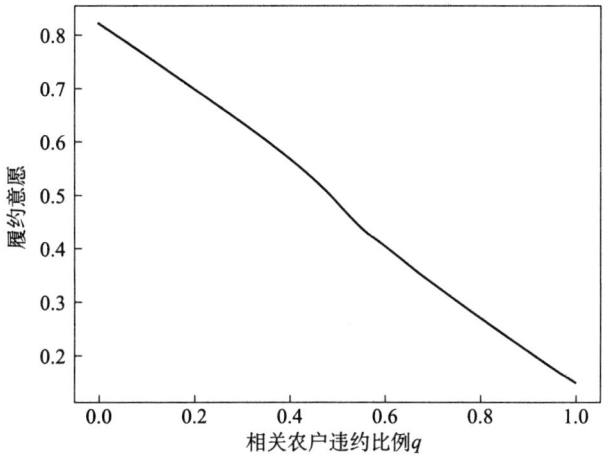

图 5-8 履约意愿随 q 变化趋势图

与前文所得结论一致,随着实际农户违约比例的提高,农户更偏向于违约,其偿债意愿不断下降,此现象也更加地体现出农户是收益的风险厌恶者,却是损失的风险偏好者。进一步地,由于模型假设农户的违约参考该概率的门槛为 0.5,当 q 上升到 0.5 时,违约价值表现为收益状态,上升速度变得缓慢,而履约价值表现为损失状态,下降速率更快,两者变化趋势正好相反,这与前文的假设一致,也与现实中人们对损失处理的心理状态相同。

三、监管力度对农户履约意愿的影响

1. 监管力度参考点对农户履约意愿的影响

在其他条件固定时,即 $T_1 = 0.08$,$T_2 = 0.5$,$T_4 = 0.02$,$q = 0.4$,$K = 0.08$,$s = 0.02$,$R = 0.2$,$r = 0.12$,让监管力度参考点 T_3 在 $[-0.5, 0.5]$ 之间变化,仿真模拟结果如图 5-9 和图 5-10 所示。

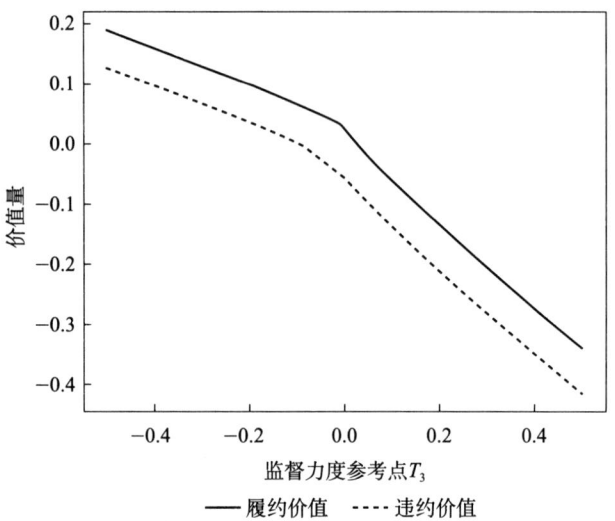

图 5-9　履约、违约价值随 T_3 变化趋势图

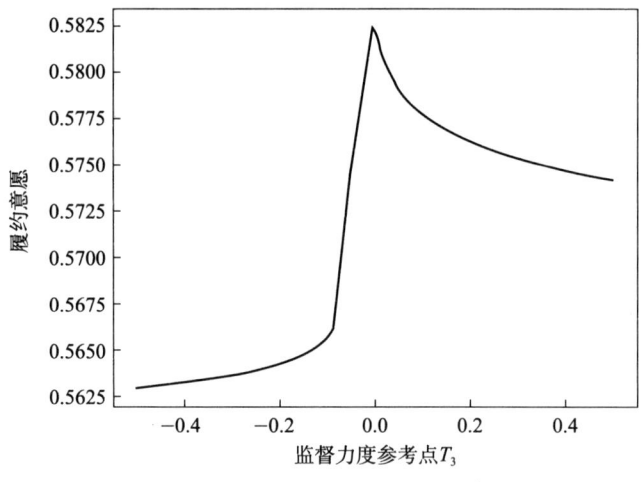

图 5-10　履约意愿随 T_3 变化趋势图

相关机构监管力度参考点对应着农户对惩罚力度的预期。根据图 5-9 得出,当监管力度参考点 T_3 逐渐变大时,违约价值

第五章　信用贷款体系下农户还款意愿风险的动态演化模拟

和履约价值均逐渐减小,但下降速度有所不同。在 T_3 约为 -0.08(即农户对惩罚力度的预期为 -8% 时),违约价值下降速度有所加大,但在 T_3 大于 0 之后,两者的差距逐渐减小。结合图 5-10 可以得出,在 T_3 约等于 -0.13 时(即农户对违约后的收益率预期为 -13% 时),履约意愿开始变大;在农户对违约后的收益率的预期为 -8% 时,农户的履约意愿增速加大,并在农户对惩罚力度的预期大于 0% 时达到最大值,紧接着立刻开始缓慢下降最终趋于平稳;在各因素的综合影响下,当 T_3 接近 0.4 时,几乎已经覆盖了监管所受的惩罚,农户进入损失状态,但最终的履约意愿始终高于初始值。上述结果表明,在一定范围内适当的监管能够有效地提高农户的履约意愿,但惩罚力度过大时,农户容易出现"赌徒心态",从而引起反效果,使履约意愿降低。因此,加强诚信教育、多宣传法律知识,对农户履约意愿有一定的提升作用。

2. 惩罚比例对农户履约意愿的影响

在其他条件固定时,即 $T_1 = 0.08$,$T_2 = 0.5$,$T_3 = -0.08$,$T_4 = 0.02$,$q = 0.4$,$s = 0.02$,$R = 0.2$,$r = 0.12$,让惩罚比例 K 在 $[0, 0.4]$ 之间变化,模拟结果如图 5-11 和图 5-12 所示。

由图 5-11 可知,当惩罚比例 K 逐渐增大时,履约价值保持不变,这是由于农户选择履约时并不会受到惩罚影响,因此相关机构的监管与否对农户无实质影响。然而,对于违约的农户,随着惩罚力度的增大,农户的违约成本增加,使违约价值呈现下降的趋势。由图 5-12 可知,履约意愿也随着惩罚比例 K 的增大而增大,且在 K 约为 0.08 时(即违约后的实际收益率为 8% 时),农户履约意愿上升的速度有所加快。这是由于当 K 大于 0.08 时,一旦农户违约被监管发现而被惩罚,则连原始收益 8% 都血本无归。因此,对于相关监管方,如果发现农户存在恶

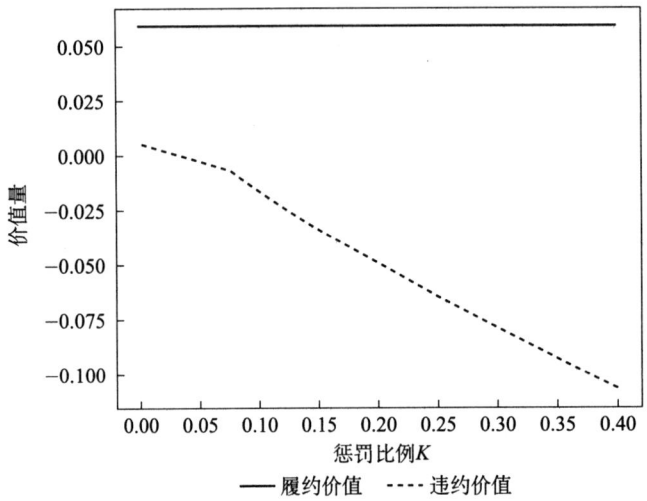

图 5-11　履约、违约价值随 K 变化趋势图

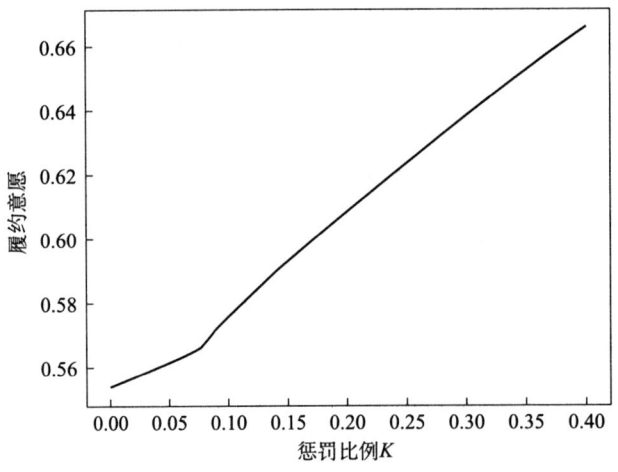

图 5-12　履约意愿随 K 变化趋势图

意违约、有能力还但不还的情况，对其监管惩罚的力度应该至少设定在农户归还贷款后的收益率之上。因此，完善监管措施、加强法律道德对农户的约束作用，对农户履约意愿有一定的提升。

第四节 激励力度对农户履约意愿的影响分析

一、激励力度参考点对农户履约意愿的影响

在其他条件固定时,即 $T_1 = 0.08$,$T_2 = 0.5$,$T_3 = -0.08$,$q = 0.4$,$K = 0.08$,$s = 0.02$,$R = 0.2$,$r = 0.12$,让监管力度参考点 T_4 在 [0,0.3] 之间变化,模拟结果如图 5-13 和图 5-14 所示。

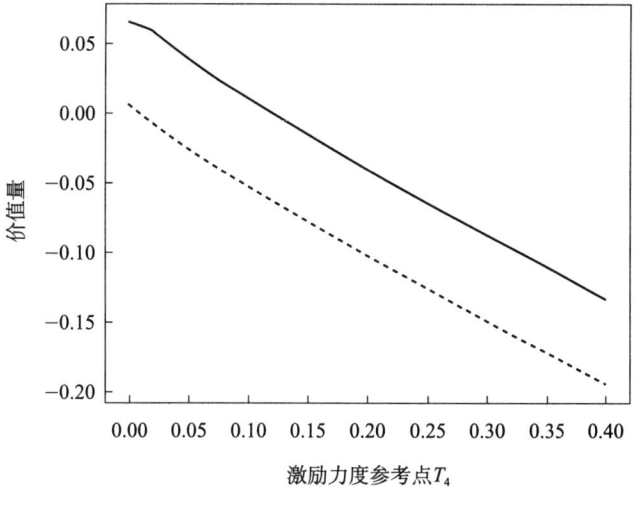

图 5-13 履约、违约价值随 T_4 变化趋势图

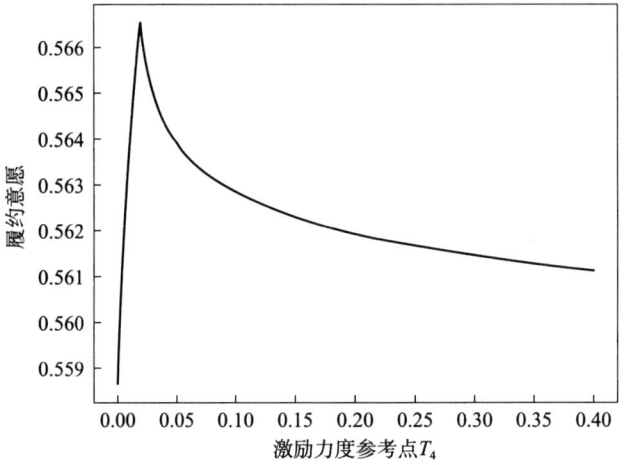

图 5-14　履约意愿随 T_4 变化趋势图

相关机构激励力度参考点对应着农户对激励力度的预期。根据图 5-13 得出，随着激励力度参考点 T_4 的增大，违约价值和履约价值均呈现不同程度的降低趋势。最初的时候，在履约价值下降速度缓于违约价值的下降速度；当 T_4 约为 0.02 时，即农户对激励力度的预期为 2% 时，履约价值的下降速度逐渐加大，而违约价值的下降速度有所减少，两者的差距逐渐减小。结合图 5-14 可以得出，农户履约意愿随着激励力度的加大而快速增加；当农户对违约后的收益率的预期大于 2% 时，农户的履约意愿迅速减小，最终趋于平稳，但履约意愿始终高于初始值。上述结果表明，在一定范围内适当的激励能够有效地提高农户的履约意愿，但激励力度过大时，农户反而会变得习以为常，从而引起反效果，使履约意愿降低。因此，在农村应大力宣扬光荣的事迹，建设明善恶、知荣耻的农村社会，增强农户对获得荣誉感的效用，能在一定程度上提升履约意愿。

二、激励比例对农户履约意愿的影响

在其他条件固定时,即 $T_1 = 0.08$, $T_2 = 0.5$, $T_3 = -0.08$, $T_4 = 0.02$, $q = 0.4$, $K = 0.08$, $R = 0.2$, $r = 0.12$, 使激励比例 s 在 [0, 0.4] 之间逐渐变化,模拟结果如图 5-15 和图 5-16 所示。

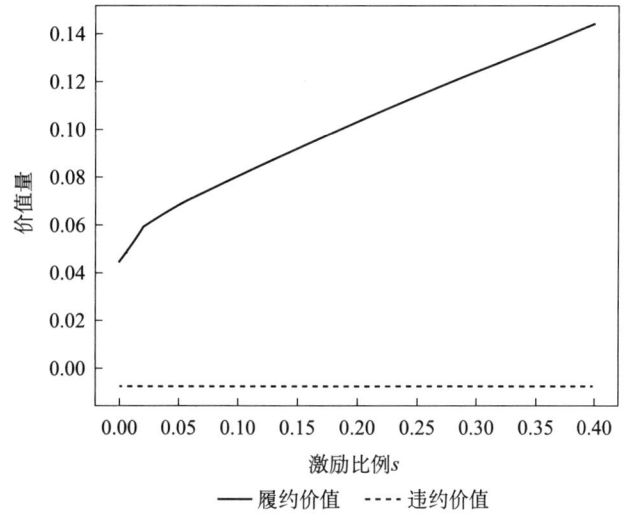

图 5-15 履约、违约价值随 s 变化趋势图

由图 5-15 可知,随着激励比例 s 的逐渐增大,违约价值保持不变,这是由于农户选择违约时并不会受到任何奖励措施,因此相关机构的激励与否对该农户无实质影响。然而,对于履约的农户,随着激励力度的增大,农户收到的奖例越多,使履约价值呈现出上升的趋势。由图 5-16 可知,履约意愿也随着激励比例 s 的增大而增大,但当 s 大于 0.02 时(即履约后的实

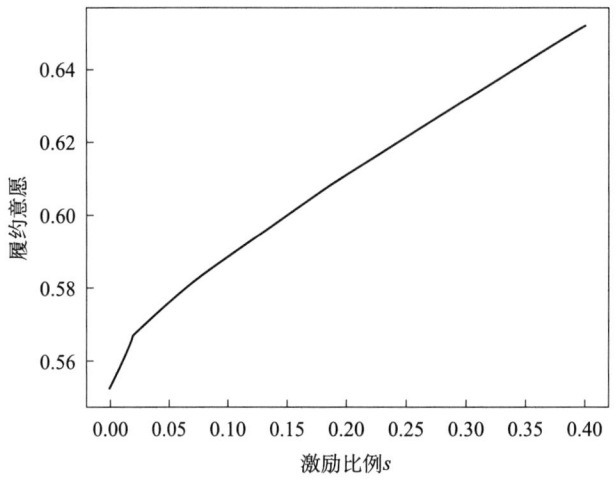

图 5-16 履约意愿随 s 变化趋势图

际的收益大于2%时),农户履约意愿上升的速度有所放慢。这是由于当 s 大于 0.02 时,农户履约享受到的奖励高于预期值,履约价值进入收益状态,而农户对于收益是风险厌恶的,受到的激励效果有所减弱。对于相关激励比例设定方,对农户的激励力度需要制定在一个特定区间才可发挥最大效用。因此,创新信贷产品"售后服务",控制好激励力度,能有效提升用户履约意愿。

第五章　信用贷款体系下农户还款意愿风险的动态演化模拟

第五节　本章小结

本章从内部心理层面对农户信用行为及其演化过程进行研究，并利用前景理论就影响农户履约意愿的影响因素进行讨论。通过该模型得出了影响农户的履约意愿的主要因素，并对主要影响因素的参考点（预期值）和初始值对农户履约意愿的影响进行了动态模拟仿真。理论分析结果得出如下结论。

（1）提高农户的相对收益率和对相对收益率的预期，短期内会使得农户的履约意愿降低，超过某一临界值时（分别约10%和21%），在效益最大化的驱使下，使农户的履约意愿增加，降低农户对相对收益率的重视程度，将会使得农户的履约意愿提高。农户的收益率在很大程度上受到农户收入的影响，但农户的收入具有很强的不确定性。因此，波动率较高，很难通过收益率控制农户信用风险。此外，农户的相对收益率预期受到当地经济情况的影响，经济情况越好，预期越高。

（2）增加农户对相关农户履约比例的预期和对相关农户违约比例的重视程度，将会提高农户的履约意愿，特别当相关农户的履约比例超过约43%时，将使农户的履约价值加速上升。降低相关农户的违约比例将会提高农户的履约意愿，当违约比例超过约48%时，农户的履约价值将加速下降。由此可见，"羊群效应"对农户的信用行为的影响很大，当地的信用环境对农户信用行为影响也很大。因此，增加相关农户的违约比例这一变量对于研究农户履约意愿是十分必要的。

（3）增加农户对监管和惩罚力度的预期，会使农户的履约意愿上升。当监管达到一个最大值时,增加监管和惩罚力度的参考点反而会使农户的履约意愿下降;惩罚比例与农户的履约意愿呈近似正相关关系,农户对违约后的收益率的预期超过8%时,农户的履约意愿将会加速上升。由此可知,适当的监管将有助于提高农户的履约意愿。当超过某一临界值时,监管过度则会引起相反的效果。因此,加强诚信教育、多宣传法律知识、完善监管措施、加强法律道德对农户的约束作用,对农户履约意愿有一定的提升作用。

(4)增加农户对激励力度的预期,短期内会使农户的履约意愿上升,当激励力度达到一定值时,增加激励力度的参考点反而会使农户的履约意愿下降;激励比例与农户的履约意愿呈先增后降的关系。当农户对履约后的收益率的预期超过2%时,农户的履约意愿将会快速下降并趋于固定。综上可知,给予农户适当的激励将有助于提高农户的履约意愿,但当激励力度超过某一临界值时,过度的奖励反而会引起相反的效果。因此,创新信贷产品"售后服务",控制好激励力度,并且在农村中应大力宣扬光荣的事迹,建设明善恶、知荣耻的农村社会,增强农户对获得荣誉感的效用,能在一定程度上提升履约意愿。

第六章
结论与建议

第一节 结 论

本书针对农村贷款问题,通过发现问题、分析问题、解决问题的研究路径,通过文献整理、实地调研、模型构建与实证分析对农户贷款可得性和农户信用风险评价体系进行了系统的研究。通过第三章对实地调研结果的分析,发现东中西部三地农村既存在着不同点,也有许多相同之处,尤其是农村贷款获得率较低的问题。第四章对农户贷款可得性的影响因素进行分析,得出的大多数结果与在调研中得出的结论相一致,很多农户无法获得贷款,中西部贫困地区存在"精英俘获"现象,一些国内大型金融机构的农户贷款指标已经不适用。因此,效仿东部,在全国建立农村信用贷款体系,通过发放信用贷款来解决农村贷款难的问题。第五章对农户信用风险评价体系进行了理论建模和实证研究,建立的信用评价模型能够有效地评价农户信用风险,确定信用等级,决定标准化等级信用贷款的发放,通过实证分析,得出标准化等级信用贷款是破解农户贷款难的有效途径。根据上文研究,得到如下的结论。

一、信贷的发放能够促进农村经济的发展

从农户贷款可得性、农村信用贷款、农户信用风险以及农村信贷风险防控及管理4个方面对相关的国内外文献进行

分析评述得出农村贷款可得性受到多方面因素的影响，信贷的发放能够促进农村经济的发展，而想要缓解农村贷款难问题需要依靠政府出力，建立政府背书的信用担保体系，并多加引导。

二、东中西部三地代表性农村既有相同之处又各有特色

通过对东中西部地区进行实地调研以及对农户进行问卷调查，结果表明：东中西部三地农村存在着相同之处，如人口老龄化严重、农村贷款获得率低等致贫根源都来源于能力、教育、疾病，政策扶持、蹲点干部起着直接的扶贫作用；也存在着许多不同点，包括经济建设均有各地的特色，东部地区在农村信贷的改革创新方面走在全国前列，"精英俘获"现象在东部很少见，而在中西部却存在等。

三、效仿东部地区发放信用贷款可以有效解决农户贷款难问题

建立 Logistic 回归模型，分别研究东中西部三地农户的贷款可得性的影响因素，实证结果表明：年龄对东中部地区农户贷款的方法都有很大的负向影响；村干部情况这一因素在东部地区并没有很大的影响，而在中西部地区均有重要影响；主要支出的必要性对东中西部贷款的发放均没有重要影响；家庭收入情况在东中部地区对贷款发放有重要影响，但在西部地区影响不大；家庭支出情况在东中西部皆是农户能否获得贷款的重要影响因素；贷款金额在三地都不显著；土地使用情况因素在东

西部显著，而中部不显著；可用农田面积在三地都不显著；金融发展情况仅中部地区显著；信用担保情况仅在东部地区显著。通过以上对农户贷款可得性影响因素的分析结果，得出中西部贫困地区的"精英俘获"现象导致农户贷款难问题的主要原因在于缺少抵押担保品以及缺乏贷款途径等结论。而反观东部地区，农村信用体系建立完善，信用数据库建设全面，与传统实物抵押（质押）贷款相比，以信用为抵押的贷款体系提高了农户贷款的可获得性，有效缓解了因没有房屋、土地等实物的所有权导致的贷款难问题。因此，可以效仿东部，在全国建立农村信用贷款体系，建立合适的信用风险评价模型，设定统一的信用评价标准，来测量农户的信用风险、确定信用等级以决定是否发放信用贷款。

四、设立标准化等级信用贷款是破解农户贷款难的有效途径

综合文献、调研结果以及影响因素的分析构建了农户信用评价的指标体系，并使用基于补偿竞争风险聚合算法的模糊评价方法来建立农户信用评价模型，消除了指标权重的依赖。最后利用2018—2020年浙江省象山县、湖南省东安县、云南省维西县的共1132户农户的调研数据进行实证评价。得出的结论为：农户的信用风险等级水平在总体上呈现以从东到西依次递减（即农户的信用等级依次降低，信用度依次下降）。但是，在内部特征和外部特征上的信用风险水平并没有如此排序，而是表现出不同的地区有不同优势的特征，东部地区内部特征优势明显，中部地区外部特征等级较高。此外，经济发展得好的地方的农户往往信用等级也会高，并且在农村地区"精英俘获"

情况存在，并且越贫困的地方该现象越普遍。该模型的实证结果与分析结论与我国农村的现实情况相符合，说明该模型能够很好地应用于农户信用风险等级评价，根据农户的信用风险等级发放不同标准的信用贷款可以有效促进农户贷款的获得，也证明了设立标准化等级信用贷款可以很好地适用于我国农村发展情况，是破解农户贷款问题的有效途径。

第二节 建 议

一、加大教育投入，实施人才引进

农村地区结婚生育年龄较小且农户的受教育水平普遍偏低，有些农民为赚取更高的工资，有些农民为了孩子接受高质量教育，大多数年轻农民都选择外出打工，使留守在农村的有工作能力的农民的年龄层次普遍偏高，对农户的经营发展和种植能力产生影响，加大了农户的信用风险。因此，为了提高农户的信用水平、改善农村地区的融资状况，应增加农村地区的教育投入、提高农村地区的教育水平、提高农户的综合素质水平。

引进高质量人才，培养有文化的新时代职业农民，加强农业技术的推广和教育机构的建设，为农户提供先进的技术和信息，对农户的生产和销售提供专业化的技术指导，并且积极发展农业经营的规范化和产业化，提高农业收入，促使和鼓励青壮年劳动力和高学历者从事农业生产活动。此外，农户素质的提升还能够有效地解决农村"精英俘获"问题，让资源能够更加公平地进行分配，提高农户贷款的可得性。

二、提高农户金融认知，完善农户信用体系

在调查中有部分农户反映对农村金融机构或者国家的金

融政策和扶持项目不了解，对于农户贷款的程序不清楚，这些都阻碍了他们选择正规金融机构进行融资。金融机构首先应该对农户进行实地调查，了解农户在生产经营的过程中遇到的问题以及想要了解的金融政策，向他们讲解向银行借贷时需要的文件以及流程。另外，还可以定期举行讲解会，向农户及时地讲解新金融政策，提高他们的金融知识以及对正规融资渠道的了解。让金融知识下乡，培养农户贷款意识，提高农户贷款需求，让农户都可以全面了解到金融贷款的常识，也方便农户了解如今贷款的便捷性和可获得性强等优点。

不仅农户需要提高对金融知识的认知，金融机构还需要不断创新完善农户信用体系。

（1）农村金融机构可以利用农村小型社会的特征，加强对农户社会关系、自身信誉等信息的收集，保持农户信息的更新，完善农户的关系型信用体系。

（2）农村金融机构需不断完善自身系统的建设，吸收群众意见，在实践中更新迭代。

（3）农户的征信系统可以实行积分制，可以通过按时还款积累分值，在低于标准分值后可以不提供贷款或仅提供少部分贷款，减少农村金融机构风险发生的概率，也可以倒逼农户提高自己的信用。

三、加大政府的支持力度，加大村干部的培训和监督管理

加大政府对农业农民的扶持力度，加大农民在农业基础设施使用上的政策倾斜力度，加大政府对于农户信贷支持和税收

减免的力度,可以有效促进农村地区的经济发展,增加金融贷款的发放。村干部的能力直接影响了农村经济发展的好坏,好的村干部对当地农村经济发展方向的把控更加精确,对于"三农"相关的政策制定和落实也更加全面且完善。此外,村干部影响"精英俘获"现象的发生,农村是一个小型社会,目前的信用评定一大部分源于村干部对该农户的看法,容易造成信息偏差。因此,对村干部进行教学培训、监督管理是有必要的。

贫困村脱贫、农村特色建设都往往离不开政策的扶持,而政策的贯彻落实又往往离不开蹲点干部的监督。只下发政策不进行监督,政策就会脱离实际。因而,只有精准的蹲点监督,才能有力保障农村高质量脱贫发展。

四、加强政府引导,提高农户的整体信用风险等级

信用风险不仅与农户履约能力相关,还受到农户履约意愿的影响。对东中西部地区的实地调研中发现,无论在哪个地区,农户不归还贷款的情况却时常会发生且有部分地方出现集体不归还贷款的现象。利用农户往往会参考学习他人行为这一特点,政府应该引导农户向积极的信用行为方向转变,由点到面带领农户,进而提高整体农户的信用水平。创新信贷产品"售后服务",控制好激励力度,并且在农村中应大力宣扬光荣的事迹,建设明善恶、知荣耻的农村社会,增强农户对获得荣誉感的效用,能够在一定程度上提升履约意愿。加强金融机构、村委会等监管机构对农户行为的监管与惩罚力度。由于村干部的选举人在当地通常富有威望,所以让他们来监督农户信用行为会有

更好的效益。在评价农户的信用风险时,要注意农户的信用风险并不是一成不变的,由于外界环境的不断变化,应该对农户的信用风险进行动态监测,经常验证和修改信用评估体系和相应的信用等级,对农户的信用风险进行定期的检测。建立完善、规范的农村信用体系才能从根本上解决农户贷款问题,加快农村地区经济的发展。

第三节 不足与展望

本书从发现问题、分析问题、解决问题的逻辑出发，主要研究农户信用评价体系的建立。但由于水平有限、知识储备有限，研究尚存在一些不足，未来有进一步探究和改善的空间。

（1）考虑到数据的可得性以及调研地域的局限性，本书仅选取了东中西部地区各具代表性的三个地区的农户为调研对象，样本分布不够广泛。由于需要对农户进行实地调研且调研成本较高，导致样本数量尚且不够大、问卷涉及不够全面。

（2）现实生活中的农村信用风险影响因素众多，信用评价模型的结构也非常复杂，为了保证研究的可行性，只能筛选出大部分重要变量进行建模，而尚未考虑到所有因素，从而在一定程度上影响到农户信用评价结果的准确性。

（3）本书仅从履约能力出发对农户进行风险等级的评定，未考虑到履约意愿、个人偏好这类心理层面因素，对于影响农户违约行为的深层次原因尚未触及。

参考文献

[1] Abiad, Abdul, Detragiache, et al. A New Database of Financial Reforms [J]. Imf Staff Papers, 2010, 57 (2): 281 – 302.

[2] Ahmad Kaleem, Rana Abdul Wajid. Application of Islamic banking instrument (Bai Salam) for agriculture financing in Pakistan [J]. British Food Journal, 2009: 275 – 292.

[3] Andros Gregoriou, Sugata Ghosh. On the heterogeneous impact of public capital and current spending on growth across nations [J]. Economics Letters, 2009, 32 – 35.

[4] Azra, D Khan, E Ahmad, WU Jan. Inancial development and poverty alleviation: Time series evidence from Pakistan [J]. World Applied Sciences Journal, 2012: 1576 – 1581.

[5] Bapista J A G, Ramalho J J S, Silva J V D. Understanding the microenterprise sectorto designa tailor – made microfinance policy for cape verde [J]. Portuguese Economic Journal, 2006, 5 (3): 225 – 241.

[6] Barry K. Are decoupled Farm Program Payments Really Dec Pled [J]. American Journal of Agrcultural Economies, 1976 (88): 73 – 89.

[7] Barro. R. J. Economic Growth in a Cross – sectior of Countries [J]. Quarterly Joumal of Economics, 1991: 407 – 444.

[8] Beck, Thorsten et al. Finance, inequality and poverty: Cross-country evidence. The World Bank, 2016.

[9] Berger AN, Udell GF. A more complete conceptual framework for SME finance [J]. Journal of Banking & Finance, 2006, 30 (11): 2945-2966.

[10] Binswangeretal. The Theory of Local Public Goods, The Economics of Public Services [M]. New York: Cambrigde Uni. 2011: 203-206.

[11] Brown W J. Elp Apelce la Agriculturaen Lareducci on de la Pobereza [J]. Revist AmexicanadeA gronegocios, 2013: 166-178.

[12] Calderon, Serven. Integrated financial supervision: Lessons of Scandinavian experience [J]. Finance Development, 2012: 178-182.

[13] Calderon, Serven. Integrated financial supervision: Lessons of Scandinavian experience [J]. Finance Development, 2016: 178-182.

[14] Dollar David, Aartkraay. Growth is good for the poor [J]. Journal of Economic Growth, 2012: 195-225.

[15] Englberger Lois. An NGO approach for addressing the nutrition dilemma: Pohnpei focuses on awareness, food analysis, conservation, and food processing. [J]. Pacific health dialog, 2005: 79-84.

[16] Fetai B. The effects of fiscal policy during the financial crises in transition and emerging countries: does fiscal policy matter? [J]. Economic Research – Ekonomska Istraživanja, 2017: 1-14.

[17] Galor, Oded, Joseph Zeira. Income distribution and macroeconomics [J]. The review of economic studies, 1993, 60 (1): 35-52.

[18] GOLDSMITH R W. Financial structure and development [M]. New Haven: Yale University Press, 1969.

[19] Grilli V. Economic Effects and Structural Determinants of Capital Controls [J]. Staff Papers, 1995, 42 (3): 517 – 551.

[20] Gurley J G, Shaw E S. Financial Aspects of Economic Development [J]. American Economic Review, 1955: 515 – 538.

[21] Hoff K, Stiglitz J E. Imperfect Information and Rural Credit Markets—Puzzles and Policy Perspectives [J]. World Bank Economic Review, 1990, 4 (3): 235 – 250.

[22] IQBAL F. The demand for funds by agricultural households: evidences from rural India [J]. Journal of development studies, 1983, 20 (1): 68 – 86.

[23] Jim, M. Agricultural Credit: Institutions and Issues, Congressional Research Service, RS21977, 2016.

[24] KOESTER ULRICH. Distortions to Agricultural Incentives. A Global Perspective, 1955 to 2007 [J]. Journal of Agricultural Economics, 2010: 416.

[25] Kiendrebeogo and Minea. Financial development and poverty: evidence from the CFA Franc Zone [J]. Applied Economics, 2016: 5421 – 5436.

[26] Kwangbin Bae, Dongsook Han, Hosung Sohn. Importance of Access to Finance in ReducingInomme and Inequality and Poverty Level [J]. International Review of PublicAdministration, 2012: 189 – 201.

[27] Li H, Squire L, Zou H. Explaining international and intertemporal variations in income inequality [J]. The economic journal, 1998, 108 (446): 26 – 43.

[28] Lu TAN. Financial Poverty Alleviation in Rural Areas of Hubei Pravince 1L Asian Aericultural Research, 2017: 20 – 22.

[29] Mckinnon R I. Money And Capital In Economic Development [J]. American Political Science Review, 1973, 68 (4): 1822 – 1824.

[30] Mellor J W, Malik S J. The Impact of Growth in Small Commercial Farm Productivity on Rural Poverty Reduction [J]. World Development, 2017: 1 – 10.

[31] Morduch J. The microfinance schism [J]. World Development, 2001, 28 (4): 617 – 619. Gonzalez – Vega C. Deepening Rural Financial Markets: Macroeconomic, Policy and Political Dimensions [J]. vega, 2003.

[32] Novak M P, Ladue E. Application of Recursive Partitioning to Agricultural Credit Scoring [J]. Journal of Agricultural & Applied Economics, 1999, 31 (1): 109 – 122.

[33] O. Akanbi, E. G. Onuk, H. S. Umar. Effect of Agricultural Sector Expenditure on Nigeria's Economic Growth. 2019, 1 – 11.

[34] Odusola A. Fiscal Space, poverty and inequality in Africa [J]. African Development Review, 2017: 1 – 14.

[35] Otero M, Rhyne E. The new world of microenterprise finance: Building healthy financial institutions for the poor [M]. London: IT Publica – tions, 1994.

[36] Pinaki, Bose. Formal – informal sector interaction in rural credit markets [J]. Journal of Development Economics, 1998.

[37] R. Abass, A. M. Mensah, B. Y. Fosu Mensah. The Role of Formal and Informal Institutions in Smallholder Agricultural Adaptation: The Case of Lawra and Nandom Districts, Ghana [J]. West

African Journal of Applied Ecology, 2018: 56 – 72.

[38] Rada, N. Valdes, C. Policy. Technology, Efficiency of Brazilian Agriculture [J]. Economic Research Report, 2012: 118 – 122.

[39] Richard Le Heron et al. Biological Economies [M]. Taylor and Francis, 2016.

[40] R. Ramakumar. Large – scale Investments in Agriculture in India [J]. IDS Bulletin, 2012: 92 – 103.

[41] Stojcheska A M, Kotevska A, Bogdanov N, et al. How do farmers respond to rural development policychallenges, Evidence from Macedonia, Serbia and Bosnia and Herzegovina [J]. Land Use Policy, 2016: 71 – 83.

[42] Sartwelle J, O'Brien D M, Tierney W, et al. The Effect of Personal and Farm Characteristics upon Grain Marketing Practices [J]. Journal of Agricultural & Applied Economics, 2000, 32 (1): 95 – 111.

[43] Sándor Fazekas. Standing at the Crossroads – the Future of a Strong Common Agricultural Policy is at Stake A la croisée des chemins lavenir dune politique agricole commune forte est en jeu Am Scheideweg die Zukunft einer starken Gemeinsamen Agrarpolitik steht auf dem Spiel [J]. EuroChoices, 2010: 4 – 8.

[44] Schneider, Wagemann. Set – theoretic methods for the social sciences: A guide to qualitative comparative analysis [M]. Cambridge University Press, 2012.

[45] Schultz. Economic Growth and Agriculture [M]. Beijing: Beijing Economic InstitutePress, 1992: 105 – 107.

[46] Weber R, Musshoff O. Is agricultural microcredit really more risky? Evidence from Tanzania [J]. Agricultural Finance Re-

view, 2012, 72 (3): 416 – 435.

[47] Ragin C C. Redesigning social inquiry: Fuzzy sets and beyond [M]. University of Chicago Press, 2009.

[48] 苗雨晴. 农户融资行为及其影响因素的实证分析 [D]. 山东理工大学, 2018.

[49] 肖华荣. 基于房地产行业的建设银行信用风险评价体系研究 [D]. 哈尔滨工业大学, 2011.

[50] 张雪峰. 农户借贷行为影响因素分析 [D]. 陕西师范大学, 2008.

[51] 秦建国, 吕忠伟, 秦建群. 我国西部地区农户借贷行为影响因素的实证研究——基于804户农户调查数据分析 [J]. 财经论丛, 2011, (3): 78—84.

[52] 吴东武. 抵押贷款, 社会资本与农户贷款可得性的实证研究——基于电白县农户的调查数据 [J]. 当代财经, 2014 (7).

[53] 刘荣茂, 陈丹临. 江苏省农户贷款可获得性影响因素分析——基于正规金融与非正规金融对比分析的视角 [J]. 东南大学学报, 2014, 16 (01): 61 – 67 + 132.

[54] 徐璋勇, 杨贺. 农户信贷行为倾向及其影响因素分析——基于西部11省 (区) 1664户农户的调查 [J]. 中国软科学, 2014 (03): 45 – 56.

[55] 温涛, 朱炯, 王小华. 中国农贷的 "精英俘获" 机制: 贫困县与非贫困县的分层比较 [J]. 经济研究, 2016, 51 (02): 111 – 125.

[56] 孔祖根, 叶银龙, 潘丽青. 构建多层次农村担保体系的实践与思考——以浙江丽水农村金融改革试点为例 [J]. 浙江金融, 2014 (7): 74 – 77.

[57] 王佳松. 小额贷款信用风险的成因及防范控制——以河北省农村信用社为例 [J]. 现代营销（下旬刊），2019 (12)：32-33.

[58] 钟润涛，马强. 农村金融发展、农业劳动力转移与农民增收 [J]. 江苏农业科学，2017，45 (09)：271-276.

[59] 马顺娥. 农村经济金融发展中的新变化与政策建议——基于对陇南市240户农户的调查 [J]. 甘肃金融，2017 (11)：57-59.

[60] 丁丹. 农业信贷配给与农村经济发展——基于辽宁省数据的VAR模型实证研究 [J]. 农业经济，2018 (04)：99-101.

[61] 崔长彬. 探索建立乡村振兴战略下新型农村信用体系——广西田东农村金融综合改革的启示 [J]. 新西部，2018 (28)：23-24.

[62] 中国人民银行宁德市中心支行课题组，詹东新，孙江华，龚剑锋，陈祥云. 普惠金融视角下农村信用体系建设的实践与思考 [J]. 征信，2019，37 (11)：64-67.

[63] 吴旭升. 浅析农村小额信用贷款的风险与管理 [J]. 现代经济信息，2019 (17)：294-295.

[64] 高维新，马诗宁. 广东省农村金融信贷发展与经济增长的关系研究 [J]. 广东农业科学，2019，46 (02)：156-163.

[65] 李阳，吴平. 农村信贷、农业保险扶贫效率及其区域差异研究 [J]. 农村金融研究，2020 (03)：20-28.

[66] 李标，王黎，孙煜程. 农村信贷供给影响城乡收入差距的机制与效应研究 [J]. 农业技术经济，2020 (07)：61-78.

[67] 张普雷. 关于信贷政策导向效果评估工作的实践与思考——以黑龙江省为例 [J]. 农村金融研究，2017，06 (No.447)：

43-47.

[68] 陈婧. 当前农业信贷投入存在的障碍及对策建议 [J]. 金融经济: 下半月, 2014.

[69] 朱战威. 我国农村信贷市场结构改革: 基于 SCP 范式的分析 [J]. 南方金融, 2016 (07): 67-71.

[70] 张康松, 王梦婷, 米运生. 金融公共服务与农村信贷市场 "使命漂移" 的政策纠偏——基于门槛效应的理论与证据 [J]. 南方经济, 2017 (04): 19-34.

[71] 阮小平, 王琳. 我国农村信贷现状的分析与对策研究 [J]. 现代经济信息, 2017 (09): 308.

[72] 朱广其, 赵家凤. 信贷交易结构、政府介入与农村信贷供给扩张 [J]. 农村经济, 2018.

[73] 杨效林, 张琴. 博弈视角下农户信贷扶贫机制研究 [J]. 科技与经济, 2019, 32 (02): 61-65.

[74] 黄惠春, 范文静. 政府功能视角下 "政银担" 贷款模式的运行机制——以山东和安徽为例 [J]. 南京农业大学学报 (社会科学版), 2019, 19 (02): 131-141+160.

[75] 王芳媛, 袁天昂, 唐青生. 当前我国县域农村信贷资金供求失衡问题及对策研究——以云南省寻甸县为例 [J]. 时代金融, 2019 (36): 36-39.

[76] 何姝. 农业信贷担保费率补助制度的健全与完善研究 [J]. 农业经济, 2020 (9).

[77] 王荪蓓. 我国农业信贷与农业保险的协同发展现状 [J]. 商讯, 2020, No. 195 (05): 83+85.

[78] 陈庭强, 王冀宁. 基于博弈论的农户小额信贷风险管理的激励机制 [J]. 农村金融研究, 2010 (07): 62-67.

[79] 李正波, 高杰, 崔卫杰. 农村信用社农户贷款的信

用风险评价研究 [J]. 北京电子科技学院学报, 2006 (01): 69-74.

[80] 张云燕, 王芳, 罗剑朝. 农户正规信贷违约影响因素实证分析——以陕西省渭南市农村信用社贷款农户问卷调查数据为例 [J]. 经济经纬, 2013 (02): 39-43.

[81] 刘惠敏. 基于层次分析法的信贷风险实证研究 [J]. 西部金融, 2017 (05): 56-61.

[82] 吕德宏, 张无坷. 农地经营权抵押贷款信用风险影响因素及其衡量研究——基于 Credit Risk + 模型的估计 [J]. 华中农业大学学报 (社会科学版), 2018, No.136 (04): 143-153+179.

[83] 孙志奇, 周明明, 张瑞涛, 王俊芹. 新型农村信用评价体系文献综述 [J]. 合作经济与科技, 2016 (02): 186-187.

[84] 赖永文, 刘伟平. 农户信用评价体系构建研究 [J]. 福建农林大学学报 (哲学社会科学版), 2012, 015 (004): 15-20.

[85] 程鑫, 石洪波. 转型发展背景下农户信用评级的创新路径研究 [J]. 征信, 2014, 32 (009): 45-48.

[86] 王吉恒, 常歆. 农村小额贷款信用风险影响因素分析——基于中国农业银行的实证研究 [J]. 农业经济与管理, 2017 (04): 20-28.

[87] 姚燕燕. 普惠金融视角下福建农村信用体系建设研究——以长乐农商行为例 [J]. 长春工程学院学报 (社会科学版), 2018, 19 (03): 71-75.

[88] 曹诚, 杜小鹏. 农户信用指标体系构建——以金昌市为例 [J]. 甘肃金融, 2021 (04): 60-64.

[89] 王磊玲, 邢琪瑄, 张云燕. 贷款技术、监督机制与农户信贷风险——来自农户数据的观察 [J]. 农村金融研究, 2021 (08): 43-53.

[90] 万宇涛, 杨立社. 农户正规信贷体系的有效性评价 [J]. 广东农业科学, 2015 (23): 200-206.

[91] 张龙耀, 王琦. 农村信贷市场中的风险与暴力 [J]. 中国农村观察, 2016 (06): 40-54.

[92] 吴常宝. 现代农业信贷风险评估与控制研究 [J]. 商场现代化, 2020, No.914 (05): 193-194.

[93] 杨胜银. 欠发达地区农村合作金融机构信用风险管理研究 [J]. 时代金融, 2020 (09): 27-28.

[94] 王晓敏, 何娇娇. 乡村治理存在问题及优化路径研究 [J]. 法制与社会, 2020 (36): 120-121.

[95] 金伟斌. 农信社涉农不良贷款风险防范 [J]. 合作经济与科技, 2020, No.630 (07): 64-66.

[96] 何珊, 金兵兵, 马小林. 新型农业经营主体信用评价体系建设助力县域经济发展——以辽宁省为例 [J]. 征信, 2020, 38 (01): 33-36.

[97] 燕翔, 冯兴元. 农信机构的稳健经营、可持续发展问题及对策 [J]. 农村金融研究, 2020 (01): 3-9.

[98] 张雨佳, 屈博. 金融科技在农村信贷风险防控中的作用研究 [J]. 中国物价, 2021 (04): 55-58.

[99] 毛启忠. 优化农村信用体系建设路径——以青海省为例 [J]. 青海金融, 2021 (02): 57-61.

[100] 谢玉梅, 齐琦, 赵海蕾. 基于综合险的银保合作模式: 典型个案及理论含义 [J]. 农业经济问题, 2015, 036 (005): 84-90.

[101] 潘明清, 郑军, 刘丽. 农业保险与农村信贷发展: 作用机制与政策建议 [J]. 农村经济, 2015 (6): 76-79.

[102] 任乐, 王性玉, 赵辉. 农户信贷可得性和最优贷款额

度的理论分析与实证检验 [J]. 管理学刊, 2017 (3): 32-41.

[103] 刘金霞, 武翠芳. 农业保险对农业信贷保障作用的实证研究 [J]. 农村金融研究, 2018, 465 (12): 48-52.

[104] 彭小兵, 朱江. 农村信贷与农业保险互动的收益分配机制——基于合作博弈 Shapley 值的分析 [J]. 重庆大学学报 (社会科学版), 2019, 25 (02): 1-13.

[105] 马永杰, 孔荣. 2011. 基于逐步判别分析方法的农户正规融资信用风险度量研究. 广东农业科学, 38 (20).

[106] 吴俊杰, 张锴. 2011. 农村青年信用户评级模型研究. 金融理论与实践, (5): 45-48.

[107] 宁嘉辰. 基于 BP 神经网络的农业企业信用评价体系研究——以黑龙江省安达市为例 [J]. 山西农经, 2021 (11): 151-152.

[108] 何军峰. 2011. 基于 AHP 的农户个人信用度评价. 安徽农业科学, (29): 18320-18322.

[109] 李杰, 赵子铱, 陈毅俊. 2013. 基于相对熵的组合赋权法在农户信用评价中的应用. 中国企业运筹学第八届学术年会, 中国四川成都.

[110] 刘畅, 方靓, 晏江, 等. 2009. 概率神经网络在农户信用评估中的应用研究. 湖北社会科学, (11): 85-89.

[111] 中国邮政储蓄银行. 2009. 中国邮政储蓄银行农户信用评级表. 中国邮政储蓄银行.

[112] 王建军, 李建平, 杜仕甫. 补偿竞争风险聚合算法研究 [J]. 小型微型计算机系统, 2014, 35 (06): 1239-1242.

[113] 王惠, 王静. 农户信用风险评价实证研究——基于改进型模糊聚类无权重值原理 [J]. 江苏农业科学, 2020, 48 (08): 301-307.

[114] 王建军,李建平,杜仕甫.基于模糊聚类的无权值风险综合评判算法[J].系统工程理论与实践,2015,35(08):2137-2143.

[115] 武小龙.城乡对称互惠共生发展:一种新型城乡关系的解释框架[J].农业经济问题,2018(04):14-22.

[116] 罗东,矫健.国家财政支农资金对农民收入影响实证研究[J].农业经济问题,2014,35(12):48-53.

[117] 孔祥智,黄博,刘同山.财政支农对农民增收的效应分析:1978-2014[J].现代管理科学,2016,(12):18-20.

[118] 孙志红,周婷.农村财政金融、农业科技创新与农村经济发展[J].武汉金融,2019,(04):66-71.

[119] 王嘉毅,封清云,张金.教育与精准扶贫精准脱贫[J].教育研究,2016,37(07):12-21.

[120] 程名望,Jin Yanhong,盖庆恩,史清华.农村减贫:应该更关注教育还是健康?——基于收入增长和差距缩小双重视角的实证[J].经济研究,2014,49(11):130-144.

[121] 史志乐,张琦.教育何以使脱贫成为可能?——基于家庭贫困陷阱的分析[J].农村经济,2018,(10):1-8.

[122] 刘金全,毕振豫.普惠金融发展及其收入分配效应——基于经济增长与贫困减缓双重视角的研究[J].经济与管理研究,2019,40(04):37-46.

[123] 张明,陈伟宏,蓝海林.中国企业"凭什么"完全并购境外高新技术企业——基于94个案例的模糊集定性比较分析(fsQCA)[J].中国工业经济,2019(04):117-135.

[124] 张明,杜运周.组织与管理研究中QCA方法的应用:定位、策略和方向[J].管理学报,2019,16(09):1312-1323.

[125] Adam Smith.国民财富的性质和原因的研究[M].

中央编译出版社，2013．

［126］王晨钰．河南省财政支农支出对农民收入的影响研究［D］．河南大学，2020．

［127］汪海洋，孟全省，亓红帅，唐柯．财政农业支出与农民收入增长关系研究［J］．西北农林科技大学学报（社会科学版），2014：72－79．

［128］吴振鹏，胡艳．财政支农支出与农民收入关系的实证研究［J］．江汉论坛，2013：58－62．

［129］朱培培．财政支农支出对农业经济增长的影响分析［J］．财经界，2021（23）：11－12．

［130］潘梦瑶，马召伟．新疆财政支农支出对农业经济增长的影响分析［J］．现代农业科技，2021：235－238＋243．

［131］陈颖．江西省财政支农对农业经济的影响分析［J］．北方经贸，2021：114－116．

［132］郑灵巧．财政支农支出对农村经济增长的区域差异分析——基于东、中、西地区的面板数据实证研究［J］．金融经济，2015：37－40．

［133］刘一笑．广西财政支农政策促进农业现代化思考［J］．合作经济与科技，2020：190－192．

［134］范冰玉．关于财政支农制度改革的思考［J］．现代营销（经营版），2019：88－89．

［135］郭爱清．发挥财政支农"杠杆"效应助力乡村振兴发展［J］．经济研究导刊，2019：23－24．

［136］陈明星，李铜山．财政支持新农村建设的效率评价标准探析［J］．兰州学刊，2007：111－112．

［137］辛冲冲，陈志勇．中国财政支农支出与农业经济增长——基于LMDI分解法的研究［J］．上海经济研究，2017：78．

[138] 高群, 华晓月. 江西省财政支农资金绩效评价及优化建议 [J]. 广东农业科学, 2018: 151-159.

[139] 孟婷, 余红艳, 刘子杰. 基于三阶段 DEA 模型的财政支农绩效评价——以安徽省 6 个国家级贫困县为例 [J]. 淮阴师范学院学报 (自然科学版), 2020: 140-148.

[140] 杜辉. 基于多阶段 DEA 模型的中国财政支农绩效分析 [J]. 会计之友, 2016: 90.

[141] 毛晖, 余爽, 张胜楠. 财政支农支出绩效的区域差异: 测算与分解 [J]. 经济经纬, 2018: 144.

[142] 姚耀军. 中国农村金融发展与经济增长关系的实证分析 [J]. 经济科学, 2004: 24-31.

[143] 张荣. 中国农村金融发展对农民收入增长的影响研究——基于 2003-2014 年数据的实证分析 [J]. 技术经济与管理研究, 2017: 119-123.

[144] 丁述军, 曹玉环. 农村金融发展对农民收入的效应研究——基于直接和间接效应比较角度 [J]. 东北农业大学学报 (社会科学版), 2017: 60-69.

[145] 陈亮, 陶冶. 中国农村二元金融发展对农民收入影响的再考察——基于正规金融与非正规金融视角 [J]. 财经理论与实践, 2017: 42-48.

[146] 王宏伟. 中部农村地区金融存在问题及对策分析 [J]. 农业经济, 2013: 109-110.

[147] 张红, 胡玉诚. 农村金融发展对农村经济增长影响的研究 [J]. 中外企业家, 2019: 13.

[148] 杨刚, 管福泉, 许丹丹. 农村金融发展对农村经济的动态影响的实证检验 [J]. 统计与决策, 2015: 121-125.

[149] 赵洪丹, 赵宣凯, 丁志国. 农村金融创新与农村经

济发展——基于 2000—2015 年吉林省县级面板数据的分析 [J]. 中国农业大学学报, 2019: 215-228.

[150] 谷慎, 李成. 金融制度缺陷: 中国农村金融效率低下的根源 [J]. 财经科学, 2006: 98-102.

[151] 吕承超, 宋洁. 金融发展缩小了中国地区经济差距吗——基于关系数据分析范式 [J]. 经济学家, 2020: 42.

[152] 宋波. 农村商业银行支农效率及区域差异研究 [J]. 现代经济探讨, 2019: 48-68.

[153] 雷荣, 郭苏文. 中国区域金融支农绩效水平的实证研究——基于 DEA 模型的省际差异分析 [J]. 江西社会科学, 2016: 44-49.

[154] 向琳, 李季刚. 基于 DEA 模型的中部地区金融支农效率评价 [J]. 云南财经大学学报 (社会科学版), 2010: 65-66.

[155] 张月飞, 张伦. 县域金融支农效率的实证研究——基于浙江省部分县域 2005-2009 年数据 [J]. 浙江金融, 2011: 53-56.

[156] 张俊东, 田原, 杨蕾, 王立涛. 河北省金融支农发展研究——供给侧结构性改革框架下 [J]. 现代商贸工业, 2017: 133-134.

[157] 王定祥, 琚丽娟, 李伶俐. 中国金融支农效率的测度与改进策略 [J]. 当代经济研究, 2013: 62-69.

[158] 阙立娜, 郝儒杰. 乡村振兴战略下金融支农效率的空间相关性研究 [J]. 当代金融研究, 2018: 120-130.

[159] 杨子帆. 中部农村地区金融资源配置效率对农村经济的影响——基于面板模型实证分析 [J]. 现代经济信息, 2016: 277-278.

[160] 郑锦波, 虞斌. 普惠金融发展的区域与时序差异——

基于中国省级面板数据的实证分析 [J]. 时代金融, 2018: 72-73.

[161] 赵文珍. 农村金融、财政支农与农村经济发展的若干思考 [J]. 农业开发与装备, 2017: 25.

[162] 刘瑰丽. 农村金融与财政支农对农村经济发展的作用探讨 [J]. 现代农业科技, 2017: 292.

[163] 黄寿峰. 财政支农、金融支农促进了农民增收吗?——基于空间面板分位数模型的研究 [J]. 财政研究, 2016: 78-90.

[164] 刘孝红, 巴曙松、积极财政政策下农村金融体系中政策性金融与财政的关系探析. 中央财经大学学报, 2009: 19-22.

[165] 董晓林, 吕沙, 金幂, 财政引导金融支农的路径及其效应分析门, 经济问题, 2016: 89-94.

[166] 姜松, 曹峥林, 王钊. 中国财政金融支农协同效率及其演化规律 [J]. 软科学, 2013, 27: 6-11.

[167] 石丹, 严高. 基于系统协同度模型的财政支农与金融支农协同演化研究 [J]. 商业研究, 2015: 96-101.

[168] 韩占兵, 中国区域财政支农与金融支农协同效率水平研究——基于省际面板数据的分析门, 经济与管理, 2014, 28: 56-61.

[169] 李洪侠. 乡村振兴视角下财政金融支农协同作用研究——基于 DEA - Malmquist 和 Tobit 模型 [J]. 西南金融, 2021: 14.

[170] 张兴荣. 山东省财政支农支出效率评价及影响因素研究 [D]. 山东财经大学, 2015.

[171] 萨缪尔森, 诺德豪斯, 郭铜安, 徐超英.《经济学》第 13 版 [J]. 经济学动态, 1990: 70-72.

[172] 房玲秀. 安徽省财政支农支出效率及影响因素分析

[D]．安徽财经大学，2018．

[173] 李豫新，郑李昂．西部省份经济增长效率及影响因素研究——基于 SFA 模型的实证分析 [J]．生态经济，2019：57-62．

[174] 韩振兴，刘东辉，常向阳．基于 SFA 的中国农业生产效率测算及区域性差异分析 [J]．江苏农业科学，2018：388-392．

[175] 吴振华，雷琳．基于三阶段 DEA 模型的农业土地生态效率研究——以河南省为例 [J]．生态经济，2018）76-80．

[176] 王颂吉，李豫，庹梦瑶．改革 40 年背景下的农村信用社"支农"效率评价——基于关联型网络 DEA 方法的测算与分析 [J]．金融发展研究，2018：72．

[177] 蓝虹，穆争社．中国农村信用社改革绩效评价——基于三阶段 DEA 模型 Malmquist 指数分析法 [J]．金融研究，2016：159-175．

[178] 刘雷，张梦雨．基于 DEA-Malmquist 指数的农业生产效率评价 [J]．江苏农业科学，2020：309-314．

[179] 石连忠．新时代中国农村金融机构发展改革效率评价研究——基于中国农村信用合作机构的实证分析 [J]．山东社会科学，2020：148-153．

[180] 邓晓娜．农村金融机构经营效率测算及影响因素的空间计量分析——兼论农村金融机构改革 [J]．金融监管研究，2020：51-66．

[181] 张武．对中部农村地区金融存在的问题及对策的分析 [J]．商业经济，2013：22-23+4．

[182] 邱崇明，李辉文．我国金融抑制的测度及其对居民消费的影响 [J]．金融与经济，2011（2）：15-18．

[183] 李民强，金融抑制下我国流动性过剩形成机制及对

通货膨胀影响的研究,吉林大学 [J]. 2013 (2): 131.

[184] 林志帆,赵秋运,金融抑制会导致劳动收入份额下降吗?——来自世界银行2012年中国企业调查数据的经验证据,中国经济问题 [J]., 2015 (14) 49 – 59.

[185] 陈宇峰,田珊,朱荣军,中国金融抑制与劳动收入份额关系研究. 浙江金融, 2015 (5): 26 – 31.

[186] 田珊. 中国金融抑制与劳动收入份额研究 [D]. 浙江工商大学, 2016.

[187] 顾胥. 金融发展、经济增长、收入分配的联动关系——基于金融普惠性的视角 [J]. 西部金融, 2017 (03): 15 – 22.

[188] 王金贤. 中国金融抑制与技术进步偏向的关系研究 [D]. 浙江财经大学, 2018.

[189] 任秋娟. 我国农村金融市场成熟度与农村经济发展问题研究 [J]. 辽宁经济, 2018 (11): 16 – 17.

[190] 陈斌开,林毅夫. 金融抑制、产业结构与收入分配 [J]. 世界经济, 2012 (1): 3 – 23.

[191] 叶华靓. 农村金融抑制视野下农业供应链金融创新发展路径分析 [J]. 青岛农业大学学报(社会科学版), 2019, 31 (01): 23 – 28 + 34.

[192] 王小华,雷捷. 金融资本内生理论:中国金融抑制研究的新视角 [J]. 学习与实践, 2019 (01): 40 – 50.

[193] 吕冰洋,毛捷. 金融抑制和政府投资依赖的形成 [J]. 世界经济, 2013 (7): 48 – 67.

[194] 王小华,温涛,王定祥. 县域农村金融抑制与农民收入内部不平等 [J]. 经济科学, 2014, Vol. 36 (2): 44 – 54.

[195] 陈治国,李红,辛冲冲. 新疆农村金融发展的抑制

因素及其供求分析 [J]. 新疆财经, 2018 (04): 5-10+80.

[196] 何志雄, 曲如晓, 农业政策性金融供给与农村金融抑制——来自147个县的经验证据, 金融研究 [J]. 2015 (27): 148-159.

[197] 马春晓. 互联网金融视角下我国农村金融抑制问题研究 [J]. 甘肃金融, 2017 (10): 50-52.

[198] 宋波. 浅谈我国农村经济增长中的农村金融抑制 [J]. 中小企业管理与科技 (上旬刊), 2019 (04): 56-57.

[199] 周庆妮. 浙江省县域金融抑制与农民收入关系的实证研究 [D]. 浙江财经大学, 2019.

附 录

附录一 调查问卷

调查问卷（宁波象山站）

一、农户基本情况

1. 您的性别是（　　）　A. 男　　　B. 女
2. 您的年龄为（　　）岁
   A. 10~20　　B. 21~40　　C. 41~60
   D. 61 以上
3. 您家_____口人；
4. 您是否为村委会成员　A. 是　　　B. 否

二、家庭收入情况

1. 您的家庭去年的总收入大概是（　　）；
   A. 20000 元以下　　B. 20000~30000 元
   C. 30001~50000 元　D. 50001~100000 元
   E. 100000 元以上
2. 您的家庭在外地务工的亲人去年寄回钱（　　）；
   A. 5000 元以下　　B. 5000~10000 元
   C. 10001~20000 元　D. 20001~30000 元
   E. 30000 元以上
3. 您的家庭去年支出（　　）元
   A. 10000 元以下　　B. 10000~20000 元
   C. 20001~30000 元　D. 30001~50000 元
   E. 50000 元以上

主要用于_____等方面的开支。

4. 您的家庭还有其他的收入来源吗？

_____

三、生产经营情况

1. 您的家庭分到的水田有亩_____分；山林_____亩；鱼塘_____口/亩，渔船/海洋_____艘/平方公里。

2. 您的家庭分到的土地/鱼塘/山林/海洋是（   ）；原因是_____；

  A. 自种　　　　　　B. 出租

  C. 部分出租　　　　D. 撂荒

  您家出租土地的数量_____，用途是_____，年收入_____；

3. 您的家庭主要种植_____；

4. 您的家庭获得了银行贷款吗？（   ）

  A. 有　　　　　　　B. 没有

  获得贷款_____元，期限_____年，以_____做抵押；

5. 您去年看病花了_____元，报销了_____元，其中住院_____元，比例_____；

6. 您家小孩上学离家_____里，快递能/不能_____送到村/镇里。

  您的补充：（对现有政策的看法、建议和其他）

_____

城乡资本流动与国民福利转移机制研究

调查问卷（湖南东安站、云南维西站）

一、农户基本情况

1. 您的性别是（   ）　A. 男　　　B. 女
2. 您的年龄为（   ）岁
   A. 10~20　　　B. 21~40　　　C. 41~60
   D. 61 以上
3. 您家_____口人；
4. 您是否为村委会成员　A. 是　　　B. 否

二、家庭收入情况

1. 您的家庭去年的总收入大概是（   ）；
   A. 5000 元以下　　B. 5000~10000 元
   C. 10001~20000 元　D. 20001~40000 元
   E. 40000 元以上

2. 您的家庭在外地务工的亲人去年寄回钱（   ）；
   A. 5000 元以下　　B. 5000~10000 元
   C. 10001~20000 元　D. 20001~30000 元
   E. 30000 元以上

3. 您的家庭去年支出（   ）元
   A. 50000 元以下　　B. 5000~10000 元
   C. 10001~20000 元　D. 20001~30000 元
   E. 30001 元以上

主要用于_____等方面的开支。

4. 您的家庭还有其他的收入来源吗？

_____

三、生产经营情况

1. 您的家庭分到的水田有亩_____分；旱地亩_____分；山林_____亩；鱼塘_____口/亩。主要种植_____作物。

2. 您的家庭分到的土地是（　　）：原因是_____；

　　A. 自种　　　　　　B. 出租

　　C. 部分出租　　　　D. 撂荒

　　您家出租土地的数量_____，用途是_____，年收入_____；

3. 您的家庭主要种植_____；

4. 您的家庭获得了银行贷款吗？（　　）

　　A. 有　　　　　　　B. 没有

　　获得贷款_____元，期限_____年，以_____做抵押；

5. 您去年看病花了_____元，报销了_____元，其中住院_____元，比例_____；

6. 您家小孩上学离家_____里，快递能/不能_____送到村/镇里。

您的补充：（对现有政策的看法、建议和其他）

_____

附录二　地方发展的主要指标体系与指标明细

一、农村金融支持规模：其中：

1. 财政支持规模
2. 银行信贷支持规模
     其中：商业信贷规模
           政策性贷款规模
           扶贫贷款规模
3. 社会资本流入

二、利率

三、资本价格

1. 定期存款利率
2. 国库券利率
3. 银行理财基金种类与利率

四、效应

1. 地方财政收入
2. 居民幸福感
     ①受教育程度
     ②城乡居民可支配收入
         城镇居民收入
         农村居民收入
     ③农户消费水平：
     ④外出务工与本地务工比例

⑤医疗保险缴纳金额与报销比例

3. 地方综合实力

①地方经济总量

②地方经济发展速度（GDP增长率）

③农民人均收入/消费水平

④农民受教育水平/健康水平

⑤农民收入提高（前后对比数据）

⑥政府收入提高（前后对比数据）

五、土地流转——是否存在，出让费用如何

1. 农村土地总面积

2. 农户自耕面积

3. 出租土地面积

4. 政府出让使用权收入

六、农民获取贷款的途径与条件

七、农业、工业、服务业占比

八、金融排斥指数

1. 金融服务的使用情况（深度）：人均存、贷款余额

2. 金融服务的可用情况（可得性）：金融机构网点的数量金融机构从业人员的数量

3. 金融服务的效用情况（使用度）：地区存贷款余额占GDP的比重

九、农村金融发展区域差异的总量分析

1. 各区域农村金融相关率：用金融资产的总量与GDP的比

值来表示。

2. 各区域农村人均存款的差异

3. 各区域农村人均贷款的差异

十、我国农村金融发展区域差异的结构分析

1. 农村金融体系内部结构的区域差异分析

    金融机构组织形式是否多样

    内控机制：信贷准入门槛

    风险防控能力：内部控制和外部控制

2. 农村金融发展空间结构区域差距分析

    各个区域机构网点数量、从业人员数量、机构网点分布密度、从业人员分布密度

十一、我国农村金融发展效率的区域差异分析

1. 涉农贷款的存贷差
2. 涉农贷款的存贷比率
3. 涉农贷款的正常率与逾期率

后　记

2018年9月本课题立项开始，课题组开展了历时三年多艰苦的实地调研。尤其是受到2020年初以来的新冠肺炎疫情影响，集中调研和入户调研变得更加困难。尽管课题组克服了重重困难、解决了调研问题，但得出的结论与我们在实地调研中获得的结论存在一定偏差。课题组曾想放一放，从主流理论中得出结论而结束论文撰写；但调研中农户们朴实的语言和殷切的诉求促使我们多次咬紧牙关，改变研究方法、调换模型、增减变量、清洗数据、进行实证，希望得出尽可能贴近实地调研的结论。

农村、农业、农民的"三农"问题困扰着中国经济发展，短时间内改变千百年来沉淀的"小农思维"、耕作模式和发展方式是一件不容易的事情。从小农经济向产业经济的转变，意味着农村经济资本化如何选择，个人主义与集体主义冲突如何调节、弱势群体和企业家如何协调等问题，这些问题在农村这片土地上表现得极为明显。如何维护弱势农户的权益，如何保持"三农"问题走在可持续发展的轨道上是一个难题。这些艰难的问题使当今的农村话题变得沉重起来。在我们这些科研工作者在调研过程中也曾为此伤感、也曾不断感受到身上担负着沉甸甸的社会责任感。也许，我们撰写得这本学术专著仍有待完善；但我们仍将不忘使命和担当，义无反顾、勇往直前。

本课题的顺利进行得到了太多人的帮助。首先需要感谢宁波市农业农村局的卢修龙处长，在他的积极推动和联络下，本课题组从政策层面高效、全面地了解宁波市乡村振兴的战略发展、农业政策支持，财政信贷供给和社会保障等方面需求，为课题组的问卷设计、研究思路和解决问题方案提供了莫大的帮助。感谢宁波市财政局、中国人民银行宁波市支行、宁波市金融办、宁波市民政局、宁波市社保局、宁波市教育局和鄞州银行等单位在百忙之中接受课题组调研。

感谢湖南省东安县交通局唐道国局长和中共东安党校唐世义校长的积极推动和协助下，了解到当地国家、省、县三级扶贫政策和地方性金融扶持政策。感谢东安县的统计局、财政局、农业局、金融办、联合银行东安支行、农业发展银行东安支行、交通局、教育局、民政局和社保局等单位在百忙之中接受课题组调研。

感谢云南省维西傈僳族自治县农业局余毅主任和维西中学唐守炜校长的热情帮助和联络支持，为课题组在当地组建调研团队提供了莫大的帮助。感谢维西县的农业局、财政局、金融办、扶贫办、农业银行维西支行、社保局等单位在百忙之中接受课题组调研。

感谢象山县墙头村、方家岙、溪里方、井头村、山根村、高湾村、花港村的村委会及村民；感谢东安县赵家井村、永兴村、大枧塘村、荷叶塘村、五一村、渌埠头村、袁家村、高枧村和韭菜村的村委会及村民；感谢维西县菊香村、永春村和庆福村的村委会及村民，在百忙之中抽出时间接受我们调研。尤其是部分村民抽出时间前往村委会接受我们的集中调研，也热情地接待课题组入户调查，不厌其烦地回答我们提出的问题。

最后，还要感谢黎东升教授、王克春教授和樊钱涛博士在

后　记

研究过程的中肯建议和大力支持。感谢参与调研和课题研究的周弈吟、洪杰、李辰、孙文静、朱鸣、胡琪琪、陈震、汪佳宇、钟晓娇、陈璐婕、卢杭航、樊正东等同学。其中，朱鸣同学撰写了第二章的第1、3、4节，约1.5万字。

在此谨表谢意。

张　萍

2022年12月于杭州小和山